国际贸易学概论

谢科进　吴进红　主编

 南京大学出版社

图书在版编目(CIP)数据

国际贸易学概论 / 谢科进，吴进红主编. —南京：南京大学出版社，2019.12(2025.8 重印)

ISBN 978-7-305-22763-9

Ⅰ. ①国… Ⅱ. ①谢…②吴… Ⅲ. ①国际贸易 Ⅳ. ①F74

中国版本图书馆 CIP 数据核字(2019)第 286540 号

出版发行 南京大学出版社
社　　址 南京市汉口路 22 号　　　邮编 210093

书　　名 国际贸易学概论
GUOJI MAOYIXUE GAILUN
主　　编 谢科进　吴进红
副 主 编 刘红雨　王丽萍
责任编辑 王日俊

照　　排 南京开卷文化传媒有限公司
印　　刷 苏州市古得堡数码印刷有限公司
开　　本 787 mm×1 092 mm　1/16　印张 16　字数 450 千
版　　次 2019 年 12 月第 1 版　2025 年 8 月第 3 次修订
ISBN 978-7-305-22763-9
定　　价 50.00 元

网　　址：http://www.njupco.com
官方微博：http://weibo.com/njupco
微信服务号：njuyuexue
销售咨询热线：(025)83594756

修订版前言

Foreword

随着中国改革开放的深化和经济全球化的深入，中国经济更紧密地融入世界经济，与许多国家形成了重要的贸易伙伴关系，中国在世界贸易发展中的地位不断提升。与此同时，中国经济的发展急需一大批懂经济、会管理、通法律、善变通的高层次贸易人才，需要一大批具有国际视野的高层次经济管理人才。2025 年，扬州大学进行新一轮人才培训方案的修订，在此次修订中，商学院将《国际贸易学》作为院级平台课程。正是在这种背景下，扬州大学商学院组织力量修订了这本《国际贸易学概论》教材，主要适用于学院非国际经济与贸易专业的经济管理专业学生使用，也希望对我国开放型人才的培养尽绵薄之力。

与国内同类教材相比，本书具有如下特点：

第一，注重通俗与可读性相结合。我们在构思和编写本教材时，始终注意在阐明国际贸易基本原理、基本知识和基本技能的同时，既要充分运用现代经济学语言来阐述，又充分照顾中国读者的思维习惯，用简明的语言文字说明国际贸易的基本理论、政策和实践。

第二，紧扣贸易发展实际。本书紧扣贸易实际较详细地介绍了我国贸易发展的历程；紧扣世界发展潮流，增加了数字贸易的相关内容，对《跟单信用证统一惯例》，我们根据 UCP600 撰写了相关内容；在贸易术语的选用上，我们根据《2010 国际贸易术语解释通则》进行了撰写，具有时代感。

第三，紧跟人才培养要求设计课程内容。本教材在 2019 年版谢科进、吴进红教授主编《国际贸易学概论》的基础上，增加了数字贸易相关章节内容，使学生更加全面了解和掌握国际贸易学这门课程。

此外，本教材在每章内容后面设有核心概念和思考题。

本书是团队合作的成果，由扬州大学商学院的谢科进、吴进红教授任主编，刘红雨、王丽萍任副主编，参加编写的人员有(以章节为序)：谢科进、吴进红(第一、二、三、八章)，王丽萍(第四、五、六章)，谢科进(第七章)，陈宁(第九章)，焦春风、路玮孝、宋晨晨(第十章)，刘红雨(第十一、十三、十四章)，刘红雨、邓世荣(第十二章)，研究生王梓、季晨阳参加了相关资料的收集和整理。全书由谢科进、吴进红、王丽萍、刘红雨共同确定编写结构及大纲，由谢科进、吴进红对全书统稿。

本书可以作为高等院校经济管理类专业学生的教材，以及企事业单位人员作为学习、培训的参考用书。对于从事对外经贸领域的实务工作者来说，本书也不失为一本有益的专业读物。

本书在编纂过程中，参阅了大量的国内外有关著作和文献资料，限于篇幅，我们并没有一一列出，在此对作者表示衷心的谢意和敬意！由于国际贸易领域的关系错综复杂，新的现象层出不穷，加之编者水平有限，书中的错误和缺点在所难免，恳请广大专家学者和读者批评指正。

编者

2025 年 7 月

目　录
Contents

贸易理论篇

第一章　绪　论 …… 2

第一节　国际贸易的基本概念及常用术语 …… 2

第二节　国际贸易的分类 …… 5

第三节　国际贸易的地位和作用 …… 9

第四节　国际贸易学的研究对象与方法 …… 10

本章核心概念 …… 15

复习思考题 …… 15

第二章　国际贸易的产生与发展 …… 16

第一节　国际贸易的产生 …… 16

第二节　当代国际贸易 …… 22

第三节　中国对外贸易发展历程 …… 25

本章核心概念 …… 40

复习思考题 …… 40

第三章　国际分工理论 …… 41

第一节　国际分工概述 …… 41

第二节　古典贸易理论 …… 49

第三节　里昂惕夫之谜与新贸易理论 …… 56

第四节　当代国际分工理论 …… 60

本章核心概念 …… 63

复习思考题 …… 63

第四章　贸易条件与贸易利益 …… 64
第一节　贸易条件的含义及类型 …… 64
第二节　相互需求说与贸易条件的决定 …… 66
第三节　贸易利益的含义 …… 68
第四节　贸易条件变动与贸易利益获取 …… 69
本章核心概念 …… 70
复习思考题 …… 70

贸易政策篇

第五章　国际贸易政策概述 …… 72
第一节　贸易政策的含义与类型 …… 72
第二节　国际贸易政策的历史演变 …… 74
第三节　保护贸易政策的理论依据 …… 77
第四节　发达国家的贸易政策 …… 80
第五节　发展中国家的贸易政策 …… 83
本章核心概念 …… 85
复习思考题 …… 85

第六章　国际贸易政策措施 …… 86
第一节　关税措施 …… 86
第二节　关税的经济效应分析 …… 91
第三节　非关税措施 …… 94
第四节　非关税措施的经济效应分析 …… 99
第五节　鼓励出口和出口控制方面的措施 …… 101
本章核心概念 …… 107
复习思考题 …… 107

贸易实践篇

第七章　区域经济一体化 …… 110
第一节　区域经济一体化的含义及形式 …… 110
第二节　区域经济一体化的理论 …… 113
第三节　区域经济一体化对国际贸易的影响 …… 117
第四节　区域经济一体化的实践 …… 119
本章核心概念 …… 121
复习思考题 …… 121

第八章　贸易条约与协定和世界贸易组织 …… 122
第一节　贸易条约与协定 …… 122
第二节　关贸总协定与世界贸易组织 …… 125
第三节　世界贸易组织与中国 …… 136
本章核心概念 …… 139
复习思考题 …… 140

第九章　国际服务贸易与国际技术贸易 …… 141
第一节　国际服务贸易概述 …… 141
第二节　当代国际服务贸易发展概况 …… 144
第三节　国际技术贸易概述 …… 150
第四节　国际技术贸易的主要内容 …… 153
本章核心概念 …… 160
复习思考题 …… 160

第十章　数字贸易 …… 161
第一节　数字贸易的产生与发展 …… 161
第二节　数字贸易的概念与内涵 …… 168
第三节　数字贸易的作用 …… 170
第四节　数字贸易与传统贸易的异同 …… 171
本章核心概念 …… 173
复习思考题 …… 173

贸易实务篇

第十一章　国际贸易术语 …… 176
第一节　国际贸易术语及其国际惯例 …… 176
第二节　装运港交货的三种常用贸易术语 …… 178
第三节　承运人交货的三种贸易术语 …… 181
第四节　其他五种贸易术语 …… 182
本章核心概念 …… 184
复习思考题 …… 184

第十二章　交易磋商与签订合同 …… 185
第一节　交易磋商 …… 185
第二节　交易磋商技巧 …… 188
第三节　签订合同 …… 192

第四节　合同的基本条款 …… 196
本章核心概念 …… 206
复习思考题 …… 206

第十三章　进出口合同的履行 …… 207
第一节　出口合同的履行 …… 207
第二节　进口贸易流程 …… 217
本章核心概念 …… 222
复习思考题 …… 222

第十四章　贸易方式 …… 223
第一节　对销贸易 …… 223
第二节　商品的期货交易 …… 228
第三节　包销和代理 …… 229
第四节　寄售、拍卖和展卖 …… 231
第五节　招标与投标 …… 235
第六节　租赁贸易和转口贸易 …… 238
第七节　对外加工装配贸易 …… 240
本章核心概念 …… 243
复习思考题 …… 244

参考文献 …… 245

贸易理论篇

第一章

绪　论

本章主要内容

国际贸易的含义及相关概念；国际贸易的分类；国际贸易的地位与作用；国际贸易学的研究对象与方法。

第一节　国际贸易的基本概念及常用术语

一、国际贸易的含义

国际贸易(International Trade)是指世界各国(或地区)之间商品和服务的交换活动，它是各个国家(或地区)在国际分工的基础上相互联系的主要形式。国际贸易的规模在一定程度上反映了经济国际化、全球化的发展与趋势。国际贸易有时也泛指世界所有国家和地区的贸易活动，并在这个意义上与世界贸易(World Trade)是同一个意思。但是，当我们说到国际贸易时，一般是指各个国家(或地区)间的商品与服务的交换关系，而世界贸易则通常是指世界各国(或地区)之间商品和服务的交换活动的整体。

对外贸易(Foreign Trade)是指一个特定国家(或地区)同其他国家(或地区)之间所进行的商品和服务的交换活动。因为这是立足于一个国家的立场来看待这种商品贸易活动，所以称为对外贸易，或者也可称为"国外贸易"或"外部贸易"(External Trade)。有一些海岛国家(或地区)以及对外贸易活动主要依靠海运的国家(或地区)，如英国、日本等，又很自然地把对外贸易称为"海外贸易"(Oversea Trade)。由于对外贸易是由商品的进口和出口两个部分构成的，人们有时又把它叫作"进出口贸易"或"输出入贸易"(Import and Export Trade)。

可见，国际贸易与对外贸易是一般与个别的关系，两者既有联系又有区别。如果从国际范围考察，国际贸易是一种世界性的商品与服务的交换活动，是各国(或地区)对外贸易的总和。但国际贸易作为一个客观存在的整体，有其独特的矛盾与独特的运动规律，有些国际范围内的综合性问题，如国际分工、商品的国际价值、国际市场等问题，则不能从单个国家(或地区)的角度得到说明。一般而言，国际贸易多用于理论研究的场合，而对外贸易则通常用于有关政策和实务研究的场合。因此，两者在某些场合具有不同的含义，不能相互替代，混为一谈。

二、国际贸易的相关概念

要研究和分析国际贸易活动,必须了解和掌握以下重要概念。

1. 贸易值与贸易量

贸易值(Value of Trade),又称贸易额,是用货币来表示的一定时期内一国的对外贸易总值。一般都用本国货币表示,也有用国际上通用的货币表示的。联合国编制和发表的世界各国对外贸易额的资料,是用美元表示的。对于一个国家(或地区)而言,出口值与进口值之和就是该国(或地区)的对外贸易值或对外贸易额。例如,中国 2018 年的出口值是 2.48 万亿美元,进口值是 2.14 万亿美元,全年的对外贸易总值是 4.62 万亿美元。但是,当我们要计算国际贸易总值时,却不能简单地采用前述加总的方法。这是因为一国的出口就是另一国的进口,两者相加无疑是重复计算。由于各国在进行贸易统计时,货物贸易的出口值一般以离岸价格(FOB 价)进行统计,而货物贸易的进口值则按到岸价格(CIF 价)进行统计。可见,进口值的统计中包括了运输及保险方面的服务费用。为此,在统计国际贸易总值(这里仅指国际货物贸易总值)时,通常采用的方法是将各国的出口值汇总。因此,国际贸易值是一定时期内世界各国和地区的出口值之和。

贸易量(Quantum of Trade),是指用进出口商品的计算单位来表示进出口商品的规模。由于以货币所表示的贸易值经常受到商品价格变动的影响,因此,国际贸易值往往不能准确地反映国际贸易的实际规模及其变化趋势。如果能以国际贸易的商品数量来表示,则可避免上述矛盾。但是,参加国际贸易的商品种类繁多,计量标准各异,无法将它们直接相加。替代的办法是用剔除通货膨胀因素的货币单位来计量,即以某年的价格为基数,用进出口贸易值除以进出口价格指数,得到按不变价格计算的贸易值来近似替代贸易量,然后以某年为基期的贸易量同各个时期的贸易量相比较,就可以比较准确地反映贸易的实际规模和相对变动的贸易量指数。实践中,贸易量亦可分为对外贸易量与国际贸易量两个统计指标。

2. 贸易差额、顺差与逆差

贸易差额(Balance of Trade),是指一国在一定时期(如一年)内出口值与进口值的差额。出口值大于进口值叫作出超,又称贸易顺差(A Favorable Balance of Trade);进口值大于出口值叫作入超,又称贸易逆差(An Unfavorable Balance of Trade);出口值等于进口值,称为贸易平衡。贸易差额是衡量一国对外贸易状况的重要标志之一。在一般情况下,贸易顺差表明一国商品在世界市场的竞争中处于优势,贸易逆差表明一国商品在世界市场的竞争中处于劣势。例如,中国 2018 年的出口值是 2.48 万亿美元,进口值是 2.14 万亿美元,对外贸易出现了 3 517.6 亿美元的顺差。

贸易差额是衡量一国对外贸易状况的重要指标,从理论和实践上来讲,贸易平衡总是最好的,但是各国的对外贸易是由无数的独立经营的企业共同实现的,因此,一国很难达到所谓的贸易平衡,这就要求一国在贸易顺差和贸易逆差中选择一个。各国通常都追求贸易顺差,这是因为,一般说来,贸易顺差表明一国在对外贸易收支上处于有利地位,贸易逆差则表明一国在对外贸易收支上处于不利境地。各国追求贸易顺差以增强本国的对外支付能力，稳定本国货币对外币的比值，并将其视为经济成功的标志之一。单纯从国际收支的角度来看，当然是顺差比逆差好，但是长期保持顺差也不一定是件好事。首先，长时间存在顺差，意味着大量的资源通过出口输出到了外国，得到的只是退出正常经济循环的积压资金；其次，巨额顺差往往会使本国货币升值，不利于扩大出口，并且会造成同贸易伙伴的贸易关系紧张，导致贸易摩擦。

3. 国际贸易（对外贸易）商品结构

国际贸易商品结构（International Trade by Commodities）是指各类商品在国际贸易中所处的地位，通常以它们在世界出口总额中的比重来表示。

在国际贸易中通常把进出口商品分为两类：一类是初级产品，即没有加工的农、林、牧、渔、矿产品；另一类是工业制成品，即经过充分加工的工业品，其又可分为劳动密集型产品、资本密集型产品和技术密集型产品。1953 年，国际贸易中的制成品比重第一次超过初级产品。随着世界生产力的发展和科学技术的进步，国际贸易商品结构不断发生变动。其基本趋势是初级产品的比重大大下降，工业制成品的比重不断上升，特别是工程产品、化学产品等资本密集型以及技术密集型产品的比重显著增加。

对外贸易商品结构（Foreign Trade by Commodities）是指一定时期内进出口贸易中各类商品的构成情况，通常以各种商品在进口总额或出口总额中所占的比重来表示。一国的对外贸易商品结构可以反映该国的经济和科技发展水平以及资源禀赋等状况。如发达国家的出口中机器设备等制成品占较大比重，而发展中国家的出口则以初级产品和劳动密集型制成品为主。

4. 国际贸易（对外贸易）地理方向

国际贸易地理方向（Direction of International Trade）又称国际贸易地区分布（International Trade by Regions），它用来表明世界各个国家（或地区）在国际贸易中所占的地位，通常用它们的出口贸易额或进口贸易额占世界出口贸易总额或进口贸易总额的比重来表示。

对外贸易地理方向（Direction of Foreign Trade）又称对外贸易地区分布或国别构成，指一定时期内各个国家或国家集团在一国对外贸易中所占有的地位，通常用它们在该国进口总额或出口总额或进出口总额中的比重来表示。对外贸易地理方向指明一国出口的货物和服务的去向和进口的货物和服务的来源，可以反映一国与其他国家或国家集团之间经济贸易联系的程度。一国的对外贸易地理方向通常受到经济互补性、国际分工的形式与贸易政策等因素的影响。

5. 贸易条件

贸易条件（Terms of Trade）是指一个国家或地区以出口交换进口的条件，即出口与进口的交换比例（详见第四章）。它有两种表示方法：一是用物物交换表示，即用实物形态来表示的贸易条件，它不涉及货币因素和物价水平的变动。当出口产品能交换到更多的进口产品时，称为贸易条件改善了；反之，如出口产品只能交换到较少的进口产品时，则称为贸易条件恶化了；二是用价格或价格指数来表示的贸易条件，通常是用一定时期内一国（或地区）出口商品价格指数与进口商品价格指数之比，即贸易条件指数（或系数）来表示，它表示一国每出口一单位商品可以获得多少单位的进口商品。其公式为：

贸易条件指数＝（出口价格指数/进口价格指数）×100％

例如，假定2000年为基期，进出口价格指数都是100，2000年的商品贸易条件指数为100，在2012年底，出口价格指数下降5％为95，进口价格指数上升10％为110，那么，2012年的贸易条件指数＝(95/110)×100％＝86.36％。

贸易条件指数小于基准年价格指数13.64％，这表明贸易条件恶化，即同等数量的出口商品换回比基期更少的商品。反之，则视为贸易条件改善；如贸易条件指数为1，则说明贸易条件不变。

6. 对外贸易依存度

对外贸易依存度(Degree of Dependence on Foreign Trade)，简称外贸依存度，又称对外贸易系数。它是指一定时期内该国对外贸易额在该国国民生产总值(GNP)或国内生产总值(GDP)中所占比重，目前大多采用后者计算。由于进口值不是该国在一定时期内新创造的商品和劳务的价值，故一般用出口依存度来表示一国的外贸依存度。出口依存度是指一国在一定时期内出口值与国内生产总值之比，反映了该国新创造的商品和劳务总值中有多少比重是输出到国外的，也反映了该国经济活动与世界经济活动的联系程度。出口依存度越高，说明其国内经济活动对世界经济活动的依赖程度越大。而进口值与国内生产总值之比称为进口依存度，又称市场开放度。外贸依存度过高，国内经济发展易受国外经济影响或冲击，世界经济不景气时对本国经济冲击较大。外贸依存度过低，就说明没有很好地利用国际分工的长处。随着国际分工的扩大和深化，世界各国的对外贸易依存度均有不同程度的提高。

第二节 国际贸易的分类

国际贸易活动在现实中有多种表现形式，依照不同的划分标准可以分为不同的种类。

一、按货物流向分类

1. 出口贸易(Export Trade)或称输出贸易

它是指将本国生产或加工制造的货物输往国外市场销售。不属外销的商品不能视为出口贸易，如运出国境供驻外使馆使用的货物、旅客个人使用带出国境的货物等均不列入出口贸易。

2. 进口贸易(Import Trade)或称输入贸易

它是指将国外生产或加工制造的货物输入本国市场销售。同样，运入国境但不属于内销的货物也不能视为进口货物，如外国使馆进口供自用的货物、旅客自带供自用的货物等均不列为进口贸易。

3. 过境贸易(Transit Trade)

凡是甲方经过丙方的国境或关境向乙方输出货物，对丙方而言，即称之为过境贸易。过境贸易有两种情况：一种情况为货物不经过境国保税仓库存放完全是为了转运的过境；另一种情况是由于种种原因如商品需要分类包装、购销当事人的意愿中途变更等，先将货物存放在过境的海关仓库，然后再进行分类、包装转运出口的过境。

上述出口贸易和进口贸易还可以派生为：

(1) 复出口(Re-export)与复进口(Re-import)。前者指输入本国的货物未经加工制造又再输出，此类复出口在很大程度上同经营转口贸易有关；后者是输出本国的货物未经加工又再输入，此类复进口多属偶然原因，如出口退货、未售出的寄售贸易的货物退回国内等。

(2) 净出口(Net Export)与净进口(Net Import)。一国往往在同一种货物上，既有出口又有进口，一定时期内如出口量大于进口量，其差额即称净出口；反之，如进口量大于出口量，其差额称之为净进口。净出口和净进口一般以实物数量来表示。

二、按货物出入国境或关境分类

1. 总贸易(General Trade)

总贸易是以国境为标准，凡进入国境的商品一律列为进口；离开国境的商品一律列为出口。前者叫总进口，后者叫总出口。总进口额加总出口额就是一国的总贸易额。采用此种划分标准的有美国、日本、英国、加拿大、澳大利亚、独联体、东欧等，我国也采用总贸易体系。

2. 专门贸易(Special Trade)

专门贸易是以关境为标准统计的进出口贸易。当外国商品进入国境后，暂时存放在保税仓库，尚未进入关境，一律不列为进口，只有从外国进入关境的商品以及从保税仓库提出的进口商品，才列为进口，即为专门进口。对于从国内运出关境的本国产品以及进口后未经加工运出关境的商品则列为出口，即为专门出口。专门进口额加专门出口额即为专门贸易额。目前采用这种划分办法的主要有法国、德国、意大利、瑞士等。

三、按货物运输方式分类

1. 陆运贸易(Trade By Roadway)

它是指采用陆路运输方式进行的贸易。陆地相邻的国家间的贸易通常采用这种方式，运输工具主要有火车、卡车等。集装箱运输能方便地做到“门对门”的运输服务。

2. 海运贸易(Trade By Seaway)

它是指通过海上运送贸易货物的贸易。国际贸易大部分的货物是通过海上运送的，运输工具主要有各种船舶，而集装箱船的出现具备了运输量大、运输成本低、装卸时间短等优势，使海运贸易日益扩大；但易受气候的影响。

3. 空运贸易(Trade By Airway)

它是指采用航空运输方式进行的贸易。贵重而体积小的货物、鲜货商品，以及要求在途时间短的商品，为了争取时效，往往采用这种方式。

4. 邮购运输(Trade By Mail Order)

它指采用邮政包裹方式寄送货物的贸易。数量不多的货物如样品等，通常采用这种方式，其主要优点是服务周到、方便客户。

四、按商品形态分类

1. 货物贸易(Commodity Trade)

它是指物质商品的进出口。由于物质商品是有形的，是可以看得见、摸得着的，因此，货物贸易通常又称作有形贸易(Visible/Tangible Trade)。世界市场上的物质商品种类很多，为了统计和其他业务的方便，联合国曾于1950年编制了《国际贸易标准分类》(SITC)，并于1960年、1974年和1985年先后修订3次，最近一次修订是在2006年，它一度为世界绝大多数国家和地区所采用。根据2006年第四次修订后的标准，国际贸易中的商品(货物)分为10大类、63章、223组、786个分组和1 924个基本项目。这种分类法几乎把国际贸易的所有物质商品都包括进来了。

2. 服务贸易(Service Trade)

它是指服务商品的进出口，它是以提供活劳动的形式满足他人需要并获取报酬的。由于服务商品是无形的，是看不见、摸不着的，因此，服务贸易通常又称作无形贸易(Invisible/Intangible Trade)。按照WTO《服务贸易总协定》(GATS)的定义，国际服务贸易是指服务贸易提供者从一国境内、通过商业现场或自然人的商业现场向服务消费者提供服务，并获取收入的过程。

五、按贸易是否有第三者参加分类

1. 直接贸易(Direct Trade)

它是指商品生产国与商品消费国不通过第三国直接进行买卖的行为。

2. 间接贸易(Indirect Trade)

它是指商品生产国与商品消费国通过第三国进行买卖商品的行为,多基于政治的或应付贸易限制及歧视等原因。

3. 转口贸易(Entrepot Trade)

商品生产国与商品消费国通过第三国进行的贸易,对第三国而言即为转口贸易。转口贸易的货物可以直接运输或间接(转口)运输,直接贸易的货物也可以间接(转口)运输。

六、按贸易清偿方式不同分类

1. 现汇(自由结汇方式)贸易(Cash Trade)

它又称自由结汇方式贸易,即用现汇结算方式进行结算的贸易。其特点是通过银行逐笔支付货款以结清债权债务。当今国际贸易中,能作为支付工具的货币主要是美元、英镑、欧元、日元和港元等具有世界货币职能的货币。

2. 易货贸易(Barter Trade)

它又称换货贸易。其特点是货物经过计价作为清算工具。它大多起因于某些国家外汇不足,无法以正常的自由结汇方式进行贸易。这种贸易方式的特点是进口与出口结合,贸易双方有进有出,互换货物可以一种对一种、一种对多种或多种对多种,尽量做到互换的总额持平。

七、按贸易过程中是否使用单证等商业文件分类

1. 有纸贸易(Documentary Trade)

有纸贸易是指在国际货物买卖中,通过单证等商业文件的交接进行结算支付并履行合同的一种贸易方式。在国际贸易中常见的结算单据有:汇票、发票、提单、装箱单、保险单、产地证明书、商检证明书等;另外,信用证和合同都是书面文件,由于国际贸易的交易双方相距遥远,大多不容易做到"现钱现货"买卖,在信用证支付方式下,往往是单据的买卖,即一手交单,一手付款,单据在交易过程中就成了履行双方权利和义务的重要依据。

2. 无纸贸易(Electronic Data Interchange,EDI)

即电子数据交换,无纸贸易是指将贸易、运输、保险、海关等行业信息通过电子信息系统实现各有关部门间的数据交换,对商务信息按国际统一标准进行格式化处理,并把这些数据通过计算机网络相互交换和自动处理,在不使用纸张单证的情况下完成询问、订单、托运、投保、报关、结算等业务手续的一种现代化通信管理方式的新贸易。国际贸易中已广泛使用

EDI技术,实现无纸贸易。在欧洲、日本等发达国家和地区,EDI技术的使用尤其普遍。我国也在积极推广和采用EDI技术,可以说EDI将成为未来贸易发展的方向。

第三节 国际贸易的地位和作用

一、国际贸易的地位

国际贸易作为世界各国联结社会生产和消费的桥梁和纽带,尤其是在连贯国内生产与国外消费,国外生产与国内消费方面处于特殊的中介地位。在国际贸易中,不只有分工与合作,还有摩擦、矛盾与斗争,不仅如此,现阶段各国的政治关系、文化体育交流等都是以经济联系为基础,以对外贸易活动为核心而展开的。因而,国际贸易政策日趋成为各国对外开放政策的重要组成部分和对外进行政治斗争的重要手段。

二、国际贸易的作用

国际贸易对参与贸易的国家乃至世界经济的发展具有重要作用,具体表现在以下几个方面:

1. 调节各国市场的供求关系和推动生产要素的充分利用

世界各国由于受生产水平、科学技术和生产要素分布状况等因素的影响,生产能力和市场供求状况存在着一定程度的差异。通过国际贸易不仅可以增加国内短缺产品的市场供给量,满足消费者的需求,而且还为各国国内市场的过剩产品提供了新的出路,在一定程度上调节了各国的市场供求关系。同样的,不同的生产要素在各个国家的供给比例是不相同的,对外贸易就把一国经济运作扩大到了世界范围,使各国各种不同的生产要素都能得到充分利用,有效促进了资源在世界范围内的配置。

2. 发挥比较优势,提高生产效率、优化国内产业结构

各国参与国际贸易的重要基础是比较利益和比较优势。利用比较优势进行国际分工和国际贸易,可以扩大优势商品生产,缩小劣势商品生产,并出口优势产品从国外换回本国居于劣势的商品,通过国际贸易,各个国家与地区间的技术交流日益广泛和深入,进而导致科技水平和劳动生产率得到提高。

各国普遍通过国际贸易引进先进的科学技术和设备,以提高国内的生产力水平,加快经济发展。同时,通过国际贸易,使国内的产业结构逐步协调和完善,促使整个国民经济协调发展。

3. 增加财政收入,提高国民福利水平

国际贸易的发展,可为一国政府开辟财政收入的来源。例如,在美国联邦政府成立初期,关税收入曾占联邦财政收入的90%。至今,关税和涉外税收仍然是一些国家特别是发展

中国家财政收入的重要来源。国际贸易还可以提高国民的福利水平。它可以通过进口国内短缺而又迫切需要的商品，或者进口比国内商品价格更低廉、质量更好、式样更新颖、特色更突出的商品，来使国内消费者获得更多的福利。此外，国际贸易的扩大，特别是劳动密集型产品出口的增长，将为国内提供更多的就业机会，间接增进国民福利。

4. 加强各国经济联系，促进经济发展

在现代，世界各国广泛开展国际贸易活动，这不仅将生产力发展水平较高的发达国家互相联系起来，而且也将生产力发展水平较低的广大发展中国家融入国际经济生活之中。国际市场的竞争活动，也促使世界总体的生产力发展进一步加快。这不仅促进了发达国家经济的进一步发展，也促进了欠发达国家和地区的经济发展。

第四节　国际贸易学的研究对象与方法

一、国际贸易与国内贸易的共性和区别

相对于国内贸易，国际贸易活动本身有很大的特殊性。作为商品交换，国际贸易与国内贸易无论在性质上还是在业务上，的确存在一些共同之处。然而，这两者之间又有一些很重要的区别。

（一）国际贸易与国内贸易的共性

（1）国际贸易和国内贸易都属于流通范畴，它们都是把生产和消费联结起来的中间环节，这也就是说，不论是国内交换（国内贸易）还是国际交换（国际贸易），都是通过交换来实现生产企业所生产的产品的价值，并满足人们的消费需求。

（2）在生产与交换的关系上，生产决定交换，交换也对生产的发展起着促进的反作用，不论是国际贸易还是国内贸易，它们与生产的关系都是如此。国内贸易的规模受一国生产力发展水平的限制，同样，国际贸易的规模也受参加贸易国家生产力发展水平的制约；另一方面，国内贸易的发展对一国的生产起着促进的反作用，同样，国际贸易的发展对参加国家的生产也起着促进的反作用。

（3）在商品生产存在的条件下，价值规律在国内交换和国际交换中同样自发地起着调节的作用。当然，调节国内生产和交换的是国内的价值规律，而调节世界生产和贸易的是国际价值规律，但价值规律调节的方式与作用在国内和国际都是一样的。

（二）国际贸易与国内贸易的区别

1. 贸易的基础不同

国内贸易的基础是国内的生产分工和专业化，在正常条件下，市场机制能调节生产资源

在各地区和各部门之间的配置。例如，资金、技术、劳动力等生产要素在国内可以自由流动，从而使资源能得到有效配置和利用。而国际贸易的基础是国际分工，在国家之间，生产要素的转移会受到限制。最明显的例子就是国际移民存在较严格的限制。这一点会造成各国的生产成本和商品价格出现很大的差异，从而会影响国际分工的格局。第二次世界大战之后，资本、技术、劳动力的国际流动具有明显的增长趋势，特别是 20 世纪 90 年代以来，生产国际化和经济全球化取得了长足的发展，但由于民族利益考虑和其他方面的原因，各国市场相对分隔的局面依然存在。

2. 贸易的环境不同

这主要指国际贸易和国内贸易所面临的经济环境（如货币环境、政策环境等）、法律环境和文化环境等有很大的差别。具体体现在：

(1) 各国所使用的货币和货币制度不同。世界各国和地区一般都有自己法定的货币，超出国界一般就不能自由流通，因此，参加国际贸易的各方一般不能用本国的货币来计价和结算，而必须采用对方愿意接受的货币或国际通用的货币。这里决不只是一个货币兑换的形式问题，关键在于货币的内在价值。众所周知，货币是在商品经济的长期运行中来确定其实际代表的价值的，并不简单地由各国政府规定。由于国际金融市场上的汇率是经常变动的，这对进出口的成本和利润都会产生直接的影响。同时，一国货币汇率的高低又同该国的贸易收支有着密切的联系，因此，国际贸易在商品的流通过程、厂商经营的核算等问题上，要比国内贸易复杂得多。

(2) 各国的经济政策差异。为了维持经济的稳定和发展，每个国家政府都会制定符合本国经济发展要求的财政政策、货币政策、产业发展政策等经济政策。各国政府制定政策时都是从本民族利益出发的，外国的利益总是放在次要的位置上。各国政府的政策必然对国际贸易发生很大的影响。各国政府的对外贸易政策事实上是国内经济政策的一种延伸。有关关税、配额的规定，既可限制本国的进口，也会影响他国的出口。商品输入到他国之后，还可能遇到歧视性的贸易政策等。总之，国际贸易受到来自政府方面的干预，要比国内贸易多得多。

(3) 各国法律不同。各个国家的法律，尤其是经济立法存在很大的差别，使国际贸易在缔结协定和执行合同方面要比国内贸易复杂得多。市场经济是法制经济，没有适当的法律保护，贸易的风险就会骤然增加。在国内贸易的场合，双方适用于同样或统一的法律；而国际贸易活动中就缺乏这个前提条件。比如，国际贸易中当事人双方在签订合同时就存在一个以哪国法律为准则的问题，当合同执行中发生纠纷时也是如此。尤其是现代国际经济技术合作日益增多，多国合营的企业更涉及企业所在地的各方面的法律问题，如法人待遇、土地使用、捐税等。由于各国对许多问题的法律规定不同，常常使国际间的经济关系纷繁复杂。除此以外，国际贸易领域还有许多国际规则和惯例，也要求人们熟悉和掌握，以维护自己国家和民族的利益。

(4) 各国的文化背景和价值观念不同。各个国家和民族在历史发展的长河中都形成了自己独特的文化传统，这对国际贸易有着深刻影响。在国际贸易的交往中，往往首先会遇到一个语言文字不同的问题。文化方面的差异更直接影响如何做广告、如何洽谈业务、如何销售商品等一系列实际问题。各种文化都包含着自身的特殊价值观念，如不深入考察和研究，轻则可能丧失市场，重则有引致政治纷争的危险。而国内贸易通常是在同一文化或相互相处很久、关系密切的不同文化中进行的，一般不会遇到国际贸易中那么多的矛盾或冲突。

3. 贸易的风险不同

由于国际贸易要跨越国界，经历的环节众多，并要进行长途运输，因此，它比国内贸易不仅要复杂得多，而且所面临的风险也更大。国际贸易中的风险主要有：

（1）信用风险。又称资信风险，一般是指由于贸易伙伴资信状况而产生的贸易风险，它可能导致贸易合同难以及时和准确地履行。在国内贸易中，交易双方的信用比较容易了解。而在国际贸易中，由于联系的不便，资信的调查比较困难，民族利益的存在甚至得到的信息是虚假的。在通过国际互联网从事贸易日益增多的情况下，国际贸易中的信用风险更是有增无减。

（2）商业风险。即由于贸易伙伴不愿或无法严格执行合同而产生的贸易风险，如买方拒收货物、卖方延期交货等。商业风险范围很广，其他许多原因都会产生商业风险。相对国内贸易，国际贸易交货期较长，其间市场行情变化的可能性更大，这往往会使合同不能得到履行。这种商业风险造成的违约不可避免地给交易的另一方带来经济上的损失。

（3）汇率风险。即由于汇率变动而产生的贸易风险。在当前世界各国普遍实行浮动汇率制的条件下，各种货币的汇率经常随市场供求关系及其他因素的变化而变动。而汇率的频繁波动，则会直接影响到进口商的进口成本和出口商的出口收入。

此外，国际贸易中还存在更大的运输途中货物灭失或短少的运输风险，因战争、政变、罢工以及政府禁令或其他贸易限制新措施的公布与实施等带来的政治风险，等等。

4. 贸易的影响不同

国内贸易的一切后果或影响都留在国内，它和别国几乎没有任何关系；而国际贸易则不同，由于它涉及国与国之间的关系，常常使各贸易参加国处于不同的地位和获得不同的利益。比如，就贸易利益而言，在国内贸易的条件下，不管交易条件如何，贸易的所有利益仍然在国内；但在国际贸易的条件下，交易条件的变动直接影响到各国贸易利益的分配，从而给各国带来不同的影响。

正是由于国际贸易具有以上诸多方面的特殊性与复杂性，因此，从事国际间的贸易活动不仅要有雄厚的资金实力、灵通的商业信息、完备的组织形式和良好的商业信誉等，有关从业人员还必须具备多方面的专门知识，如熟练地掌握一门以上的外语，对市场学、国际金融、国际法等有较多的了解，还要有良好的商品知识、运输业务知识、保险知识、财会和统计的知识，以及贸易政策、措施、规则和惯例方面的知识，等等。而国际贸易本身也需要作为一个专门的领域来加以研究，以揭示其自身规律，提高人们从事国际贸易业务的决策和判断能力。

二、国际贸易的研究对象

国际贸易是一门部门经济学，是经济学科中不可缺少的组成部分，是国际经济学的重要内容,是社会生产发展的必然产物。国际贸易的研究对象是在经济学理论的基础上,研究国际间商品和服务交换的运动规律、特点、规则和发展趋势,分析国家或地区之间的商品和服务交换过程中带有普遍性和本质性的问题,使其更好地为社会经济发展服务。因而,国际贸易学是一门理论性、政策性、社会实践性很强的课程。

三、国际贸易的研究方法

(一) 宏观分析与微观分析相统一的分析方法

1. 宏观经济分析

宏观经济分析方法以整个国民经济活动作为考察对象,研究各个有关的总量及其变动,特别是研究国民生产总值和国民收入的变动及其与社会就业、经济周期波动、通货膨胀、经济增长等之间的关系。因此,宏观经济分析又称总量分析或整体分析。

2. 微观经济分析

微观经济分析方法以单个经济主体为研究对象,研究单个市场、厂商和消费者如何进行资源配置的问题。研究单个经济主体面对既定的资源约束时如何进行选择的问题,因此,微观经济分析又称个量分析。

国际贸易活动从国家角度来看就是对外贸易活动。对外贸易是整个国民经济的组成部分,也具有宏观和微观两个层次。在研究国际贸易活动时,一方面要从宏观经济的角度出发,重点研究一国应采用怎样的贸易政策和发展战略去调整本国的对外贸易关系,从而促进本国国民经济的发展,又要对本国与他国的贸易协调进行分析,从而为企业从事国际贸易活动提供宏观经济与贸易理论知识和实践指导;另一方面,研究国际贸易也要重视微观贸易活动内容的分析,如对价格如何决定问题的研究,对政策给厂商和消费者造成怎样影响的分析等。

(二) 定量分析与定性分析相统一的分析方法

1. 定量分析

定量分析法是对社会现象的数量特征、数量关系与数量变化进行分析的方法。定量分析侧重于对数量关系的变化进行考察,是指将数学上的一些概念、算法准则和推演公理运用到国际贸易的研究中,运用直角坐标下的曲线形状、区间和区域的变化来说明国际贸易理论,运用函数关系说明特定条件下的规律。

2. 定性分析

定性研究方法是根据社会现象或事物所具有的属性和在运动中的矛盾变化,从事物的内在规定性来研究事物的一种方法或角度。定性分析旨在揭示事物和过程的质及结构性的联系。

在国际贸易的研究中，要十分重视定量分析方法。这是因为国际贸易中许多理论的阐述要运用经济学的基本概念和结论，而这些经济学知识往往是建立在数学方法基础上的，或者是借用几何图形描述的。例如，马歇尔对相互需求论的精确分析、用生产可能性曲线对贸易条件的分析、用消费无差异曲线与生产可能性曲线对贸易利益的分析、关税的经济效应分析等。因此，离开定量分析是很难全面而正确地阐述国际贸易理论的，也很难让人们理解和掌握这些理论。

（三）静态分析与动态分析相统一的分析方法

1. 静态分析

静态分析的研究方法是指在假定其他因素不变，研究某一因素对行为的影响，在阐述某一贸易理论时，要注意理论产生的特定历史条件和社会经济条件，即要在不同历史层面下研究国际贸易理论和实践活动。比如，在国际贸易理论的研究中，H－O 模型假设各国的需求是一样的，供给由于要素禀赋的不同而不同，这就与有些理论中的假设——各国的供给是相同的，而需求是不同的，有较大的区别，相应的理论分析框架也就有较大的差异。

2. 动态分析

动态分析是指要对事物变化的过程进行分析，对国际贸易理论的形成和发展进行阐述，不但要说明不同历史阶段国际贸易理论的进步性，还要说明其局限性及新理论产生的必然性，要对不同阶段的理论加以比较分析，同时对变动中的各个变量的影响进行分析。动态分析着重考察在静态分析中假定不变的因素，如人口与劳动力数量、资本数量、生产技术、消费者偏好和收入等因素在时间过程中发生变化时，将会怎样影响一个经济体系的活动。

（四）实证研究与规范研究相统一的分析方法

1. 实证研究

实证研究是指从大量的经验事实中通过科学归纳，总结出具有普遍意义的结论或规律，然后通过科学的逻辑演绎方法推导出某些结论或规律，再将这些结论或规律在现实中进行检验的方法论思想。实证研究方法排斥价值判断，通过一系列定义、假说来探索国际贸易活动中的规律，提出用于解释经济活动的理论，因而实证研究具有很强的“纯理论”色彩。

2. 规范研究

规范分析是指根据一定的价值判断为基础，提出某些分析处理经济问题的标准，树立经济理论的前提，作为制定经济政策的依据，并研究如何才能符合这些标准，有很强的政策倾向。

不论从历史上看，还是从目前学者的研究来看，规范研究和实证研究都没有完全割裂开来，人们在研究国际贸易问题时要同时采用规范研究和实证研究结合的方法。如学者在提出一种贸易政策时，总是指出其理论根据，而在阐述某一理论时，也总是指出其政策意义。

本章核心概念

国际贸易	对外贸易	贸易值	贸易量
贸易差额	国际贸易商品结构	国际贸易地理方向	贸易条件
对外贸易依存度			

复习思考题

1. 简述国际贸易的地位及作用。

2. 简述国际贸易与国内贸易的共性。

3. 国际贸易和国内贸易的环境有何不同？这一区别对于我国国内企业开展国际贸易活动有何启示？

4. 简述国际贸易的研究对象和研究方法。

第二章

国际贸易的产生与发展

本章主要内容

国际贸易产生的背景;国际贸易在不同阶段的发展情况和呈现的特点,当今国际贸易发展的新趋势。中国对外贸易发展的历史沿革、战略思路。

第一节 国际贸易的产生

一、国际贸易的产生

国际贸易属于历史范畴,它是随着社会生产和社会分工的发展而产生和发展起来的。具有可供交换的剩余产品和存在各自为政的社会实体,是国际贸易得以产生的两个前提条件。

分工是交换的基础。没有分工就没有交换,当然也就没有国际贸易。在原始社会初期,生产力水平极为低下,人类处于自然分工的状态。氏族公社内部人们依靠共同的劳动来获取十分有限的生活资料,并且按照平均主义方式在成员之间实行分配。当时没有剩余产品和私有制,没有阶级和国家,因而也就没有对外贸易。

三次社会大分工的出现,逐步改变了上述状况。人类社会的第一次大分工是畜牧业和农业之间的分离,它促进了生产力的发展,使产品有了剩余。在氏族公社的部落之间开始有了剩余产品的相互交换,但这还只是偶然的物物交换。人类社会的第二次社会大分工,手工业从农业中分离出来,由此出现了直接以交换为目的的生产,即商品生产。它不仅进一步推动了社会生产力的进步,而且使社会相互交换的范围不断扩大,最终导致了货币的产生,产品之间的相互交换渐渐演变为以货币为媒介的商品流通。这些直接引致了第三次社会大分工,即出现了商业和专门从事贸易的商人。在生产力不断进步的基础上,形成了财产私有制,原始社会末期出现了阶级和国家。于是,商品经济得到进一步发展,并最终超出国家的界限,形成了最早的对外贸易。

二、资本主义社会以前的国际贸易

(一) 奴隶社会的国际贸易

奴隶社会制度最早出现在古代东方各国,如埃及、巴比伦、中国(殷、周时期已进入奴隶社会)，但以欧洲的希腊、罗马的古代奴隶制度最为典型。奴隶社会的特征是奴隶主占有生产资料和奴隶，具有维护奴隶主阶级专政的完整的国家机器。在奴隶社会，生产力水平、社会文化等有了较大的发展，国际贸易也获得初步发展。

早在公元前2000多年，由于水上交通便利，地中海沿岸的各奴隶社会国家之间就已开展了对外贸易，出现了腓尼基(PHOENICIA)、迦太基(CARTHAGE，今突尼斯境内)、亚历山大、希腊、罗马等贸易中心和贸易民族。例如，古代腓尼基是地中海东岸的一个国家，当时它的手工业已经相当发达，能够制造出玻璃器皿、家具、染色纺织品和金属用品。腓尼基人以他们的手工产品同埃及人交换谷物、象牙、驼毛，从塞浦路斯贩运铜，从西班牙贩卖金银和铁，从希腊贩运奴隶，从东方贩运丝绸、香料和一些奢侈品。在公元前2000年左右，腓尼基已成为一个依靠对外贸易而繁荣起来的民族。腓尼基衰落之后，希腊约在公元前1000年成为地中海的第二个商业国家。到公元前4世纪，希腊的手工业已相当发达，分工精细，其手工业品不仅销售到了北非、西欧和中欧，甚至流传到了遥远的东方。

但是从总体上来说，奴隶社会是自然经济占统治地位，生产的直接目的主要是为了消费。商品生产在整个经济生活中还是微不足道的，进入流通的商品很少。加上生产技术落后，交通运输工具简陋，各个国家对外贸易的规模和范围受到很大限制。上文提到的那些商业发达的民族或国家，在当时仍只是一种局部现象。

从国际贸易的商品构成来看，奴隶是当时欧洲国家对外交换的一种主要商品。希腊的雅典就是当时贩卖奴隶的一个中心。此外，奴隶主阶级需要的奢侈消费品，如宝石、香料、各种织物和装饰品等，在对外贸易中占有重要的地位。当时，国际贸易的地域范围也仅局限于欧洲的地中海和黑海沿岸，以及欧洲大陆和西北欧的少数城市和岛屿。尽管奴隶社会对外贸易的影响有限，但对手工业发展的促进较大，在一定程度上推动了社会生产的进步。

(二) 封建社会的国际贸易

封建社会取代奴隶社会之后，国际贸易又有了较大发展。尤其是从封建社会的中期开始，实物地租转变为货币地租，商品经济的范围逐步扩大，对外贸易也进一步增长。到封建社会的晚期，随着城市手工业的进一步发展，资本主义因素已经开始孕育和生长，商品经济和对外贸易都比奴隶社会有了明显的发展。

在封建社会开始出现国际贸易中心。早期的国际贸易中心位于地中海东部，君士坦丁堡、威尼斯和北非的亚历山大是中世纪著名的三大国际贸易中心。公元11世纪以后，随着意大利北部和波罗的海沿岸城市的兴起，国际贸易的范围逐步扩大到地中海、北海、波罗的海和黑海沿岸。城市手工业的发展推动了当时国际贸易的发展，而国际贸易的发展又促进了手工业的发展，促进了社会经济的进步，并促进了资本主义因素在欧洲各国内部的迅速发展。

在封建社会，中国的对外贸易已有所发展。公元前2世纪的西汉时代，我国就开辟了从新疆经中亚通往中东和欧洲的“丝绸之路”。中西商人沿“丝绸之路”互通有无，中国的丝、茶和瓷器等转销到地中海沿岸各国，西方各国前来的使者和商人络绎不绝，开创了中国同西方各国进行政治、经济、文化、宗教等往来的良好先例。明朝时代，郑和七次率领船队下西洋，足迹遍及今印度支那、马来西亚半岛、南洋群岛以及伊朗、阿拉伯等地，最远到达了非洲东部海岸。这些远航把我国的绸缎、瓷器等输往国外，换回了香料、象牙、宝石，等等。通过对外贸易，我国的火药、罗盘和较先进的手工业技术输往了亚欧各国，同时也引进了不少土产和优良种子，这不仅推动了各自对外贸易的发展和亚欧间的经贸交往，也对世界文明的进程产生了深远的影响。

从国际贸易的商品结构来看，封建时代仍主要是奢侈消费品，例如，东方国家的丝绸、珠宝、香料，西方国家的呢绒、酒，等等。手工业品在国际贸易中的比重有了明显的上升。与此同时，交通运输工具主要是船只有了较大发展，使得国际贸易的范围扩大了，更多的国家和地区的产品进入了国际贸易领域。不过从总体上来说，由于自然经济仍占主导地位，封建社会的国际贸易在经济生活中的作用还比较小。

三、资本主义生产方式下国际贸易的发展

国际贸易虽然源远流长，但真正具有世界性质是在资本主义生产方式确立起来之后。在资本主义生产方式下，国际贸易急剧扩大，国际贸易活动遍及全球，贸易商品种类日益增多，国际贸易越来越成为影响世界经济发展的一个重要因素。而在资本主义发展的各个不同历史时期，国际贸易的发展又各具其特征。

（一）资本主义生产方式准备时期的国际贸易

16～18 世纪中叶是西欧各国资本主义生产方式的准备时期，这一时期工场手工业的发展使劳动生产率得到提高，商品生产和商品交换进一步发展，这为国际贸易的扩大提供了物质基础。这一时期的地理大发现更是加速了资本的原始积累，促使世界市场初步形成，从而大大扩展了世界贸易的规模。

1492 年，意大利航海家哥伦布由西班牙出发，经大西洋发现了美洲；1498 年，葡萄牙人达·迦马从欧洲绕道南非好望角通往印度，这些对欧洲的经济与贸易产生了深远的影响。地理大发现使西欧国家纷纷走上了向亚洲、美洲和拉丁美洲扩张的道路，在殖民制度下进行资本的血腥原始积累。殖民主义者用武力、欺骗和贿赂等办法，实行掠夺性的贸易，把广大的殖民地国家卷入到国际贸易中。国际贸易的范围和规模空前扩大了。

地理大发现还导致世界贸易中心的转移，伊比里亚半岛上的里斯本、塞维利亚，大西洋沿岸的安特卫普、阿姆斯特丹、伦敦等取代远离大西洋海上商路的威尼斯、亚历山大和君士坦丁堡，而成为新的世界贸易中心。国际贸易中的商品结构也开始转变，工业原料和城市居民消费品的比重上升，一些从未进入欧洲市场的新商品，如烟草、可可、咖啡、茶叶等，都加入国际商品的流通范围里来了。可见，资本主义生产方式准备时期的国际贸易比奴隶社会和封建社会又有了很大的发展。

（二）资本主义自由竞争时期的国际贸易

18 世纪后期至 19 世纪中叶是资本主义的自由竞争时期。这一时期，欧洲国家先后爆发了第一次产业革命，资本主义机器大工业得以建立并广泛发展。而机器大工业的建立和发展，一方面使社会生产力水平有了巨大的提高，商品产量大大增加，可供交换的产品空前增

多，真正的国际分工开始形成；另一方面，大工业使交通运输和通信联络发生了巨大的变革，极大地便利和推动了国际贸易的发展。

在资本主义自由竞争时期，国际贸易的各方面都发生了显著变化。

1. 国际贸易量显著增加

在1720～1800年的80年间，世界贸易量总共增长了1倍。而进入19世纪之后，国际贸易量的增长速度明显加快（见表2-1）。19世纪的前70年中，世界贸易量增长了10多倍。其中，头30年国际贸易的增长慢一些，主要受到了英法战争的影响，增长最快的是1860～1880年。

表2-1　19世纪的世界贸易额、贸易量

年　份	贸易额（10亿美元）	贸易量（1913年=100）	贸易量年均增长率（%）
1800	1.4	2.3	0.27
1820	1.6	3.1	1.5
1830	1.9	4.3	3.3
1840	2.7	5.4	2.3
1850	4.0	10.1	6.5
1860	7.2	13.9	3.2
1870	10.6	23.8	5.5
1880	14.7	30.0	3.5

资料来源：汪尧田、褚健中：《国际贸易》，上海社会科学院出版社1989年版，第37页。

2. 英国在世界贸易中占据垄断地位

在19世纪的世界贸易中，英、法、德、美居于重要地位，其中又以英国居最前列。依靠工业革命所造就的雄厚技术基础，英国取得世界工业的霸主地位，成为名副其实的"世界工厂"。在19世纪50年代的世界生产中，英国冶炼的铁约占一半，采掘的煤占一半多，纺织的棉布将近一半，机器制造几乎处于独占地位。当时正在进行工业革命的其他资本主义国家也都要从英国取得先进技术和设备。英国的机器制造商承包了全世界的机器、火车车辆、铁路设备的制造。1870年，英国在世界贸易中的比重达25%，几乎相当于法国、德国和美国的总和。与其在世界贸易中的垄断地位相适应的是，1870年英国拥有的商船吨位也占世界第一位，超过荷、法、美、德、俄等国商船吨位的总和。依靠强大的海运业，英国从其他国家获得廉价的原料，控制着其他国家的贸易往来，并取得了巨额的"无形收入"。由于英国在世界工业和贸易中的垄断地位，使伦敦成了国际贸易中心和国际金融中心，英格兰银行成为各国银行的银行，英镑成为世界货币，直接影响着全世界的信用系统。

3. 国际贸易的商品结构发生很大变化，工业品的比重显著上升

18世纪末以前的大宗商品，如香料、茶叶、丝绸、咖啡等，虽然绝对量在增加，但所占份

额已经下降。在工业品的贸易中以纺织品的增长最为迅速并占有重要地位。以前欧洲国家都从中国和印度进口棉布，19 世纪英国完成工业革命以后，英国成为棉布的主要出口国，其出口商品中有 1/3～1/2 是纺织品。煤炭、钢铁、机器等商品的贸易也有了很大的增长。同时，粮食也开始成为国际贸易的大宗商品，由于工业发展的需求和运输费用的降低，粮食占当时国际贸易额的 1/10 左右。

4. 国际贸易的方式有了进步

国际定期集市的作用下降，现场看货交易逐渐转变为样品展览会和商品交易所，根据样品来签订合同。1848 年美国芝加哥出现了第一个谷物交易所，1862 年伦敦成立了有色金属交易所，19 世纪后半期在纽约成立了棉花交易所。期货交易也已经出现，小麦、棉花等常常在收获之前就已经售出，交易所里的投机交易也应运而生。

5. 国际贸易的组织形式有了改进

19 世纪以前，为争夺殖民地贸易的独占权，英国、荷兰、法国等纷纷建立了由政府特许的海外贸易垄断公司（如东印度公司等）。这些公司享受种种特权，拥有自己的机构、船队等。随着贸易规模的扩大，特权的外贸公司逐步让位于在法律上负有限责任的股份公司，对外贸易的经营组织日趋专业化，成立了许多专门经营某一种或某一类商品（如谷物、纺织品、金属等）的贸易企业。同时，为国际贸易服务的组织也趋向专业化，出现了专门的运输公司、保险公司，等等，银行信贷业务在国际贸易中也开始广泛运用。

6. 政府在对外贸易中的作用出现了转变

自由竞争时期的资本主义在国内主张自由放任，这反映在对外贸易上，就是政府对具体经营的干预减少。而在国际上，为了调整各国彼此间的贸易关系，协调移民和其他待遇方面的问题，国家之间开始普遍签订贸易条约。这些条约最初是为了资本主义国家能公平竞争、发展相互的贸易往来，后来逐步变成在落后国家谋求特权、推行侵略扩张的工具。在这一时期，英国作为“世界工厂”的地位确立后，大力鼓吹和实行自由贸易政策，这对推动英国的出口起了很大的作用，形成了 19 世纪 50 年代以后的又一次工业增长高潮。而在德国和美国等后起的资本主义国家，政府则极力充当民族工业发展“保护人”的作用，采用各种措施限制进口、抵制英国产品的强大竞争。但当本国工业发展起来之后，就转向了自由贸易。总之，这一时期与资本主义生产方式准备阶段政府直接经营对外贸易有很大不同。

（三）垄断资本主义时期的国际贸易

19 世纪末 20 世纪初，各主要资本主义国家从自由竞争阶段过渡到垄断阶段。国际贸易也出现了一些新的变化。

1. 国际贸易仍在扩大，但增长速度下降，贸易格局发生了变化

19 世纪 70 年代起，资本主义国家发生了第二次工业革命，生产技术有了一系列新的发明和创造，社会生产力取得了前所未有的发展。资本主义工业和交通运输业等都得到了进

一步的发展，其结果是国际贸易的规模、商品结构和贸易格局均发生了重大变化。截止到第一次世界大战前为止，国际贸易仍呈现明显的增长趋势，但同自由竞争时期相比较，速度已经下降了。例如，在 1870～1913 年的 43 年期间，世界贸易量只增加了 3 倍(其中，1870～1900 年只增长 1.7 倍，1900～1913 年也只增加 62%)，而在 1840～1870 年的 30 年自由竞争期间，国际贸易增长了 3.4 倍多(参见表 2-2)。这主要是由于垄断的统治——划分市场和垄断高价——对国际贸易所带来的影响。随着世界工业生产的迅猛发展，工业制成品特别是重工业产品以及有色金属、稀有金属、石油等矿产原料在国际贸易中的比重大大提高；同时，由于大城市的发展，食品贸易的比重也有所上升。

表 2-2　世界工业生产和贸易量(1820～1948 年，指数：1913 年=100)

年　份	世界工业生产	世界贸易量	年　份	世界工业生产	世界贸易量
1820	2	2	1920	93	80
1850	9	9	1930	138	113
1870	20	24	1938	183	103
1900	59	62	1948	132	103

资料来源：汪尧田、褚健中：《国际贸易》，上海社会科学院出版社 1989 年版，第 46 页、第 48 页。

在这一时期内，美国和德国迅速崛起，工业生产上取得了跳跃式的发展，而英国则相形见绌，其作为“世界工厂”的地位已逐步丧失，在国际贸易中的地位也显著下降。1870～1913 年间，英国的工业生产只增长了 1.3 倍，而德国和美国则分别增长了 4.6 倍和 8.1 倍。反映在国际贸易中，则是英、法等国的对外贸易增长也落后于德、美等国，英、法等在国际贸易中的比重不断下降，而德、美等国的比重却逐步上升。到 1913 年，世界工业生产所占比重最高的 3 个国家分别是：美国占 36%，德国占 16%，英国占 14%；同年，在世界贸易中所占比重最高的 3 个国家分别是：英国占 15%，德国占 13%，美国占 11%。

2. 垄断开始对国际贸易产生严重影响

一方面，少数国家垄断着世界市场和国际贸易，例如，1880 年和 1900 年，英、美、法、德四国出口总额在世界出口额中占 53%左右；另一方面，由于生产和资本的高度集中，垄断组织在各国经济生活中起着决定性的作用。它们在控制国内贸易的基础上，在世界市场上也占据了垄断地位，通过垄断价格使国际贸易成为垄断组织追求最大利润的手段。在这一时期，国际贸易中明显形成了大型垄断组织瓜分世界市场的局面。第一次世界大战之前，世界上存在大约 114 个国际卡特尔，他们通过相互缔结协定，彼此承担义务，按一定比例分割世界市场，确定各自的销售区域，规定垄断价格、生产限额和出口数量，攫取高额利润，合力排挤局外企业，以维持对市场的垄断，等等。当然，垄断并不能排除竞争，而是使世界市场上竞争趋于更加激烈。

3. 一些主要资本主义国家的垄断组织开始资本输出

为了确保原料的供应和对市场的控制，少数富有的资本主义国家开始向殖民地输出资本。在第一次世界大战前，英国和法国是两个主要的资本输出国。通过资本输出带动了本国商品出口，还能以低廉的价格获得原材料，同时资本输出也是在国外市场上排挤其他竞争者的一个有力手段。

第二节　当代国际贸易

第二次世界大战以后，世界政治经济形势发生了深刻的变化。国际分工、世界市场和国际贸易也都发生了巨大的变化。世界生产的发展是国际贸易的物质基础，决定着国际贸易的发展及其规模的扩大。战后第三次科技革命促进了工农业生产水平的提高，现代化交通运输和通信联络工具的广泛运用，新兴工业部门和新工业产品的层出不穷，都影响着国际贸易的规模、商品结构以及地区分布。

一、国际贸易进入一个新的快速增长期

进入 20 世纪 90 年代后，虽然由于世界经济政治格局发生了巨大变化，发达国家受周期性和结构性因素的影响而先后陷入衰退期，再加上美元汇率的变化、国际债务、战争等因素的严重制约，国际贸易的增长速度连年下降，而且波动较大。但是世界贸易额从 1990 年的 33 101 亿美元增加到 2018 年的 393 420 亿美元，增长了近 12 倍。世界经济从 1994 年开始步入新一轮的经济上升轨道，大体保持了 20 多年的高增长率。世界经济的增长势头，为国际贸易的发展注入了新的活力。

当前世界经济正处于新一轮经济周期的上升期，2018 年世界经济增长达 3.2%，世界经济发展速度明显快于 20 世纪 80—90 年代，未来国际贸易增长速度仍然会保持较高增长势头，预计年均达到 4%以上。

二、国际贸易发展的格局发生重大变化

1. 区域性贸易集团化趋势进一步加强

在世界政治经济发展不平衡规律作用下，出于相互合作、共同发展经济的需要，以地缘经济为特征的贸易集团取代了以政治关系为基础的贸易联盟，区域性贸易集团化格局基本确立。许多国家纷纷组建贸易集团，贸易集团化趋势表现极为明显。第一，区域性贸易集团化步伐加快；第二，区域集团联合和跨区域扩展不断扩大规模；第三，突破原有贸易集团组成条件，社会制度不同的国家、经济发展水平所处阶段不同的国家也在组建贸易集团。据统计，截至 2017 年底，全球向世界贸易组织通报的区域贸易协定约有 647 个，生效的有 433 个，135 个自由贸易区，涉及世贸组织 97%的成员，其中双边的贸易集团约占 90%。

1992 年 1 月 1 日欧共体统一大市场开始运作。1993 年 1 月 1 日《欧洲联盟条约》生效，提出实现欧洲政治联盟的目标。1993 年 11 月 1 日欧洲联盟正式启动。1994 年 1 月 1 日成

立的欧洲经济区是一个比欧共体、欧洲自由贸易联盟更开放的一体化组织，它不仅是工业品的自由流动区，也是人员、劳务、资本的自由流动区。从 1995 年 1 月 1 日起，奥地利、芬兰和瑞典正式成为欧洲联盟成员国。1999 年1月 1 日 11 个成员国采纳欧元，2002 年 1 月 1 日欧元的硬币和纸币开始流通，到 2004 年爱沙尼亚、拉脱维亚、立陶宛、波兰、匈牙利、斯洛伐克、斯洛文尼亚、马耳他和塞浦路斯正式成为欧洲联盟成员国，欧盟组织扩大到 25 国，其竞争实力大为增强，从而有力地促进区域内贸易和投资的发展。

《美加自由贸易协定》于 1989 年 1 月 1 日生效后，1994 年 1 月 1 日由美、加、墨三国参加的《北美自由贸易协定》又正式生效。计划在 15 年内分三阶段取消关税和其他贸易壁垒，实现商品和劳务的自由流通。从 1994 年到 2012 年的 10 多年间，美、加、墨三国的贸易额由 1 420亿美元上升到 3 630 亿美元。1994 年 12 月 10 日，美洲 34 个国家在迈阿密举行首脑会议签署了《原则宣言》及 2003 年 11 月美洲自由贸易区部长级会议通过了《美洲自由贸易区框架协议》，这标志着发达国家与发展中国家之间的关系，开始出现以经济合作为主的新趋势。

亚太国家之间的经济联系也在日益加深，区域合作已被提到议事日程。1994 年 11 月在印度尼西亚茂物召开的亚太经合组织第 6 届部长级会议和第二次领导人非正式会议，发表了《茂物宣言》，规定了亚太地区贸易和投资自由化的原则和长远目标，发达成员国在 2010 年以前，发展中成员国在 2020 年以前实现这一目标。1995 年 2 月 16 日，亚太经合组织举行高级官员"特别"会议，讨论地区贸易和投资的远景，起草了在 2020 年以前实现亚太地区贸易和投资自由化的"行动计划"。

1992 年 1 月在新加坡举行的第四次东盟首脑会议上，印尼、马来西亚、菲律宾、新加坡、泰国和文莱 6 国决定从 1993 年 1 月 1 日起到 2008 年的 15 年内建立东盟自由贸易区。1994 年 9 月举行的第 26 届东盟经济部长会议上决定把建成东盟自由贸易区的时间，从原定 15 年缩短为 10 年，即 2003 年 1 月 1 日。2001 年 1 月 6 日中国与东盟一致同意在 2010 年前建成世界第三大自由贸易区，即中国—东盟自由贸易区。2004 年 11 月 9 日在老挝举行的第十次东盟首脑会议上，中国与东盟国家的经济部长签订了《中国—东盟全面经济合作框架协议—货物贸易协议》，到 2010 年将贸易产品的关税减至 0%—5%。

目前，区域性贸易集团内部的商品贸易已占世界总额的 50%。欧盟对外贸易的 62.4% 是在成员国之间进行的，独联体 12 国之间的贸易占其对外贸易总额的 60%以上。区域性贸易集团的大量组建，对世界经济贸易发展产生了重要影响。

2. 国际贸易重心发生重大转移

20 世纪 90 年代以来，正当欧洲专注于本身的单一市场、美国的重心仍摆在欧洲的时候，亚太地区正悄然成为经济真正活跃的地区，成为全球经济的重心，太平洋文明正在取代大西洋文明。美国与欧盟已是成熟的经济，成长空间有限。而亚洲的消费市场与欧美相比，处于上升期，国际贸易重心正从单一的欧洲重心向以亚太地区为重心的格局过渡。1994 年商品出口额年增长率在 20%以上的国家共有 8 个，其中 5 个在亚洲，亚洲在世界贸易中的比重已由 1983 年的 9.1%，上升到 2012 年的 35.2%。

在 20 世纪 90 年代以后，以下因素还将进一步推动这一地区的经贸发展：第一，日本继续把贸易与投资转向亚洲;第二,中国和印度经济的高速增长;第三,世界贸易组织统辖的多边贸易协议与协定中对发展中成员方提供的优惠;第四,本地区基础设施的大发展会吸引更多的国际资本。

3. 国际贸易结构发生重大变化

随着全球经济一体化的加速,多边贸易体制的进一步加剧,信息时代的到来,在国际贸易结构中,服务、高科技与“绿色产品”贸易步入高速发展阶段,在国际贸易中的地位不断提高。

(1) 服务贸易在国际贸易中的比重迅速提高。进入20世纪80年代后,服务贸易一直以高于商品贸易的速度增长。根据WTO统计,国际服务贸易在1970年的710亿美元基础上,从1982年的4 050亿美元增加到1987年的9 600亿美元,1992年又增加到10 200亿美元,2003年增加到18 000亿美元,2012年增加到23 000亿美元,2018年更增加到58 500亿美元。世界服务贸易在整个世界贸易中的比重由1980年的15%上升到2012年的32%、2018年的40%。其中,旅游业成为全球发展最快和最大的行业,是许多国家最高的收入来源。

(2) 高科技尤其是电信产品的贸易发展突飞猛进。随着知识经济的发展,产业结构中高新技术的比重将大大提高,经济重心将由工业经济时代的制造业向高新技术产业转移。近年来,主要工业化国家高技术产品出口增长均高于全部出口的增长速度,成为国际贸易新的增长点。

(3) 绿色产品市场广阔。1992年的联合国“环境与发展会议”,大大增强了世界各国人民的环保意识,导致对人类健康有益的绿色食品和绿色冰箱、绿色空调、绿色电脑、绿色汽车等绿色产品的需求量明显上升。

绿色革命方兴未艾,防治污染、节能、信息服务等正在形成一个新兴的庞大产业。许多发达国家开始把“生态研究”与“环保技术”研究与发展置于同等重要地位,如2011年全球环保产品市场的规模已达到10 000亿美元,发达国家占到2/3,发达国家每年的环保投入占到国内生产总值的2%左右,北美、西欧的环保技术已占据国际市场的60%。经过近40年的快速发展,发达国家环保产业的产值已占到国内生产总值的10%—20%,并且以高于同期国内生产总值增长率1—2倍的速度增长。

(4) 跨国公司的作用进一步增大。进入20世纪90年代后,跨国公司发展尤为迅速,并正在不断改变着世界商品生产和流通的格局。据统计,20世纪70年代跨国公司的内部贸易占世界贸易的20%,2010年以来这一比重超过40%。目前全球跨国公司5万多家,其拥有的国外分支机构为25万家,世界贸易总量中有70%—80%与跨国公司有关。更重要的是WTO的《与贸易有关的投资措施协议》要求各成员通报其与此相关的法规中存在的限制情况,并要求各成员根据确定的时间表在最长7年时间内取消这些规定。可见,国际贸易发展使跨国公司在世界市场上的竞争地位不断加强,同时也为跨国公司的发展提供了更多的机会和制度保证。

(5) 集团化发展趋势日益增强。战后,国际竞争日益激烈,世界主要贸易国为保持其在全球市场上的竞争力,不断寻求与他国联合,通过优惠贸易安排、自由贸易区、关税同盟、共同市场等不同方式,组建区域贸易集团,实现在区域内贸易自由化。

区域贸易集团的形成与发展,有着深刻的历史原因和社会、经济基础:首先是地缘关系;

其次是贸易壁垒的存在;第三是世界经济发展的不平衡。

此外,政治上的需要、调整区域内部的资源配置以降低成本、提高竞争力,以及打开一些一贯封闭保守的国家的市场以降低两国贸易差额等亦是区域性贸易集团形成不可忽视的原因(详见第七章)。

(6) 电子商务异军突起。电子商务是指基于数据的处理和传输,通过开放的网络进行的商业交易,包括企业与企业、企业与消费者之间的交易活动。随着国际互联网和信息技术的飞速发展,为适应国际贸易规模迅速扩张的需要,20 世纪 90 年代后半期产生的电子商务为世界贸易构建起了快速运行的平台。特别是在美国、欧盟、日本等主要发达国家的大力推动下,电子商务已成为 21 世纪最具发展前途的领域之一。

第三节 中国对外贸易发展历程

中国对外贸易是中国特色社会主义经济的重要组成部分。中国实行对外开放政策,参加国际竞争和国际合作,必须加强与世界经济的联系。为了适应世界经济的发展变化,我国对外贸易的战略、管理体制和政策措施都会不断地进行必要的调整。了解我国对外贸易的发展、方针政策、对外贸易体制的建立、改革、管理手段以及对外贸易总体规划等内容,对于发展中国家对外贸易具有重要意义。

一、中国对外贸易的发展

新中国的成立,结束了中国半殖民地半封建社会的历史,我国新型的社会主义对外贸易在全国范围内逐步建立和发展起来。我国对外经济贸易的发展大体经历了以下几个阶段:

(一) 新中国成立前

中国的对外贸易史堪称源远流长,早在西汉,中国就已有了著名的"丝绸之路"。"丝绸之路"东起中国长安(今西安),向西经河西走廊和新疆,越过帕米尔高原,然后分几路进入中亚、西亚和南亚。这是一条横贯亚洲大陆的商路,主干道约长七千多公里,在中国境内约有四千多公里。

唐代的陆路贸易基本上沿原有的"丝绸之路"进行,但政府采取了一系列政策加强了保护和管理,包括在西域建立完整的军政机构,沿途设置驿馆,继续执行"过所制度"(相当于许可证制度)等。在丝路沿线的主要城镇关口还驻有军队以保证"丝绸之路"安全。长安一度成为世界上最大的商业中心之一。

唐代还发展了海路贸易。当时的海路贸易主要通过两条航线,一条是东向到朝鲜、日本;另一条是南下西向,经印度支那半岛、马来半岛、马六甲海峡、印度半岛,最终与阿拉伯半岛和东非沿岸连接。当然,海路贸易并非从唐代才开始的。早在春秋战国时期中国就与日本、朝鲜有了往来,汉代时又打通了中国南海与印度的海上航线,并连接上从印度到西方的海上通道。但到了隋唐时期,中国不仅延长了航线的距离,还大大增强了海路贸易的能力。

唐代主要出口产品仍是丝绸锦缎。从公元 8 世纪开始，唐代的瓷器开始大量出口。无论是细腻精巧的青釉瓷还是色彩绚丽的唐三彩，都颇受各国青睐，以至于西方国家称中国为“CHINA”(瓷器)，意为瓷器之国。此名沿用至今，并成为中国的正式英文名称。此外，中国还出口茶叶、漆器、纸笔等。进口商品主要是来自东南亚、印度和阿拉伯的香料、药材、奇珍异宝，还有中国没有的农产品，如胡椒、菠菜、无花果等。

元朝的贸易中心是元大都(今北京)。元朝政府建立了以大都为中心的陆路驿站交通网络，远至中亚、西亚，甚至欧洲。与此同时，元朝政府疏通从大都到杭州的大运河，保证南北水运的畅通。因此，各国商人通过大都进行大量的贸易活动，大都成为各国货物的集散地。

元代的海路贸易港口主要是泉州、广州和庆元(今宁波)。据元朝陈大震的《大德南海志》记载，同元代进行海路贸易的就有一百四十多个国家和地区，遍及欧洲、东亚、南亚、西亚及东南亚。当时中国的主要出口商品为纺织品、陶瓷器、金属和金属器皿、日常生活用品(如木梳、雨伞、席帘、漆器等)、文化用品(文具、乐器等)和经过加工的食品等。进口的商品主要是珍宝(包括象牙、犀角、珍珠、珊瑚等)、贵重香料、布匹、皮货、木材、药材等。

明朝最著名的海外开拓是“郑和七下西洋”。从 1405 年到 1433 年的 28 年里，明政府七次派郑和率领庞大船队远涉重洋，遍访亚非三十六国，在人类航海史上写上了辉煌的一页。

清朝初期，顺治皇帝和康熙皇帝都多次实行了“禁海”政策，直到雍正五年(1727 年)才真正开始开禁。在西方国家积极向海外移民扩张、开辟殖民地时，康熙却于 1712 年下令禁止中国人去东南亚经商和定居。在面对与外国的贸易纠纷时，乾隆采取的政策是缩减通商口岸，由多口通商变为一口(广东)通商，并受到行商制度和海关制度的严格管理。

1840 年后，中国的贸易政策基本上被控制在西方列强手中，实行对外的全面开放。在列强的要求下，中国开放了从广州、福州、上海等沿海城市到伊犁、张家口、重庆等内陆城市共二十多个通商口岸。中国的海关也基本由外国人掌握。

1911 年辛亥革命推翻清王朝后，民国政府经过多年努力，于 1930 年前后收回了关税自主权，并将进口关税从最初的 4%左右逐渐提高到 20 世纪 30 年代的 27%左右。但从民国建立到 1949 年中华人民共和国成立，中国仍然受到西方列强的控制，对外贸易基本保持了开放的状况。进口产品主要是棉布、棉纱、钢铁、面粉、煤油、糖、机器及工具等，出口产品仍主要是茶、丝、豆类及其他农产品和矿产品。这段时间里，随着美国、德国和日本的崛起，中国的主要贸易伙伴则逐渐从英国和法国变成了美国、日本和德国。

(二) 新中国成立以后

1950 年我国对外贸易总额为 11.3 亿美元，2018 年我国外贸进出口总值达到了 4.62 万亿美元，改革开放 40 多年来中国外贸进出口总额增长了 198 倍，成为拉动世界贸易增长最重要的力量之一。我国对外贸易伙伴也由 1978 年的几十个国家和地区发展到目前的 200 多个，中国外贸在规模扩大的同时，质量也在提高。近十年，中国外贸从高速发展阶段逐步向高质量发展阶段迈进，“中国创造”身影日渐显现。

在中国经济的发展中，外贸有着举足轻重的地位。按国民经济支出法核算，2011 年我国净出口对 GDP 增长的拉动为 2.9 个百分点；2011 年，全年海关税收净入库 16 142.1 亿元，同比增长 29.0%；其中征收关税 2 559.1 亿元，增长 26.2%；进口环节税 13 583.0 亿元，增长

29.5%。2012 年关税实现收入 2 782.74 亿元，同比增长 8.7%。2018 年是习近平总书记提出“一带一路”倡议五周年。五年来，“一带一路”建设从理念转化为行动，从愿景转化为现实，取得了丰硕成果，在外贸进出口方面，2013 年至 2017 年，我国与“一带一路”沿线国家进出口总值 33.2 万亿元人民币，年均增长 4%，高于同期我国外贸年均增速，成为对外贸易发展的一个亮点。据海关统计，2018 年，我国外贸进出口总值 30.51 万亿元人民币，比 2017 年增长 9.7%。其中，出口 16.42 万亿元，增长 7.1%；进口 14.09 万亿元，增长 12.9%；贸易顺差 2.33 万亿元，收窄 18.3%。目前，外贸直接或间接带动就业的人数将近 2 亿人次，外贸占全球贸易比重从不到 0.8%提高到超过 11%。

从贸易规模和增速看，改革开放前，受制于国内外政治经济环境，外贸总体增长缓慢，1951 年至 1977 年进出口年均增长 9.98%。改革开放后，我国外贸开始快速发展，1978 年至 2001 年进出口年均增长 15.9%。加入世贸组织以来，我国外贸进入改革开放后发展最迅速、最平稳，规模实现跨越式发展的时期。2002 年至 2012 年，我国外贸年均增长 27.3%，远高于同期世界贸易的年均增长率。2013 年，我国进出口规模突破 4 万亿美元关口，达到 41 590亿美元，一举超越美国，成为全球货物贸易第一大国。2014 年，我国外贸进出口达到 43 015 亿美元，创下了我国外贸进出口年度历史最高纪录。而在 2015—2016 年，我国对外贸易自改革开放以来首次出现连续两年同比下降的不利局面，使得我国失去了连续三年的全球货物贸易第一大国，退居美国之后列第二位。在以习近平同志为核心的党中央的坚强领导下，2017 年我国经济运行稳中向好，再次突破 4 万亿美元，同比增长 11.4%，超越美国，重新夺回全球货物贸易第一大国的桂冠。

改革开放之前，进出口贸易的需求功能较弱，以资源配置功能为主。2003 年至 2012 年期间，进出口贸易的需求功能逐步增强，但资源配置功能依然占据主导地位。2004 年以后，进出口贸易的需求功能大幅度增强，资源配置逐步成为次要功能，出口作为重要需求因素，成为我国产业结构升级和经济增长的主要拉动力量之一。

1. 进出口贸易总额和出口总额占 GDP 比重的演变情况

改革开放之前，受经济发展水平较低、国际环境限制等多种因素的影响，我国进出口贸易增长相对较慢，进出口贸易在我国经济增长中的需求作用十分微弱。改革开放以后，随着进出口贸易规模的快速扩张，进出口贸易总额和出口占 GDP 的比重大幅度提升，分别从 2003 年的 9.8%和 4.62%提高到 2018 年的 33.88%和 18.57%。进出口贸易作为需求因素在经济增长中的作用也大幅度增强，成为影响我国经济增长的重要需求因素。

2. 出口在总需求中的变化情况

改革开放以前，我国经济增长主要是靠投资和消费等国内需求拉动的，出口作为需求因素在我国经济增长中的作用很弱。2003 年以后，随着出口规模的快速扩张，出口在总需求中的比重从 2003 年的 7%提高到 2018 年的 13.9%，投资在总需求中的比重也从 2003 年的 27.92%大幅度提高到 2018 年的 53.8%，消费占总需求的比重则从 2003 年的 65.08%下降到 2018 年的 32.3%。从需求因素的变化看，改革开放以后出口和投资在经济增长中的作用大幅度增强，而消费在经济增长中的作用相对下降。需要注意的是总需求的结构变化，特别是投资与消费比例的相对变化，是经济发展水平提高后，消费结构和出口产品结构提升引发产业结构提升的结果。但出口所占比重的大幅度提升说明，在经济结构升级与经济发展过程中，出口作为重要的需求因素对经济增长的拉动作用已大幅度提高。

我国进出口贸易的结构转变及其资源配置功能除需求功能外，进出口贸易在我国经济增长中的重要作用是实现资源从农业和轻工业向重工业的转移。进出口贸易的这一资源配置功能在改革开放前尤为突出，改革开放以后相对弱化，但仍是我国资源再配置的重要渠道。

改革开放之后，我国进出口贸易快速增长。进出口贸易规模的不断扩大，使其需求功能不断增强，但其资源配置功能对我国经济发展，特别是经济的工业化进程仍起到了重要的促进作用。

从出口商品结构看，1978 年以后初级产品，特别是农副产品出口在出口总额中所占比重大幅度下降；同期机械及运输设备出口快速增长。从进口商品结构看，生产资料和机械及运输设备进口在进口总额中所占比重再次出现大幅度上升。进出口贸易结构的这一变化表明，改革开放之后我国进出口贸易依然具有很强的资源配置功能，但被转移资源的行业结构发生了较大改变。

初级产品出口所占比重的大幅度下降说明，进出口贸易的资源配置功能已从改革开放前主要依靠初级产品出口创汇、进口生产资料的模式，逐步转向制造业内部不同行业之间的资源转移，通过一般加工产品的出口和高新技术产品的进口，实现资源从一般加工制造业向高新技术产业转移。

改革开放前期，为满足生产资料进口的需求，初级产品和轻纺产品出口仍具有很强的创汇功能，但随着农业和轻工业的快速发展，农副产品和轻纺产品的短缺现象逐步消失，生产能力相对过剩，初级产品和轻纺产品出口除了创汇之外，很重要的作用是解决国内市场需求不足问题。

二、中国对外贸易方针政策

(一) 必须贯彻独立自主、自力更生的总方针

独立自主、自力更生是我国社会主义建设的基本方针，发展对外贸易必须遵循这一方针。独立自主的基本含义是：一国可以自主地决定和处理本国的事务而不受别国的控制和干涉。自力更生的基本含义是：根据本国的具体情况，确定自己的经济发展道路，充分依靠本国人民的劳动和智慧，充分利用本国的资源、资金、生产力和市场，把立足点放在自己力量的基础上建设社会主义。

1. 坚持独立自主、自力更生方针的原因

我国之所以在发展对外贸易过程中要坚持独立自主、自力更生的方针，其原因主要是：

(1) 世界各国、各民族的发展历史和我国的实践都证明，在经济上完全依靠外国，不能真正独立，就难以保证政治上的完全自主，自己的命运受人摆布，不可能建立起真正富强的

国家。

(2) 我国人口众多、经济基础相对薄弱，不可能成为出口导向型国家，更不可能依靠外国实现现代化。必须主要依靠自身的资金积累、本国的资源和市场，依靠全体人民的智慧和创造力，来建设繁荣富强的国家。

(3) 世界各国的情况千差万别，发展对外贸易必须从自己国家的实际情况出发，确定自己的方针政策、发展方向、重点、规模等，才能有效地发挥对外贸易在国民经济中的作用。

(4) 实践证明，对外贸易发展状况和效益如何，取决于本国的生产能力、出口能力和消化能力。国内工作跟不上，内因不发挥作用。没有适销的商品出口，就得不到进口所需的外汇。而国内生产技术水平低下，就不能很好地吸收和消化从国外引进的先进技术，从而也就不能很好地发挥对外贸易对国民经济的促进作用。

2. 坚持独立自主、自力更生方针与实行对外开放、发展对外贸易的关系

坚持独立自主、自力更生方针并不是要“自给自足、闭关自守”。“自给自足、闭关自守”的思想是一种落后的、保守的小农经济思想，它同社会发展的趋势是背道而驰的。通过国际交往来发展经济，已成为现代化国家的共同特点：世界上没有一个国家使用的东西全部能够自己生产，也没有一个国家生产的东西都留给自己使用。所有国家都需要互通有无，相互贸易。所以，坚持独立自主、自力更生绝不意味着排斥对外贸易的正常发展，放弃国家的对外开放。对于这一点，我国有一个在实践中深化认识，以及适应历史条件变化加以发展的过程。

3. 独立自主、自力更生方针在我国对外贸易中的体现

发展对外贸易遵循独立自主、自力更生方针，具体体现在下述各方面：

(1) 我国的涉外经济法律、规定，对外签订的协议、合同，都要符合我国法律规定的原则，维护我国的主权和独立，维护国家的根本利益，在此基础上充分考虑国际上通用的法规和准则。

(2) 根据国家经济发展战略和规划，从国内需要和可能以及国际市场的实际情况出发，按照既积极而又量力而行的原则，合理制定对外经济贸易发展规则，确立适宜的发展速度与规模。

(3) 对外贸易的发展要符合国家的产业政策，有力地配合产业政策的贯彻实施。要根据内外销统筹兼顾、发挥优势的原则安排和调整出口商品结构。按照讲求经济效益、促进科技进步的原则安排和调整进口商品结构。

(4) 发展对外贸易要量力而行，在发展国内商品生产交换的基础上积极扩大出口，在进出口大体平衡的前提下增加进口、力求做到进出口平衡。

(二) 必须遵循对外开放的基本国策

实行对外开放，是党的十一届三中全会后坚持实事求是的路线，依据马克思主义关于国际经济关系发展的原理和国际、国内的历史经验做出的重大战略决策。邓小平同志指出：“我们总结了历史经验，中国长期处于停滞和落后状态的一个重要因素是闭关自守。经验证明，关起门来搞建设是不能成功的，中国的发展离不开世界。”“要在继续坚持独立自主、自力

更生的前提下，执行一系列已定的对外开放的经济政策。”邓小平同志并且强调指出，我国的对外开放政策绝不是权宜之计，而是我国的基本国策，是不会改变的。因此，对外开放政策对于我国对外贸易工作，有着特别重大和直接的指导作用。

1. 实行对外开放政策的客观必然性

实行对外开放，符合经济发展规律的客观要求，符合解放和发展生产力的客观要求，符合培育和发展社会主义市场经济的客观要求。

(1) 对外开放符合经济发展规律的客观要求

生产国际化、国际分工，是人类生产力发展的必然结果。生产力越发展，各国在发展经济中的相互需要、相互依赖的程度越高，这是一条客观经济规律。正确认识和运用这一经济规律，根据本国的具体条件，积极参与和利用国际分工，就能为发展生产力开辟道路。背离这条规律，必然给生产力的发展带来不利影响。

(2) 对外开放是解放和发展生产力的客观要求

1992 年初，邓小平同志南方讲话指出，革命是解放生产力，改革是解放生产力。这就深刻地说明了社会主义革命和建设的根本目的是解放和发展生产力。而实行对外开放是解放和发展生产力的客观要求。

(3) 对外开放是发展社会主义市场经济的客观要求

我国经济体制改革的目标是建立社会主义市场经济体制。而建立和发展社会主义市场经济，更加离不开对外开放。我国旧经济体制的主要弊端，除了高度集中外，就是自我封闭。将国内价格体系同世界价格体系割开，将国内产业结构、经济结构同世界经济结构分离。封闭的结果是割断了我国社会化大生产与国际市场的有机联系，因而严重地束缚了我国生产力的发展。封闭是发展商品经济，建立社会主义市场经济的最大阻碍。发展市场经济必然要打破旧体制的封闭性，打破地区、民族和国家的界限，打破各自为政、层层封锁、市场割据的状态。之所以如此，是由市场经济的本质特征决定的。社会主义市场经济要求资源的合理配置，不仅利用国内资源，而且也包括利用国外资源以优化国内资源配置。世界每一个国家都不可能拥有它所需要的全部资源。而且由于经济技术条件和人力、物力、财力的资源条件不同，生产同一种产品的生产效率和经济效益也存在很大的差别。只有实行对外开放，充分利用国际分工，才能扬长避短，发挥优势，提高经济效益。在我国，发展社会主义市场经济也必须重视这一点，也必须充分利用国际分工来合理地配置国内资源。

2. 外开放政策的基本含义和基本内容

(1) 对外开放政策的基本含义

它是要大力发展和不断加强对外经济技术交流和合作，积极参加国际交换和国际竞争，以加速实现现代化建设事业。

(2) 对外开放的主要内容

大力发展对外贸易，特别是扩大出口贸易；积极引进先进技术和设备，特别是有助于企业技术改造的适用的先进技术；积极有效地利用外资；积极开展对外承包工程和劳务合作；发展对外经济技术援助和多种形式的互利合作；设立经济特区和开放沿海城市，带动内地开放。经济是基础，我国实行对外开放首先是经济上的对外贸易，也就是要实行对外开放的经济政策，主要是“要促进国内产品进入国际市场，大力扩展对外贸易。要尽可能多地利用一些可以利用的外国资本进行建设。要积极引进一些适合我国情况的先进技术，以促进我国建设事业。”由此可见，发展对外贸易，利用外国资本，引进先进技术设备这三项是对外开放政策的最主要内容。这三项内容中，发展出口贸易是利用外资和引进技术的物质基础，是对外开放政策的最根本内容。因此，实行对外开放政策，必然使得对外经济贸易在国民经济中处于重要的战略地位。

三、中国对外贸易遵循的原则

(一) 必须坚持平等互利原则

平等互利是中国对外贸易关系的基本原则。1949 年 9 月全国政协第一届全体会议通过的《中国人民政治协商会议共同纲领》第五十七条明确规定：“中华人民共和国可在平等和互利的基础上，与各国的政府和人民恢复并发展通商贸易关系。”1954 年，我国政府提出了同各国发展关系的五项原则，即互相尊重主权和领土完整、互不侵犯、互不干涉内政、平等互利、和平共处。1982 年 12 月五届人大五次会议通过的《中华人民共和国宪法》对这五项原则作了明文规定。中共十一届三中全会在确定对外开放基本国策时，重申要积极发展同世界各国平等互利的经济合作。1994 年公布的《对外贸易法》也明确规定：“中华人民共和国根据平等互利原则，促进和发展同其他国家和地区的贸易关系。”

平等互利原则的含义是：国家不论大小、强弱和贫富，应当一律平等，在贸易过程中，要相互尊重对方的主权和愿望，注意符合双方的需要和照顾到双方的可能，以促进彼此经济的发展，反对把对外贸易作为控制和掠夺别国的工具。

我国在对外贸易中奉行的平等互利原则，是由社会主义性质决定的。它与资本主义对外贸易形成鲜明的对比。资本主义生产方式决定了资本主义对外贸易是不平等、不互利的。资本主义国家尤其是发达资本主义国家在国际贸易中以大欺小、以强凌弱、以富压贫，通过垄断价格进行不等价交换，剥削和掠夺别国，成为旧的国际贸易秩序的重要基础。而我国的平等互利原则，反映了发展中国家的共同利益和愿望，有助于国际经济关系的破旧立新。

平等互利的原则，反映了正常开展国际商品交换的客观要求。它必须在我国对外贸易活动的各个方面、各个环节中具体地加以贯彻：

1. 在贸易往来中体现双方平等地位

国家不论大小、强弱、贫富，一律平等，双方必须互相尊重主权，独立自上地平等协商，双方的权利和义务要符合对等原则，不允许附加任何不公平、不合理的条件，不得索取任何特权。

2. 进出口商品互相适应对方需要

根据双方的需要和可能，在自愿的基础上进行交易。互相尊重对方民族的爱好和风俗习惯，按对方需要的品种、质量规格、款式供应商品。

3. 进出口商品作价公平合理

中国对出口商品的作价原则是，按照国际市场价格水平和供求情况，本着平等互利的原则，结合国别政策、销售意图及成交条件、运输费用和货币支付等因素，制定适当的价格，力求做到对双方都有利。反对发达国家利用垄断地位操纵市场，扩大工业制成品和初级产品之间的剪刀差，进行剥削发展中国家的行为。

4. 严格履行贸易协议和合同

根据合同规定、按质、按量、按时交货，不经双方同意，不得随意拖延、更改或撤销合同。

5. 按照国际惯例办事

在贸易条件、支付方式以及商检、海关，运输、保险、仲裁等方面，考虑双方的具体情况，按照国际通行的做法进行，体现平等互利。

新中国成立以来，我国在对外贸易中认真贯彻了平等互利的原则，赢得了良好的信誉，促进了我国对外贸易事业的发展。平等互利的贸易原则有助于我国同其他国家建立和发展贸易经济关系，打破帝国主义国家对我国的封锁、禁运，战胜对外贸易中的歧视，维护我国的贸易利益。平等互利的贸易原则也是破除旧的国际贸易秩序，建立新的国际贸易秩序的重要武器。

（二）必须坚持外贸、外交互相配合的原则

根据马克思主义的基本观点，经济和政治是相互影响、相互作用的，归根结底还是经济决定政治。政治、法律、哲学、宗教、文学、艺术等的发展是以经济发展为基础的，但它们又都互相影响，并对经济基础发生影响。尽管其他的条件——政治和思想对于经济条件有很大的影响，但经济条件归根结底还是具有决定意义的，它构成一条贯穿全部发展进程并唯一能使我们理解这个发展进程的红线。对外贸易是一国与他国的商品交换活动，属于经济基础的一部分。外交是负责处理解决一国与他国之间的政治问题，属于上层建筑。依据上述观点，外贸是外交工作的基础之一，对外交活动有着相当大的影响，外交为外贸服务是理所当然的。但政治是经济的集中表现，外贸又不能代表整个经济基础，为了整个国家的政治利益，外贸又要服从外交。因此，外贸与外交两者是相互影响、相互作用又互相配合的。

国际经济贸易关系是国家之间关系的最重要方面，因此也是各国外交的主要工作之一。在许多情况下，出于贸易经济关系的发展，改善了国家之间的关系，促进了外交关系的建立。在外交关系建立后，又要靠发展两国的贸易经济关系来巩固和发展国家关系。

四、中国对外贸易管理体制

对外贸易体制是指对外贸易的组织形式、机构设置、管理权限、经营分工和利益分配等方面的制度。它是经济体制的重要组成部分，同经济体制的其他组成部分有着密切的关系。

(一) 中国对外贸易体制的建立和发展

我国对外贸易体制是适应新民主主义经济制度并逐步过渡到社会主义制度的需要而建立起来的。新中国一成立,人民政府立即废除了帝国主义在华的各种特权,没收了国民党政府和官僚资本的外贸企业,建立了国营对外贸易企业,并逐步改造私营外贸企业,在这过程中建立了集中统一的以国营外贸专业公司为主体的对外贸易体制。

1956 年,在对包括私营进出口业在内的私营工商业改造基本完成后,国民经济转入产品经济和单一的计划经济轨道,适应国家经济体制的要求,建立了我国由外贸部统一领导、统一管理,外贸各专业公司统一经营,实行指令性计划和统负盈亏的高度集中的对外贸易体制。

这种高度集中的对外贸易体制,基本上是从国家当时实行的以产品经济和单一公有制为基础的集中计划经济体制中派生出来,并随着国内外形势的发展和变化而逐步强化。其主要特点是高度集中,以行政管理为主。我们没有建设社会主义的经验,只是效法苏联的模式。同时解放初期,帝国主义封锁我国,我国的对外贸易很大部分是同苏联、东欧国家之间的政府贸易,主要是通过一年一次的对外谈判进行,对资本主义国家和地区的贸易也很集中,由各外贸专业总公司负责统一对外谈判、签订合同、落实货源、组织交货。实践表明,这种外贸体制在当时历史情况下有利于集中调度资源,扩大出口;有利于统一安排进口,保证重点;有利于统一对外,集单力为合力,化劣势为优势。对于加强与社会主义国家的经济合作,粉碎主要资本主义国家的封锁禁运,顶住外国经济压力,配合外交斗争,促进社会主义经济建设事业的发展等方面,起了积极的作用。

但是,这种外贸体制也存在着严重的弊端,主要是:第一,独家经营,不利于调动各方面的积极性。国家通过外贸专业公司统一经营对外贸易,贸易渠道和经营形式单一,影响了各地方、各生产部门和企业发展对外贸易的主动性和积极性;造成工贸隔离,产销脱节,使生产企业不能面向国际市场,积极发展优质适销的出口产品,提高对外竞争能力。第二,统得过死,不利于外贸企业发挥自主经营的能力。国家通过指令性计划以及行政包揽和干预,对企业限制过多,忽视经济调节,造成政企职责不分,外贸企业经营自主权很小,难以积极主动地参与国际市场竞争。第三,外贸财务统包盈亏,不利于外贸企业走上自主经营、自负盈亏、自我发展、自我约束的企业化经营道路。而且没有适当兼顾国家、企业、个人三者的利益,不利于调动他们的积极性,也不利于加强经济核算和改善经营管理,必然会阻碍外贸事业的发展。

进入 20 世纪 70 年代末,随着国内外形势的发展和对外开放政策的贯彻,我国的对外贸易往来和经济合作迅速扩大,原有外贸体制的弊端也日益明显地暴露出来,越来越不适应对外贸易发展的需要,我国对外贸易体制改革势在必行。

(二) 中国对外贸易体制的改革和深化

1. 对外贸易体制的改革

为积极加入世界贸易组织,中国外贸体制改革的步伐相当大。中国外贸体制改革的目标是按照国际贸易的规范,以关税等经济手段为主,辅以少数必要的保障措施进行管理,大量减少行政审批办法,增加透明度。为此,我国进行了以下改革:

（1）初步形成了大经贸格局

中国对外经贸已由内容单一、渠道狭窄、层次较低的旧格局，向商品贸易、技术贸易、服务贸易与国际投资相互结合的双边贸易合作、相互促进的多元格局转变。

（2）下放外贸经营权

国务院有关部委批准成立了一批进出口公司（工贸公司），将原来对外贸易部所属外贸专业公司经营的一些进出口商品分散到有关部门所属的进出口公司经营。这些公司一般在各地设有经营性的分支机构，并大部分在国外派驻机构创办独资、合资企业，这样扩大了贸易渠道，增强了产销结合。成立了一些综合性贸易公司，其经营范围较广，除经营本系统内的进出口业务外，还经营某些商品和代理国内单位的进出口业务。外贸专业总公司也逐步下放经营权，扩大地方的外贸经营权。

（3）升展工贸结合的试点

针对长期以来工贸分离、产销脱节造成的出口产品不适销对路、质量差、花色品种陈旧、包装装潢落后以及生产企业缺乏出口积极性等一系列问题，开展了多种形式的工贸结合的试点。

外贸公司与工业公司专业对口，实行“四联合，两公开”。即联合办公、联合安排生产、联合对外洽谈、联合派小组出国考察；外贸的出口商品价格对工业部门公开、工业生产成本对外贸部门公开。

（4）简化外贸计划内容

自 1985 年起，经贸部不再编制、下达外贸收购计划和调拨计划。缩小指令性计划范围，扩大指导性计划范围，注意发挥市场调节的作用。在出口计划方面，国家只下达出口总额指标和属于计划列名管理的主要商品出口数量指标，前者是指导性计划，后者是指令性计划；其余出口商品，除了履行政府间贸易协定必须保证交货外，都由生产企业和外贸企业根据国内市场情况自行确定。在进口计划方面，由中央外汇进口的少数几种关系国计民生的大宗商品、大型成套设备和技术引进项目以及同协定国家的贸易，由经贸部根据国家计划按商品（项目）下达计划，并指定公司经营，这部分是指令性计划，其余进口均不再下达分商品的进口计划。

改变外贸计划全部由外贸专业总公司承担的局面。随着外贸经营权下放，规定凡经批准经营进出口业务的单位和企业，都要承担国家出口计划任务。自 1984 年起，对部分中心城市的外贸计划在国家计划中实行单列，视同省一级计划单位，享有省级外贸管理权限。

（5）实行出口承包经营责任制

1987 年对外经济贸易部对所属外贸专业总公司实行出口承包经营责任制。其承包的内容是：出口总额、出口商品换汇成本、出口盈亏总额等三项指标，实行超亏不补，减亏留用，增盈对半分成，并按三项指标完成情况兑现出口奖励。承包的方式是：由经贸部发包，外贸专业总公司总承包后再按公司系统逐级分包到各分公司、子公司，然后落实到基层。各类外贸公司内部的各处、科、室，也推行各种形式的责任制，把公司经营好坏同公司的发展和职工的利益紧密挂钩。同时适当扩大承包的外贸专业总公司的经营自主权和业务范围，允许他们引进技术和关键设备；开展进料加工、来料加工、补偿贸易，在生产领域举办中外合资经营企业；向出口商品生产企业参股、联营；开展期货贸易、对销贸易、租赁、咨询等业务。

（6）对外贸易主体多元化

随着贸易体制改革的开发与深入，外贸垄断制被打破，国家向地方、部门、大中型企业和科研企业，逐步下放了进出口经营权。一大批地方综合性的贸易公司、工贸公司、大中型生产企业都直接走向市场，在对外贸易中发挥越来越重要的作用。包括外资、地方贸易公司在内的进出口贸易额已占大陆贸易总额的40%以上。

(7) 形成了多元化的市场格局

中国同100多个国家签订了经贸协定；同60多个国家签订了投资保护协定。中国在境外设立的贸易机构已达200多家；中国在120多个国家和地区开办合资、独资和合作生产、贸易企业近3 500家(未包括港澳地区)。

2. 对外贸易体制改革的深化

(1) 全面推行对外贸易承包经营责任制

在总结1987年外贸专业公司承包经验的基础上，1988年2月国务院发出了《关于加快和深化对外贸易体制改革若干问题的规定》，其中心内容是全面推行对外贸易承包经营责任制，从而加快和深化了对外贸易体制改革。

对外贸易承包经营责任制要求各省、自治区、直辖市、计划单列市人民政府和各外贸专业总公司、各工贸总公司三个渠道分别向中央承包出口收汇、上缴外汇和经济效益指标，承包指标一定三年不变。各外贸专业总公司和部分工贸总公司的地方分支机构与总公司财务脱钩，同时与地方财政挂钩，把承包落实到外贸经营企业和出口生产企业。盈亏由各承包单位自负。完成承包指标以内的外汇收入，大部分上缴国家；小部分留给地方和企业，其留成比例由于地区不同、行业不同、商品不同而有所差别。超过承包指标的外汇收入，一般商品的外汇大部分留给地方和企业，其留成比例基本上拉齐，小部分上缴国家。出口机电产品的外汇实行全额留成。同时，在轻工、工艺、服装行业进行自负盈亏的试点改革。为了落实对外贸易承包经营责任制，使地方和企业能承包经济效益指标，国家采取了一系列配套措施。

一是放宽外汇管制。从1988年起，国家取消了用汇指标的控制，允许地方、部门和企业分得的留成外汇可以按照国家的规定自主支配和使用。同时，为了搞好外汇资金的融通，加速企业资金的周转，提高外汇的使用效益，国家在各省、自治区、直辖市、计划单列市、经济特区和沿海重要城市建立了一批外汇调剂市场，地方、部门、国营和集体企事业单位、外商投资企业均可在外汇调剂市场买卖外汇。调剂价格按照外汇供求状况实行有管理的浮动，使出口企业因人民币汇价高估造成的损失得到了一定的补偿。这在很大程度上为出口企业能承包经济效益指标创造了条件。

二是实行出口退税政策。对出口产品退还生产环节交纳的各种税款，是许多国家为了提高产品在国际市场上的竞争能力而采取的普遍做法。我国从1988年开始，实行了出口退税政策，对实行增值税的产品，按增值税率实行全额退税，对实行产品税的产品，按综合退税率实行一次性退税，使我国出口产品增强了竞争能力和企业的盈利能力，为出口企业能承包经济效益指标提供了又一个条件。

三是中央政府部门下放部分权力，加强宏观调控机制。为了保证外贸承包经营责任制的正常运转，中央政府部门相继下放了部分权力。主要包括：下放经营外贸企业的审批权，放宽沿海经济区域吸收外资的审批权，减少配额和许可证的分配权，放宽进料加工的审批权和“三来一补”的品种限制，放宽地方和企业在外汇平衡、自负盈亏前提下与苏联、东欧国家易货贸易的经营权，下放在国外设立企业分支机构的审批权和出国贸易团组的审批权，等等。中央政府部门通过下放部分权力，减少了直接管理企业的事务性工作，同时增强了运用关税、物价、汇率、利率等经济手段的调控能力，为出口企业利用市场机制，走上自主经营，能承包经济效益指标创造了另一个条件。

(2) 完善对外贸易承包经营责任制

1990 年 12 月 9 日，国务院作出了《关于进一步改革和完善对外贸易体制若干问题的决定》，进一步深化外贸体制改革，其中心内容就是完善对外贸易承包经营责任制。1991 年开始到 1993 年结束的新一轮外贸承包经营责任制是在调整汇率的基础上，取消国家对外贸出口的财政补贴，各省、自治区、直辖市及计划单列市人民政府和各外贸、工贸专业进出口总公司及其他外贸企业等向国家承包出口总额、出口收汇和上缴中央外汇(包括收购)额度任务。同时，改变外汇留成办法，将按地区实行不同比例留成改为按大类商品实行统一比例留成。外贸企业出口实行没有财政补贴的自负盈亏，这是朝向社会主义市场经济体制迈进的一个重要步骤。

(3) 形成多元投资和法人治理结构的外贸体制

为了更好地迎接中国加入 WTO，以及适应市场经济的要求，外经贸管理部门要完善涉外经济管理体制，转变地方政府行政职能，尽快形成多元投资和法人治理结构的外贸体制。

五、中国对外贸易管理手段

对外贸易管理是以国家法律、规章和方针政策为依据，从国家宏观经济利益和对内、对外政策的需要出发，对进出口贸易进行领导、控制和调节。

实行对外贸易管理是当代国际贸易中的普遍现象。世界各国为了维护本国的政治、经济利益，发展对外经贸关系，都采取一系列措施来管理本国的对外贸易活动。其主要手段有法制手段、经济调控手段和行政手段。

(一) 对外贸易管理的法制手段

法制手段是国家通过经济立法和司法调节经济活动的强制性手段。法制手段的调节作用主要体现在两个方面：一是通过经济立法，使经济活动有法可依，保证经济活动的规范化；二是通过经济司法，保护合法行为，惩治违法行为，维护良好的社会经济程序，促进社会主义市场经济的健康发展。

在社会主义市场经济条件下，应该逐步做到主要通过规范的经济法律法规而不是随意的行政干预对经济进行宏观调控，这样既可以达到规范市场运行和市场主体行为的目的，又可以避免或尽量减少因政府的任意干预而造成的市场效率损失。

改革开放以来，我国也逐步加强和完善了对外贸易法制建设，借助法律的规范作用对进出口活动施加影响和调控。目前，由全国人民代表大会及其常委会和国务院制定公布的涉外经济法规已超过 500 个，共分为八个方面：一是对外贸易企业管理立法；二是进出口商品管理立法；三是外汇管理立法；四是进出口商品品质管理立法；五是海关监管和关税立法；六是技术转让与知识产权的立法；七是涉外民商法领域的立法及对外贸易仲裁与诉讼的立法；八是《中华人民共和国对外贸易法》的颁布。其中,最重要的是《中华人民共和国对外贸易法》。

(二) 对外贸易管理的经济调控手段

经济手段是国家通过调节经济变量来影响微观经济行为,并使之符合宏观经济发展目标的一切政策措施的总和。经济手段主要包括两个部分内容:一是经济政策体系,如财政政策、货币政策、产业政策和收入分配政策等;二是经济杠杆体系,如价格、税收、信贷、汇率等。经济政策体系和经济杠杆体系是国家调节经济活动的主要手段。

根据建立社会主义市场经济体制和适应国际贸易规范的要求,在深化外贸体制改革过程中,要进一步完善我国对外经贸的宏观调控体系,转变对外经贸行政管理职能,做到主要用法律、政策和经济等手段来强化对外经贸的宏观管理,弱化对微观的管理,以便更好地发挥政府部门在规划、协调、监督、服务方面的作用。在健全与强化经济调节手段方面,当前主要是通过价格、关税、税收、信贷、利率、汇率等经济杠杆进行管理以实现调控外贸经济活动和外贸经济关系的目的。充分发挥价格杠杆作用,建立主要由市场形成价格的机制;充分发挥税收杠杆的作用,使关税成为调节进出口贸易的主要手段;充分发挥信贷杠杆作用,通过调节利率和确定不同的贷款方向、贷款数量、贷款成本,以控制和引导资金运动,促进外贸企业经营;充分发挥汇率的杠杆作用,建立以市场供求为基础的、单一的、有管理的浮动汇率制度。运用汇率杠杆影响进出口贸易总量与结构,从而影响国内资源的配置。这一汇率制度的特点是:外汇市场供求关系将是决定汇率的主要依据。

(三) 对外贸易管理的主要行政手段

行政手段是国家经济管理机关凭借政权的力量,通过制定和下达指标、命令、规定等形式直接干预社会经济活动的种种措施。行政手段同经济手段相比,具有强制性、权威性、直接性和无偿性的特点,能在短时期内集中全力解决重大经济问题。与法律手段相比,它则可以根据不同场合、不同情况做出及时反应,因而具有明显的"灵活性"。社会主义市场经济的发展,客观地要求减少行政手段的运用,以避免滥用行政手段的弊端,但并不完全排斥运用行政手段。

我国目前实施的行政手段主要有:一是配额管理;二是进口许可证管理;三是对设立对外贸易企业的管理;四是对外国企业在中国设立常驻代表机构的管理;五是对出口商品商标的协调管理;六是外汇管理;七是海关管理;八是进出口商品检验管理。

六、中国对外贸易总体战略与规划

(一)"大经贸"战略

"大经贸"战略是指在社会主义市场经济条件下,调动各方面发展对外经济贸易的积极性。按照国际经济贸易的通行规则来管理和经营外经贸业务,使对外经贸事业高效率、高效益地发展,整体竞争能力不断提高的外经贸发展战略。与过去相比"大经贸"的覆盖面更广,要求更高。它覆盖了社会各个方面所从事的全部外经贸活动。

1.“大经贸”战略的目标

它要求形成由各类企业广泛参加、国家统一管理、双边与多边工作相结合、各项经贸业务相融合、市场布局合理、经营集约高效、抵御风险能力强的外经贸体系。

2.“大经贸”战略的内容

“大经贸”战略包括如下基本内容：一是外经贸经营主体的多元化。随着改革开放的深入发展，中国外经贸经营主体发生了很大变化。从改革开放前仅有少数单一的国有外贸专业公司，发展成如今由1.2万家各类国有外经贸企业和28万家具有对外经营权的外商投资企业组成的企业群体，形成了贸工、贸农、贸技、贸商等各部门相结合，国有外经贸企业、生产企业、科研院所和外商投资企业等几路大军共同参与的经营格局，外经贸活动已深入到社会生活的各个方面。实施大经贸战略，要继续发展这一格局，加快赋予有条件的生产企业、科研院所等各类经济实体以对外经营权，搞好中外合资外贸公司的试点与推广工作，进一步调动各行各业参与外经贸活动的积极性；二是各项外经贸业务发展的一体化。经过多年的发展，中国外经贸业务的内容不断丰富，对外经济合作的方式愈益多样化，并已形成商品、资金、技术和劳务相互渗透、相互融合的局面。实施大经贸战略要继续发展这种局面，实现货物贸易、技术贸易、服务贸易的相互促进、共同发展；三是各类外经贸企业经营的综合化。企业实行“一业为主，多种经营”的方针，在搞好外贸进出口、对外承包劳务、对外援助等主业的前提下，发展对外投资、境外加工组装、咨询服务、国内贸易等相关业务，拓宽经营领域；四是管理与服务的行业化。外经贸管理的视点要逐步跳出外经贸系统的圈子，面向全社会，实行行业管理。搞好与相关产业的结合，为所有参与外经贸经营活动的企业服务。发挥外经贸对国内商品结构调整、产业结构升级、企业技术进步的导向作用，更好地为国民经济发展的全局服务；五是宏观管理方式的市场化。对外经贸主管部门加快实现从直接管理型向间接管理型的转变，更多地运用经济的和法律的手段加强对全国外经贸活动的宏观管理，加速实现中国经济与世界经济互接互补，等等。

（二）出口贸易战略

出口贸易是进口贸易、引进技术、利用外资等对外经济贸易为活动的基础和关键，大力发展外向型经济必须重点做好出口工作。要扩大出口贸易，创造更多的外汇，最根本的是采取适应国际市场需求和符合我国国情的正确战略。

中国一系列扩大出口贸易的决策，归结起来主要是四种战略：“以质取胜”战略、市场多元化战略、出口商品战略和出口商品生产战略。

1.“以质取胜”战略

世界经济发展的趋势表明，质量是解决经济问题的关键，也是当前国际竞争的焦点。产品能否在国际市场上竞争取胜，质量是一个决定性的因素，因而成为各国企业谋求生存和发展的根本。

在我国，从产品生产的总体来说，质量在不断提高，这是与我国经济技术水平和管理水平不断提高相一致的。但也不能否认，我国的许多产品物质消耗多，活劳动投入多，但产出的成品和档次均不高，因而经济效益不好，以致在国际市场上缺乏竞争能力，而且造成资源和社会劳动的浪费。

实行以质取胜的战略，必须十分重视科技的开发，加强新产品的研制，把提高出口商品的技术含量放在首位。必须加强贸技结合，使科技成果实现商品化、产业化，形成国际经济贸易竞争的综合优势，拿出更多的高附加值和高技术含量的产品去参与国际竞争。

产品的质量是靠设计、生产和管理出来的。显然，产品的质量也必须在这一过程中切实加以解决。在国际市场中，产品采用什么标准一般是非强制性的，企业或用户可以自愿采用。但是，一旦涉及安全、卫生、环境保护和消费者保护等不同领域的基本要求，多国或多地区性组织则往往订立某种标准，以技术法规形式公布，强制执行，因而形成区域性标准化活动。

随着国际贸易不断扩大，国际市场竞争日益激烈，消费者对产品质量的要求与日俱增，不仅要求对产品的质量进行评价，同时还要对生产厂家的质量和服务体系进行评价，使用户对生产厂家和产品建立信心，国际标准化活动则成为广泛的要求。因此，提高产品质量是我国外贸发展的基础。

2. 市场多元化战略

出口市场格局对发展出口贸易至关重要。我国出口市场仍过分集中在西方工业发达国家。这不仅使我国经济贸易发展的回旋余地受到局限，也潜藏着一定的风险。从世界形势变化，我国经济发展需要以及发展与第三世界国家友好关系等多方面来看，这种格局均应当调整。要在巩固和发展传统市场的同时，积极开拓新市场，特别是发展中国家的市场，如东南亚市场和独联体市场。

发展多元化市场，有利于摆脱对某些市场过分依赖的状况，防止出现突然事件而招致重大损失。当前，西方发达国家经济普遍不振，国际市场不景气，国际经济关系政治化倾向日益明显，贸易保护主义盛行，某些发达国家对我国贸易摩擦日益增多，多边贸易体制正受到严重威胁，对我国形成越来越强劲的竞争，使我国面临严峻的挑战。实行多元化战略，有利于摆脱某种被动局面，也有利于我国发展同发展中国家的经济贸易往来和增强团结合作。

3. 出口商品战略

随着我国经济的发展，产业结构的逐步优化，我国出口商品构成发生了根本性的变化。我国出口商品构成的主要问题是：出口工业制成品的质量、档次和加工水平相对落后，有待提高和优化，向精加工方向发展，应大力发展机电产品和高技术产品出口，继续发展轻纺产品出口。在我国的出口商品构成中，轻纺产品约占五成，是主要的出口商品。因此，扩大出口贸易，必须继续发展轻纺产品出口。

轻纺产品大多是劳动密集型产品，我国具有一定的优势。应当看到，我国劳动力的素质有待提高，不仅要发挥传统技艺的优势，尤其应当与现代化技术相结合，才能提高出口轻纺产品的质量，适应当代国际市场竞争的需要。

总的来说，由于我国生产和消费矛盾的明显存在，我国并不具备资源丰富的整体优势，不可能靠出口大量资源性产品来大量增加外汇收入。但是，资源出口收汇仍占我国总出口收汇重要部分，应当继续合理安排资源产品的出口。

4. 出口商品生产战略

建立出口生产体系是在我国生产力迅速发展，对内对外全方位开放，对外经济贸易急剧增长以及全面实行经济体制改革的新形势下提出来的。它是过去出口商品基地建设的延伸和发展、是一种新的组合形式。这是提高出口经济效益，增强出口商品竞争能力的一项具有长远意义的战略措施。

（三）进口贸易战略

进口贸易同出口贸易一样，在国民经济中处于重要的战略地位。而且，发展进口贸易是扩大出口贸易的重要力量。

进口的规模与速度有其内在的限度，它与国民经济的增长存在着一定的函数关系，没有一定的进口规模与速度保证，国民经济的增长将受到影响和制约，反之，进口规模与速度超过国民经济发展需要与可能的水平，也会造成生产要素资源的浪费或设备的闲置。

一般来说，进口的规模与速度取决于出口，而出口的发展，要根据生产能力与市场情况来确定，应本着进出口基本平衡，略有积余的原则，积极发展进口贸易。

科学技术是第一生产力。要把我国经济发展逐步转移到主要依靠科学技术和提高劳动者素质的轨道上来，就必须把引进先进技术和关键设备列为进口商品战略的重点。

为了逐步实现产业结构逐步合理化、现代化应围绕国家重点建设和重点技术改造：一是以能源、交通、通信、原材料、国防、科技和农业等行业所需要的重大技术和装备为重点，有重点、有步骤地组织先进技术与关键设备的引进，提高其在进口中的比重，是确保能源、交通、通信和重要原材料等基础工业及基础设施的建设重点；二是扶持机械、轻纺及交通设备制造等加工工业的技术改造；三是积极支持电子等先导产业的拓展，适当组织生活必需品与国内市场物资的进口。

本章核心概念

工业革命　　朝贡贸易　　丝绸之路　　地理大发现
“以质取胜”战略　　市场多元化战略

复习思考题

1. 国际贸易产生的背景。
2. 国际贸易发展的趋势。
3. 简述自由竞争时期资本主义对外贸易的特点。
4. 简述垄断时期资本主义对外贸易的特点。
5. 简述中国对外贸易的发展历程。
6. 简述“大经贸战略”的内容。

第三章

国际分工理论

本章主要内容

国际分工的形成与发展及其影响因素；重商主义贸易思想；古典贸易理论；新古典贸易理论；当代贸易理论的新发展。

所谓国际分工理论，就是有关国际贸易发生的基础、贸易模式（国际贸易总量、构成、方向）和贸易所得等的理论解释或说明。贸易产生的基础或贸易产生的原因主要是解释贸易为什么发生？贸易模式解释的是对每个国家而言，哪些商品在国际贸易中被用来交易？每个国家都出口、进口何种商品？贸易所得是回答通过国际分工和国际交换后，贸易总利益以及每个参加贸易的国家的利益发生了怎样的变化？

本章我们要考察 17 世纪到 20 世纪贸易理论的发展情况。以历史演进方式介绍国际贸易理论，可以方便我们由较简单到更复杂、更现实地掌握国际贸易的有关概念和原理。首先进行国际分工概述，讨论国际分工的形成与发展及其影响因素。接着介绍 17 世纪、18 世纪盛行的经济理论——重商主义，以及亚当·斯密的绝对优势理论和大卫·李嘉图的比较优势理论。然后介绍赫克歇尔和俄林的要素禀赋理论。最后讨论当今国际贸易理论的新发展。

第一节　国际分工概述

一、国际分工的形成与发展

分工是指劳动分工，即各种社会劳动的划分和独立化，劳动者从事各种不同的而又相互联系的工作。马克思认为，分工就是“社会成员在各类生产之间的分配”。生产力的增长是分工发展的前提，而分工又有利于提高劳动生产率。历史上出现过三次社会大分工，但只有当国家出现和生产力发展到一定阶段之后，才出现国际分工。国际分工是国际贸易的基础，它是社会分工从一国国内向国外延伸的结果，是社会生产力发展到一定阶段的产物。国际分工的深化对国际贸易的发展产生着重要的影响。国际分工理论也是一国制定和实施国际贸易政策的理论依据。

(一) 国际分工的含义

国际分工(International Division of Labour)是指世界上各国之间的劳动分工和产品分工。国际分工是社会分工发展到一定阶段,国民经济内部分工超越国家界限发展的结果。国际分工是国际贸易和世界市场的基础,也是世界经济整个发展过程的基础。

社会分工是各种经济形态所共有的。早在原始社会末期,人类就出现了三次社会大分工。随着生产力的发展,分工越来越细,新的生产部门不断出现。到了资本主义工业革命后,国际分工就作为生产力发展到一定阶段的结果出现了。因此,国际分工是生产力发展到一定水平后一国国内社会分工的延伸,表现为生产的国际化和专业化。

(二) 国际分工的形成和发展

国际分工的产生和发展大致经过了萌芽、发展、形成和深化四个阶段:

1. 国际分工的萌芽阶段(15 世纪末—18 世纪中叶)

在资本主义以前的各个社会经济形态中,自然经济占主导地位。由于生产力水平的限制,商品经济不发达,国与国之间虽然有了偶然的商品交换,但不占重要地位,因而也很难形成有确切内涵的国际分工,只存在不发达的社会分工和地方市场。

随着生产力的发展,11 世纪欧洲城市兴起,手工业与农业进一步分离,商品经济有了较快的发展,社会分工也进一步扩大了。15 世纪末到 16 世纪上半期的“地理大发现”,16、17 世纪手工业向工场手工业的过渡,资本进入原始积累时期。西欧国家推行殖民政策,他们在殖民地开发矿山,建立甘蔗、烟草等农作物的种植园,为本国生产和提供农作物原料,同时扩大本国工业品的生产和出口,从而出现了宗主国和殖民地之间最初的分工形式。国际分工进入萌芽阶段。

2. 国际分工的发展与形成阶段

18 世纪 60 年代到 19 世纪 60 年代的第一次工业革命,使国际分工进入初步形成阶段。18 世纪开始的工业革命首先发生在英国,接着迅速扩展到其他西方资本主义国家。所谓工业革命,又叫产业革命,是以大机器工业代替工场手工业的革命。第一次产业革命使英国等资本主义国家的生产力水平有了膨胀性的发展,商品的堆积和先进交通条件的出现,以及新航路的打通,使机器大工业冲破地区和国家的界限,走向国际市场,国际分工开始形成。国际分工的形成为国际贸易的发展提供了丰富的物质基础,加上交通运输和通信的发展,国际贸易才真正具有了世界性质。

大机器工业的建立为国际分工的发展奠定了物质基础。首先,大机器生产使生产能力和规模迅速扩大,源源不断生产出来的大批商品使国内市场饱和,需要寻求新的销售市场;生产的急骤扩大引起对原料的大量需要,要求开辟丰富廉价的原料来源。这时,以英国为首的资本主义国家成为工业品生产国和供给国,而亚非拉国家则成为工业原料的生产国和供给国。经济发展水平不同的各个国家,都卷入到国际分工和世界市场中。第二,大机器工业生产的物美价廉的商品冲破了落后国家自给自足的自然经济,使得这些国家按照英国等国生产和消费的需要改变他们的产业结构，成为原料产地和商品销售市场，从而形成工业国和农业国、矿业国的国际分工。正如马克思所分析的那样，"一种和机器生产中心相适应的新的国际分工产生了，它使地球的一部分成为主要从事农业的生产地区，以服务于另一部分主要从事工业的生产地区"。第三，大机器工业改革了运输方式，提供了电报等现代化的通信工具。它们把原料生产国和工业品生产国联系在一起，使国际分工成为可能。

这一时期的国际分工基本上是以英国为中心而形成的，英国在国际贸易中处于垄断地位。由于英国首先完成工业革命，它的生产力和经济迅速发展，竞争力大大加强，在国际经济中处于绝对优势地位。英国在实行全面的自由贸易政策后，加强了对农产品、矿产品的依赖，从而推动了国际分工的进一步发展。对英国当时在国际分工中的地位，马克思写道："英国是农业世界伟大的中心，是工业太阳，日益增多的生产谷物和棉花的卫星都围着它运转。"几乎整个世界都成了英国大工业的销售市场和原料来源地。

3. 国际分工的发展与形成阶段

从 19 世纪末到 20 世纪初的第二次产业革命，使国际分工进入体系形成阶段。19 世纪后期，资本主义发展进入了另一个重要阶段。以美国、德国为中心，以电气化为特征的第二次产业革命开始了。机械、电气工业发展迅速，石油、汽车、电力、电器工业的建立，交通运输工具的进一步发展，电报、海底电缆的出现，都为生产的进一步社会化提供了雄厚的物质技术基础。资本主义生产力进一步迅速增长，促进了新的国际分工体系的迅速发展与形成。

这一时期，资本积聚，垄断代替了自由竞争。帝国主义通过资本输出把生产日益扩大到殖民地半殖民地，使殖民地经济单一畸形化，使宗主国同殖民地、发达的工业国同初级产品生产国之间的国际分工日益加深。伴随着资本主义世界经济体系的形成，资本主义的国际分工体系也形成了。其主要特征是：

第一，亚非拉美国家经济形成畸形的单一经济。这一时期，其主要作物和出口商品只限一两种或两三种产品，造成亚非拉美国家经济生活的两种依赖性：一是对少数几种产品的依赖性；一是对世界市场，特别是对工业发达国家市场的高度依赖性。

第二，分工的中心从英国变为一组资本主义国家，它们之间也形成了以经济部门为主的国际分工体系。例如，比利时专门生产铁和钢，芬兰专门生产木材和木材加工产品，芬兰和丹麦专门生产农产品，美国成为谷物的生产大国。这种分工主要是由于这些国家之间存在着工业发展状况、技术水平、部门发展、原料与资源状况、人民消费水平和习惯等的差别造成的。

第三，随着国际分工体系的形成，加强了世界各国间的相互依赖关系，加强了对国际分工的依赖性。这时，参加国际分工的每个国家都有许多生产部门首先是为世界市场而生产的；而每个国家所消费的生产和生活资料，也都或多或少地从其他国家进口。至此，国际贸易在各国经济中地位越来越重要了，不管是工业国、还是农业国，都依赖于国际贸易和国际分工。

4. 国际分工的深化阶段(二次大战后)

第二次世界大战后，第三次科技革命出现了电子、信息、服务、软件、宇航、生物工程和原子能等新型产业，对国际分工产生了深刻影响。跨国公司发展迅速，资本输出的形式发生了很大变化，全球经济趋于一体化，殖民体系瓦解，一批发展中国家努力发展民族经济以求独立，努力改变在国际分工中的不利地位以获得更大贸易利益。国际分工进入深化阶段。此阶段的特征是：

第一，在国际分工格局中，工业国与工业国之间的分工占据主导地位。

二战前，国际分工是以经济结构不同、技术水平不同的发达工业国与农业国，初级产品生产国之间的分工居于主导地位，其次才是经济结构相似、技术水平接近的工业国之间的分工。但是，战后科学技术和经济的迅速发展，改变了战前的国际分工格局，国际分工在工业国之间得到迅速发展。以自然资源为基础的分工逐步发展为以现代化技术、工艺为基础的分工，形成以工业国之间的分工占主导地位的国际分工格局。

第二，各国间工业部门内部分工有逐步增强的趋势。

二战前，在工业国之间的分工中，占主导地位的是各国不同工业部门之间的分工。例如，在钢铁、冶金、化学、机械制造、汽车、造船、造纸、纺织等工业部门间的分工。二战后，随着科学技术的进步和社会分工的发展，原来的生产部门逐步划分为更多更细的部门，在越来越多的生产领域中，以国内市场为界限的生产已经不符合规模经济的要求，产品生产的专业化、社会化要求形成国际的部门内部分工，在产品、工艺、部件和零件的生产上进行分工协作。因此，在一国国内部门之间的分工向部门内部分工发展的同时，也越来越多地跨越国界，形成国际工业部门内部的分工。

第三，发达国家与发展中国家之间工业分工在逐步发展，而工业国与农业国、矿业国的分工在逐步削弱。

从国际分工产生到二次大战前，殖民主义宗主国主要从事工业制成品的生产，而殖民地、附属国和落后国家则主要从事以自然条件为基础的农业或矿业的生产。战后的科技革命和跨国公司的经营活动，使得某些工业产品的生产从发达国家向发展中国家或地区转移；发展中国家注意利用自己的比较优势，扶植民族工业的发展，积极改变在经济发展中的消极与变动；导致发达国家与发展中国家之间分工形式发生变化。纯粹的原料生产国和工业品制造国之间的国际分工已基本消失，取而代之的是发达国家与发展中国家在二战前国际分工基础上出现的高新精工业与一般工业的分工、资本技术密集型产品与劳动密集型产品的分工。这被称为新国际分工。

第四，区域性经济集团内部分工趋势加强。

战后全球经济一体化和区域性经济一体化的趋势同时并存，在全球经济一体化发展的同时，区域性经济集团化的进程也明显加快。这些经济集团不断加强内部合作，深化内部分工，对内逐步降低和取消关税和非关税壁垒，以促进集团内成员国之间商品贸易、服务贸易与投资的自由化；对外继续采取关税与非关税等排他性措施。这使得经济集团内成员国之间分工和贸易的发展趋势不断加强。

第五，从垂直型分工向水平型分工过渡。

垂直型国际分工(Vertical International Division of Labour)通常指进口原料，出口制成品。19 世纪形成的传统国际分工就属于垂直型分工。经济发展水平差异较大的国家之间常常存在着这种纵向分工，如发达国家与发展中国家之间制造业与农、矿业的分工。第二次世界大战后，这种类型的分工有所削弱，但仍然是发达国家与发展中国家之间的一种重要的分工类型。日本是垂直型的典型代表，在其进口中，原料占80%以上，在出口中，工业制成品占90%左右。日本较少发展与其他国家的专业化和协作的国际分工。

水平型国际分工(Horizontal International Division of Labour)指生产专业化与协作。经济发展水平相当的国家之间常常发展这种横向分工，如发达国家之间在工业部门间与部门内的分工就属于水平型分工。从历史上看，这些国家的工业发展有先有后，技术水平也存在差异，工业部门发展不平衡等，因而形成了这种类型的分工。二次大战后，由于科技的发展，生产的专业化与协作，这种类型的分工在发达国家间进一步发展。欧盟是水平型分工的典型代表。

混合型国际分工(Mixed International Division of Labour)即垂直型与水平型混合起来的国际分工。德国是混合型国际分工的典型代表，它与发展中国家是垂直型的，而对发达国家是水平型，在欧盟内的生产联合与专业协作的平行联系对德国的经济起着重要作用。

第六，从有形商品领域向无形商品领域扩展，并出现了相互结合、相互渗透的趋势。

战后随着科技进步和各国经济相互依赖加强，国际服务贸易也迅速发展，推动着服务业国际分工的发展，国际分工从有形商品生产分工向服务业分工扩展。由于各国经济发展不平衡，不仅在商品生产上表现出差异，也在服务业上表现出差异。发达国家在服务业先行一步，其知识技术密集型服务业发展迅速，以高技术、资本密集型服务取得服务业国际分工的有利地位。发展中国家滞后一步，主要以建筑工程承包、劳务输出等劳动密集型服务参加服务业国际分工。

总之，战后国际分工发生了重大变化，以自然资源为基础的分工已逐步发展为以现代化工艺、技术为基础的分工；工业部门之间的分工逐步发展为工业部门内部的分工；发达国家与发展中国家分工加强，工业与农、矿业间的分工逐步转向不同层次工业部门的分工；地区经济一体化及经济集团内分工加强；以纵向的垂直型分工为主逐步过渡到横向的水平型分工为主；分工从有形商品领域向无形商品领域渗透等。这一切都说明国际分工的发展已进入了一个新的阶段，生产力已大大超出了国家界限，在世界范围内更加灵活地发展，并进一步影响着国际贸易和世界市场的发展。对一个国家来说，积极参与国际分工，努力发展与世界上其他国家和地区的经济联系；适应分工需要，不断调整产业结构，在国际分工中获取一定地位，对其经济发展来说是极为重要的。

二、影响国际分工发展的因素

国际分工的形成和发展受到各种因素的影响和制约。其中，社会生产力的发展是决定性因素，其他影响和制约的因素还有自然条件、各国在国际分工中的地位和所执行的政策等。

(一) 社会生产力是国际分工形成和发展的决定性因素

国际分工是生产力发展的必然结果。生产力的增长是社会分工的前提条件。一切分工，其中包括国际分工，都是社会生产力发展的结果。历史上三次科学技术革命，深刻改变了许多生产领域，改善了工艺技术、劳动过程和生产过程，使生产力得到巨大发展，国际分工也随之产生和发展。尤其是二战后第三次科技革命，改变了现代工业的面貌，同时也在改变着国际分工的面貌。

各国的生产力发展水平决定了其在国际分工中的地位。生产力发展水平如何，影响各国在国际分工中的地位。从国际分工的发展历史看，哪个国家在生产力发展方面处于领先地位，那么该国在国际分工中就处于中心或重要地位，所得到的交换利益就大。历史上，英国最早完成产业革命，生产力水平较高，在相当长一段时期内，它始终处于资本主义国际分工的主导地位。继英国之后，欧美资本主义国家产业革命相继完成，生产力迅速发展，国际分工由单一中心变为多中心。战后，殖民体系瓦解，发展中国家努力发展民族经济，生产力得到较快的发展，正在逐步改善其在国际分工体系中的地位。一些新兴的工业化国家经济发展迅速，在国际分工中由边缘地位向中心地位靠近。

生产力的发展决定国际分工的广度、深度和形式。随着生产力的发展，参加国际分工的国家越来越多，国际分工已把各国紧密地结合在一起，形成了世界性分工。随着生产力的发展，战后的国际分工已越过部门经济的分工发展到企业内部，主要是车间工种、工序、工艺的分工。战后出现的经济集团，其内部实行着有计划的国际分工和紧密的生产协作。国际分工向深度发展。随着生产力的发展，各国参加国际分工的形式从“垂直型”向“水平型”过渡，出现了多类型、多层次的分工形式。

生产力的发展决定了国际分工的产品内容。随着生产力的发展，国际贸易中的工业制成品、高精尖产品不断增多；中间产品、技术贸易和服务贸易也出现在国际分工中。

（二）自然条件是国际分工产生和发展的基础

自然条件是一切经济活动的基础，没有一定的自然条件，进行任何经济活动都是困难的，如矿产品只能在拥有大量矿藏的国家生产和出口。多数农作物，如咖啡、茶叶、橡胶等的生长，需要特殊的气候。自然条件是多方面的，像地理条件、地质条件、资源状况、气候、国土面积，等等，它们都对国际分工起着十分重要的作用。但是，自然条件只提供国际分工的可能性，不提供现实性，要把可能性变成现实性，需要一定的生产力条件。石油不能在没有石油的地区开采，但存在丰富石油的地区只有在科技和生产力发展到一定阶段，才能充分地开发和利用石油。因而，在生产力水平和自然条件之间，前者居于主导地位。自然条件对国际分工虽重要，但随着科技的进步，生产力的发展，替代品大量涌现，使自然条件在国际分工中的作用在逐渐减弱。

（三）人口、劳动规模和市场影响着国际分工的发展

人口稀少、土地广阔的国家适宜发展农业、牧业、矿业等产业；人口多、资源贫乏的国家适宜发展劳动力密集型产业。这种分布的不均衡使国际分工和国际贸易成为必要。现代大规模的生产，使分工成为必要条件。劳动规模越大，分工就越细，任何一个国家都不可能也没有必要完全生产所有的商品，必须参与国际分工。分工的发展必然伴随着交换的发展。那些生产力发展较快、处于分工中心的国家，总是国际商品市场的中心。一般而言，一个国家地理条件优越、交通发达、人口多、支付能力强，市场就大，分工的实现程度也相应较高。

(四) 资本输出与资本流动是国际分工深入发展的重要条件

资本输出是国际分工形成和发展的重要条件之一。19世纪末以来,资本输出就成为资本主义国家重要的经济现象。战后,跨国公司的迅猛发展使资本输出规模空前巨大,同时,发展中国家积极引进外资发展经济,使资本流动在国际间不断加强,大大加速了资本的国际化进程,对国际分工的深入发展起着重要的作用。

(五) 上层建筑可以推进和延缓国际分工的形成和发展

上层建筑一般指建立在经济基础之上的政治法律制度和社会意识形态。上层建筑可以推进国际分工的形成和发展。如在国际间建立超国家的经济组织,调节相互的经济贸易政策,以促进国际分工的发展。战后在关税与贸易总协定主持下的关税与非关税减让谈判;发达国家和发展中国家的经济贸易集团的建立,都有助于战后国际分工的发展。在国内制定自由贸易政策、法令、推行自由贸易,亦能加快国际分工的步伐。历史上,英国等殖民主义国家通过殖民统治,强迫殖民地按照其需要种植农作物,以建立起有利于宗主国的国际分工经济结构;通过发动商业战争,签订不平等条约,使战败国接受"自由贸易"政策,等等。上层建筑对国际分工也可起延缓作用,对国际分工认识不全面,制定过度保护贸易政策,实行闭关锁国方针,都会阻碍一国国际分工的发展。

三、国际分工对国际贸易的影响

(一) 国际分工促进了国际贸易的增长

国际贸易随国际分工的发展和深化而不断增长。而且,国际分工发展快的时期,国际贸易增长也快;国际分工发展慢的时期,国际贸易增长也较慢或处于停滞状态。因此,国际分工是国际贸易发展的主动力。

在资本主义自由竞争时期,由于形成了以英国为中心的国际分工体系,英国成为世界工厂,其对外贸易出现高涨,在资本主义世界对外贸易中的比重从1820年的18%提高到1870年的22%,而且贸易的增长还超过了生产的增长。1800—1913年,世界人均生产每十年增长率为7.3%,而世界人均贸易额每十年增长率为33%,显然大大高于世界生产的发展。相反,在1913—1938年间,世界生产发展缓慢,国际分工处于停滞状态,国际贸易量在这个时期年平均增长率只有0.7%。

第二次世界大战后,国际分工又有了飞速发展,部门内专业化分工的发展,把发达资本主义国家工业生产的主要部门相互紧密地联系在一起,从而扩大了国际贸易。战后资本主义发达国家之间由于分工加深使相互贸易发展速度很快。以出口为例,发达国家出口增长速度从1951—1960年的8.8%上升到1961—1970年的10%。同期,世界出口增长速度从7.5%上升到9.5%。发展中国家出口增长速度从4.0%上升到7.4%。发达国家贸易的迅速增长带动了整个世界贸易的增长。

（二）国际分工影响国际贸易的地区分布和地理方向

在国际分工中处于中心地位的国家，在国际贸易中也占据主要地位。从18世纪到19世纪末，英国一直处于国际分工中心地位，它在资本主义世界对外贸易中一直独占鳌头。英国在资本主义世界对外贸易总额中所占比重在1820年为18%，1870年上升到22%，随着其在国际分工中地位的下降，英国在国际贸易中的地位也逐步下降。19世纪末以来，发达资本主义国家成为国际分工的中心国家，他们在国际贸易中一直居于支配地位。发达资本主义国家在世界出口中所占比重在1950年为60.8%，1980年为62.6%，1991年上升到72.4%。

国际分工对各国的对外贸易地理方向有着重要的制约作用。对外贸易地理方向与各国相互分工的程度成正方向变化。19世纪，国际分工的主要形式是宗主国同殖民地等落后国家之间的垂直分工，这种分工形式决定了当时的国际贸易关系主要是这两大类国家之间的关系。

二战后，国际分工发生了变化，从出口制成品、进口原料为主变为生产专业化协作为主，即从垂直分工变为水平分工。国际贸易的地理方向也随之发生了变化，发达资本主义国家间的贸易占据主导地位，而发达资本主义国家同发展中国家间的贸易则居次要地位。其结果是发达资本主义国家之间贸易在整个世界贸易中所占比重从1913年的43%上升到1984年的52%，而后者从52%下降到17.1%。

（三）国际分工的发展影响国际贸易商品结构的变化

国际分工的发展，使国际商品结构与各国的进出口商品结构不断发生变化。二战后，这种变化表现在以下几个方面：第一，工业制成品在国际贸易中所占比重超过初级产品所占比重。二战前，由于殖民主义宗主国与殖民地落后国家的国际分工以垂直型分工为主，故初级产品在国际贸易中的比重一直高于制成品。从1953年起，工业制成品贸易在国际贸易中所占比重超过初级产品贸易所占比重。到1990年工业制成品所占比重已达到71%，而初级产品所占比重则降到29%；第二，发展中国家出口中的工业制成品增长。随着发达国家与发展中国家分工形式的变化，发展中国家出口中的工业制成品不断增加，所占比重从1970年的16.3%提高到1990年的54.0%。发展中国家出口制成品在世界贸易中所占比重也从1970年的5.5%提高到1987年的14.5%；第三，中间性机械产品的比重提高。随着国际分工的深化和跨国公司在国际分工中地位的提高和作用的加强，工业内部、公司内部贸易增加，中间性机械产品在整个机械工业制成品贸易中的比重不断提高，在各主要发达国家制成品贸易中占据很高比例；第四，服务贸易发展迅速。服务贸易近年来特别是在发达国家有了迅速的发展。服务贸易在各发达国家对外贸易中都占有很大比例。世界服务贸易额从1967年的700—900亿美元剧增到1996年的12 000亿美元。

（四）国际分工与国际贸易利益

国际分工可以扩大整个国际社会劳动的范围，发展社会劳动的种类；使贸易参加国扬长避短，发挥优势，有利于世界资源的合理配置；可以节约全世界的劳动时间，从而提高国际社会的生产力。因此，国际分工的发展是一个进步的过程。如澳大利亚和阿根廷，劳动力少，土地肥沃而辽阔，适合于用地较多的粗放型农业和畜牧业。而美国资本雄厚，适合于现代机械工业发展。生产条件的不同，使得各国的土地、劳动、资本、技术等生产要素在质和量上都不相同。因此，某一国家的某种生产要素丰富，用它生产更多的商品与别国交换，就会具有优势并获得贸易利益。

但是，由于国际分工的产生与发展是在资本主义生产方式下进行的，它代表了生产力发展的进步过程，同时也体现了资本主义社会的生产关系。在资本主义国际分工体系中，由于经济发展水平相当，帝国主义国家之间的分工是比较平等、互惠互利的关系。而在经济发展水平差异较大的帝国主义国家与殖民地半殖民地、落后国家之间的分工却是中心和边缘、交换利益不平等的关系。

帝国主义国家凭借自己在国际市场上的实力地位，在国际贸易中高价卖出，低价买进，进行不平等交换；通过对外贸易转嫁经济危机，获得国际贸易中的绝大部分利益。同时殖民地、落后国家的贸易条件不断恶化，大大影响了这些国家的经济发展。

二战后，发展中国家在政治上取得独立，在国际谈判中为自身利益不断斗争，努力发展民族工业，经济实力不断增强，使发展中国家在国际分工中的地位逐步改善，贸易利益随之增多。

第二节 古典贸易理论

本节主要介绍 17 世纪到 20 世纪中期国际贸易理论的发展情况。为简单起见，我们只进行国际贸易纯理论的分析。所谓国际贸易纯理论，是基于“2＋2”模型即两个国家、两种商品的分工生产情形的分析。国际贸易纯理论试图回答或解释的问题是一个国家为什么要进行贸易以及怎样进行贸易？即贸易发生的基础或原因是什么？贸易发生的模式是什么？贸易所得是怎么来的？国际贸易纯理论的分析结论会被一般化到多个国家、多种商品的情况。

首先讨论古典贸易理论中最具代表性的理论，即亚当·斯密的绝对优势理论、大卫·李嘉图的比较优势理论；再次讨论新古典的赫克歇尔—俄林的要素禀赋理论以及斯托尔珀—萨缪尔森定理；最后介绍当代国际贸易理论的新发展。

一、亚当·斯密的绝对利益理论

亚当·斯密（Adam Smith，1723—1790）是资产阶级古典经济学派的主要奠基人之一，也是国际分工与国际贸易理论的创始者。他在 1776 年发表的《国民财富的性质和原因的研究》（An Inquiry in to the Nature and Causes of the Wealth of Nations），简称《国富论》。在这部划时代的著作中，斯密对重商主义进行了全面的理论批判，创立了“自由放任”（Laissez Faire）的自由主义经济思想理论，把对资本主义经济的研究，从流通领域转到生产领域，并在此基础上建立起了古典国际贸易理论的基本框架，提出了主张自由贸易的绝对利益论（Absolute Advantage Theory）或绝对成本说（Absolute Cost Theory）。其主要论点：

(一) 分工可以提高劳动生产率

按照斯密的看法,人类的交换倾向于产生分工,劳动生产率的极大提高,显然是分工的结果。分工既然可以极大地提高劳动生产率,那么每个人专门从事某一种物品的生产,然后彼此进行交换,则对每个人都是有利的。分工的原则,就是各自集中生产各自具有优势的产品,然后再进行交换。"如果一件物品在购买时所付出的代价小于在家里生产时的花费,就永远不会想在家里生产,这是每一个精明的家长都知道的格言。"所以,"裁缝不为自己做靴子,鞋匠不为自己缝衣服,农场主不打算自己做靴子,也不打算缝衣服,他们都认识到,应当把他们的全部精力集中用于比邻人有利地位的职业,用自己的产品去交换其他物品,会比自己生产一切物品得到更多的利益"。对每一个个人看来是合算的事情,对整个国家来说也不能不是合理的。因而,斯密主张国际分工。

(二) 分工的基础是各国有利的自然禀赋或生产条件

在斯密的理论体系中,国际分工的基础是一国先天的自然资源禀赋和后天有利的生产条件,这就是他们的绝对优势所在。因为先天的自然资源禀赋和后天有利的生产条件可以使一个国家生产某种产品的成本绝对低,在对外贸易方面比其他国家处于绝对的优势地位。各国根据各自的绝对优势进行生产和交换,就会充分利用各国的土地、劳动和资本,大大提高劳动生产率,增加物质财富。

(三) 按绝对优势进行分工基础上的交换会使双方互利

斯密把国内不同职业之间,不同工种之间的分工原则,进一步地推广到各个国家之间。他认为,国际分工是各种形式分工中的最高阶段。他主张,如果外国的产品比自己国内生产的要便宜,那么最好是输出在本国有利的生产条件下生产的产品,去交换外国的产品,而不要自己去生产。他举了著名的葡萄酒和布的例子来加以说明。他说,在苏格兰可以利用温室种植葡萄,并酿造出同国外进口一样的葡萄酒,但要付出比国外高 3 倍的代价。这样,该国就必须放弃葡萄酒的生产。每一个国家都有其适宜于生产某些特定产品的绝对有利的生产条件,如果每一个国家都按照其绝对有利的生产条件(即生产成本绝对低)去进行专业化生产,然后彼此进行交换,则对所有交换国家都是有利的。

绝对成本说深刻指出了分工对于提高劳动生产率的巨大意义。但另一方面它也存在明显的错误,斯密认为交换引起分工,而交换又是人类本性所决定的,这显然是不符合客观事实的。此外,绝对成本说只说明了国际贸易中的一种特例,即在生产上具有绝对优势的国家参与国际分工和贸易能获得利益,所以具有很大的局限性。

二、大卫·李嘉图的比较利益理论

大卫·李嘉图(David Ricardo,1772—1823)是英国产业革命深入发展时期的经济学家。在 1817 年出版的《政治经济学及其赋税原理》(*Principles of Political Economy and Taxation*)中,提出了比较利益理论(Comparative Advantage Theory)或比较成本理论

(Comparative Cost Theory),继承、修改和发展了斯密的绝对成本理论。比较利益(成本)理论的提出是自由贸易理论体系建立的标志,这一理论的问世具有划时代的意义。在所有资产阶级国际贸易分工理论中,影响最大的莫过于李嘉图的比较成本理论。自其创立的一百多年来,它一直被西方国际经济学界奉为经典,并成为资产阶级国际贸易分工理论发展的主线。即便在当代,它也是研究国际贸易理论的逻辑起点。

(一) 比较利益理论的基本内容

李嘉图认为在国际分工和国际贸易中起决定作用的,不是绝对成本,而是相对成本。斯密的理论暗含着一个假定,就是贸易双方须各有一种成本低于另一方的商品才能开展国际贸易。但是如果一个国家任何一种产品都不具备绝对成本优势,是不是就不可能或无法开展国际贸易呢?

李嘉图举例说明了这一情况。假定英葡两国同时生产酒和呢绒,为了获得相同的产量,其所需要投入的劳动成本如下表:

项目	分工前劳动投入			分工后劳动投入		
	呢绒	酒	合计	呢绒	酒	合计
葡萄牙	90 天	80 天	170 天	—	160 天	160 天
英　国	100 天	120 天	220 天	200 天	—	200 天

葡萄牙生产单位呢绒需要 90 个劳动日,生产单位酒需要 80 个劳动日,而英国则分别需要 100 个劳动日和 120 个劳动日,显然,葡萄牙在两种产品的生产上都处于绝对的优势,英国都处于劣势。但在酒的生产上,葡萄牙的优势更大,而在呢绒的生产上,英国的不利程度较小。两相比较,葡萄牙应分工生产酒,英国应分工生产呢绒。对葡萄牙来说,与其用 90 天生产单位呢绒,不如用 80 天生产单位酒去向英国交换单位呢绒,这样能节约 10 个劳动日,如果把这 10 天也用来生产酒,它一定多得到酒。而对英国来说,与其用 120 天去生产单位酒,不如用 100 天去生产单位呢绒去向葡萄牙交换单位酒,这样可以节约 20 个劳动日,如果把这 20 天用于生产呢绒,它一定多得到呢绒。可见,分工对两国都有利。李嘉图的比较利益学说可以用一句话概括为“两利相权取其重,两害相权取其轻”。

李嘉图所提出的比较成本理论,在历史上曾起过进步作用,它促进了资本主义的资本积累和生产力的发展。在这一理论和影响下,英国的《谷物法》被废除了。这是 19 世纪英国自由贸易政策所取得的最伟大的胜利,大大加速了社会经济的发展。

(二) 比较利益理论简评

1. 比较利益理论的科学性

第一,为自由贸易政策提供了坚实的理论基础。在商业完全自由的制度下,各国都必然把资本和劳动用于最有利于本国的用途上。这种个体利益的追求很好地和整体的普遍幸福结合在一起。这是国际贸易最自由的政策,是最明智、最稳妥的政策。对国际贸易进行任何限制，所限制的不是别国的利益，而是自己国家的利益。如果让贸易在其富有活力的原则下寻找其前进的道路，那准会使贸易在差不多漫无止境的情况下增长。比较成本说将自由贸易的领域推广到各种类型、经济水平各异的国家的更宽范围，从而论证了自由贸易政策的普遍性和合理性。也正因为如此，比较成本说成为自由贸易理论的主线。

第二，说明价值规律在国际市场上的作用形式发生了变化。不同经济发展水平的国家都可找到自己的相对优势参与国际竞争，而不致淘汰。这为发展中国家对外开放提供了理论指导。

第三，说明互利和等价交换是不同的概念。等价是具体的交换比例，互利不等于等价。互利是面的概念，等价是点的概念。

2. 比较利益理论的局限性

第一，比较利益理论所依赖的前提条件过于严格。所谓九大假定包括：两种产品两个国家模型(2×2 模型)；坚持劳动价值论，假定所有的劳动都是同质；生产是在成本不变情况下进行(无规模经济)；没有运输费用；国内生产要素充分自由流动，而国际间不能，生产要素充分就业；产品市场完全竞争；收入分配不因分工、自由贸易而有变化；物物交换；不存在技术进步和经济发展，国际经济静态。

第二，把多变的经济形态抽象成静态的状态，忽视了动态分析。李嘉图主张按当前的比较成本格局进行分工，而没有看到比较成本、比较优势是可变的。他从一定时点的国际比较生产力结构出发论证贸易的可能性，是一种静态均衡理论。有的学者认为这几乎是一个先进国家的学者规劝后进国家加入国际分工体系的学说：你们国家虽然一切都落后，但你们也能从贸易中获益。因此，你们加入进来吧，经济结构的改进没有必要。

第三，忽视了国际分工中生产关系的作用。不能离开生产关系去考察社会分工问题。社会分工(包括国际分工)是一个历史范畴，它的产生是社会生产力发展到一定阶段的结果。但生产力总是在一定的生产关系下发展的，因而国际分工的实质和内容不能不受社会生产方式的制约。因此，不能把国际分工简单地说成生产率差异的结果。

(三) 绝对利益理论与比较利益理论的关系

斯密的绝对利益理论与李嘉图的比较利益理论都认定对外贸易可以使一国的产品销售市场得以迅速扩张，因而都强调对外贸易对一国增加生产和扩大出口的重要作用。他们站在当时新兴产业资本家阶级的立场上，为了给产业资本所控制的工业生产能力以及由此产生的大量剩余产品寻找出路，从供给的视角论证了开拓国际市场、发展国际贸易的重要性，以及推进自由贸易政策的必要性和合理性。从这个意义上看，绝对利益理论与比较利益理论都属于供给学派的理论范畴。

就绝对利益理论与比较利益理论各自涵盖的研究对象来看，后者认为无论一国是否拥有绝对低成本的优势商品，只要彼此存在相对优势或比较优势，通过分工和交换，依然会有互利贸易产生。这就是说，从理论分析的角度考察，比较优势理论分析研究的经济现象涵盖了绝对优势理论分析研究的经济现象。或者可以这样说，斯密的绝对利益贸易模型是李嘉图比较优势贸易模型的一种特殊情形，绝对利益理论与相对或比较利益理论是特殊与一般的关系。在前人特殊贸易模型研究的基础上将贸易模型推广至普遍存在的一般经济现象的理论分析，正是李嘉图在发展古典贸易理论方面的杰出贡献。

三、赫克歇尔和俄林的要素禀赋论

赫克歇尔和俄林的要素禀赋理论被称为新古典国际贸易理论。之所以被称为新古典，是因为古典的李嘉图理论是在假设各国的比较优势基础上，讨论贸易产生的基础、贸易模式和贸易所得，古典学者们没有进一步解释各国参与分工的比较优势是怎么形成的。赫克歇尔和俄林的要素禀赋理论则用一国的要素禀赋，即一国生产要素的丰裕与稀缺程度，解释了比较优势的来源。

要素禀赋理论的分析起源于瑞典经济学家厄里·赫克歇尔(Eil Filip Heckscher，1879—1952)。1933年赫克歇尔的学生伯蒂尔·俄林(Beltil Gotthard ohlin，1899—1979)接受了老师的观点，出版了《域际贸易和国际贸易》一书，正式创立了要素禀赋理论，即H-O理论。

要素禀赋理论的内容有广义和狭义之分。狭义的要素禀赋理论，又称赫克歇尔-俄林原理(H-O原理)，是用一国生产要素的丰缺来解释比较优势的来源，基于要素禀赋决定的比较优势，进一步讨论互利贸易发生的原因、贸易模式和贸易利益的来源和获取。广义的要素禀赋理论(H-O-S原理)包括赫克歇尔-俄林原理(H-O原理)和要素价格均等化定理(S-S定理)。后者运用特定要素模型(S-F Model)解释国际贸易如何使两国商品价格趋于均等，使同质生产要素的相对和绝对价格趋于均等，进而使生产要素所有者的收入趋于均等。

(一) 相关概念

在经济学课程中，我们已经接触到生产要素、要素禀赋、要素密集度、要素丰裕度等概念和术语。掌握和理解这些概念和术语是理解要素禀赋论的关键。

1. 生产要素和生产要素价格

传统生产要素通常指土地、劳动和资本三要素；现代生产所需投入的生产要素除了土地、劳动、资本外，还包括现代技术、信息、管理、创新、企业家才能等。

生产要素价格是生产要素的使用费用或说是要素的报酬。例如，土地的租金、劳动者的工资、资本的利息、企业家的薪酬及管理的利润等。

2. 要素密集度和要素密集型产品

要素密集度(Factor Intensity)是指产品生产中某种要素投入比例的大小。根据产品生产所需投入的生产要素中所占比例最大的生产要素种类不同，可把产品分为不同种类的要素密集型产品(Factor Intensive Commodity)。比如，在“2+2”模型中，如果生产Y商品所使用的资本对劳动的比率大于生产X商品所使用的资本对劳动的比率，则Y商品为资本密集型商品，X商品为劳动密集型商品。

3. 要素禀赋和要素丰裕度

要素禀赋(Factor Endowment)是指一国拥有的各种生产要素的数量状况。要素丰裕度(Factor Abundance)有两种定义法:一是实物单位定义法,用每个国家所拥有的总资本量与总劳动量的相对比率表示,即 TK/TL;二是相对商品价格定义法,用资本的雇佣价格(Interest Rate)与劳动的时间价格(Wage Rate)的相对比率表示,即 r/w。

(二) 要素禀赋理论:赫克歇尔—俄林(H-O)原理

1. H-O 原理的主要内容

H-O 原理表述为一国应出口较密集地使用该国丰裕且便宜的要素所生产的产品;应进口该国稀缺且昂贵的要素所生产的产品。

赫克歇尔和俄林首先从不同国家和地区间商品价格的差别出发来探讨国际贸易的基础,认为商品价格的差别是贸易交换的直接原因。商品价格的国际绝对差异,是指不同国家的同种商品以本国货币表示的价格,按照一定的汇率换算成以同种货币表示的价格时表现出来的价格差异。在两国间的价格差额大于各项运输费用的条件下,开展国际贸易的双方都能获得利益,得到比自己生产更多的商品。因此,国际间价格的绝对差异是国际贸易产生的直接原因。

2. H-O 原理理论分析的一般路径

假设两国生产 A、B 两种商品,那么,同样的商品为什么会存在国际间的价格差别呢?这是因为两国生产 A、B 两种商品的成本不同。为什么成本不同呢?生产要素的价格存在差异。为什么生产要素的价格会存在差异呢?俄林一环套一环地推演下去,最终得出结论,生产要素在不同国家和地区的禀赋,即要素丰裕程度的相对差异是国际贸易的基础。俄林指出,由于两国国内生产要素禀赋不同,导致生产要素的相对价格不同。在各国要素一定的情况下,各国的要素禀赋不同,对要素价格的影响也不同,供给丰富的生产要素价格便宜,稀缺的生产要素价格昂贵。所以说,要素价格差异主要是由要素供给差异决定的。一个国家生产和出口大量耗用本国丰裕要素的产品,价格就低,就有比较成本优势;而生产大量耗用本国稀缺的生产要素的产品,价格就贵,出口就不利。因为各种生产要素彼此是不能代替的,所以生产不同的产品必须使用不同的要素组合。两国间的要素价格差异将导致两国间的商品价格差异。因此,每个国家的商品价格比例反映了它的各生产要素间的价格比例关系,也就是地租、工资、利息和利润之间的比例关系。由此,俄林得出一个重要结论:一国应出口密集使用本国丰裕生产要素所生产的商品,进口的应是密集使用本国稀缺要素所生产的商品。

(三) 要素价格均等化定理:H-O-S 定理

两国开展贸易以后会造成什么样的影响呢?俄林指出,一国的要素禀赋影响了产品价格,进而决定了比较优势,基于各国的比较优势进行分工和交换,产生了互利贸易。而国际贸易的过程实质上是使商品供求趋于平衡的过程,这个过程最终可以消除不同国家之间的商品价格差异,进而消除生产要素的价格差异,即要素价格趋于均等化。

斯托尔伯-萨缪尔森(S－S)论证了自由贸易将导致相对和绝对要素价格均等化,并进一步影响要素报酬。S－S定理可表述为:在满足要素禀赋论的全部假设条件下,国际贸易会使贸易国同类商品的价格趋于均等,还会使同质生产要素的相对价格和绝对价格趋于均等;进一步,会使要素所有者的收入趋于均等。这样一来,国际贸易就成为国际要素流动的替代品。

自由贸易对要素报酬的影响可以用特定要素模型(Specific－Factor Model)来解释。特定要素模型(S－F Model)认为国际贸易对共同要素的影响是不确定的;国际贸易有利于出口部门丰裕要素所有者的收入水平;不利于进口竞争部门要素所有者的收入水平。这一定理解释了为什么一个社会中总有一个特定的团体反对自由贸易。

(四) 要素禀赋理论简评

1. 理论的积极影响

第一,李嘉图用比较成本差异阐述了贸易互利性的普遍原理,而俄林等则进一步用生产要素禀赋差异解释了为什么比较成本有差异,在理论上有所发展和创新。

第二,俄林把李嘉图的个量分析扩大为总量分析,不是单单比较两国两种产品的单位劳动耗费的差异,而直接比较两国生产要素总供给的差异,从一国经济结构中的资本、土地、劳动力等这些最基本的要素来解释贸易分工基础和贸易格局。这种靠山吃山、靠水吃水的资源优势理论,对于解释国际贸易格局,具有实际意义。必须承认,土地、劳动力、资本等状况在决定各国的对外贸易上起着重要作用。

资源禀赋比率理论是从一个国家的经济结构来解释贸易格局,而要素价格均等定理则反过来分析国际贸易对经济结构的影响。国际贸易的发生增加了对相对丰富资源的需求,从而提高了它的价格,也就是增加了它的报酬;另一方面减少了对相对稀缺要素的需求,从而降低了它的报酬。通过国际贸易,可以改变一国的经济结构,使生产要素得到最有效率的利用,从而使产量增加,收入增加。这些分析对于一国如何利用本国的资源优势参与国际贸易分工以获得贸易利益,无疑具有积极意义。

第三,生产要素禀赋理论仍然是属于比较成本理论的范畴,使用的是比较成本理论的分析方法。但是生产要素禀赋的分析更加接近经济运行的现实,从而增强了理论的实用性。

2. 理论的局限性

第一,这一理论假定各国所有生产要素在数量上是固定的,质量上是不变的,它们都得到充分利用,生产要素不存在国际流动性。而事实上,世界经济以迅速变化为特征,各生产要素既非数量固定,亦非质量不变。失业和资源利用不足在发展中国家普遍存在,跨国公司使生产要素国际流动频繁。

第二,该理论假定各国生产技术是固定的,同种产品生产技术相同,且消费者偏好是固定的,不受生产者的影响。但事实上,各国生产技术并不相同,技术进步亦不同步。发达国家随科技发展和工艺进步,技术、资本替代劳动的空间日益扩展,使发展中国家在要素方面(主要是劳动)的优势正日益被弱化。同时,世界市场特别是发达国家的市场需求结构随收入的提高而不断变化,往往迫使发展中国家出口产业的选择偏离其要素优势。

第三,该理论假定国内生产要素在不同部门能自由流动,整体经济以自由竞争为特征。实际上发展中国家的生产结构常常十分僵化,要素流动受到很大限制。国际贸易格局往往使其只能将资源集中于生产少数产品上。

第四,该理论假定政府在国际贸易中不起作用,从而国际市场价格由供求力量决定,但事实却相反:富国政府往往凭借其经济、政治力量来影响国际经济活动,使国际贸易发生不利于落后国家的变动。例如,为保护本国的“夕阳工业”,发达国家在世贸组织中要求发展中国家制定劳工标准,提高工人工资,这无疑对发展中国家是不利的。

第三节　里昂惕夫之谜与新贸易理论

一、赫克歇尔-俄林模型的经验检验:里昂惕夫之谜

(一) 里昂惕夫之谜

H－O模型创立之后广为人们接受,因为它符合一般人的经验与常识。按H－O模型的理论解释,美国资本充足,科技发达,劳动力相对不足,因此,美国应出口资本密集型的产品,而进口劳动密集型的产品。然而,里昂惕夫运用他的投入—产出分析法对H－O模型进行验证时,却发现相反的结果:美国参加国际分工是建立在劳动密集生产专业化基础之上的,而不是建立在美国资本要素相对丰裕基础上的,故H－O模型的理论解释与里昂惕夫的经验检验结果不相一致,导致了里昂惕夫之“谜”的产生。

里昂惕夫之谜提出后,引起了西方经济学界的极大兴趣。他们从不同角度来进行解释,并由此深化、丰富和发展了传统国际贸易理论。

(二) 对里昂惕夫之谜的解释

1. 检验数据的代表性

对里昂惕夫之谜一个可能的解释是里昂惕夫选择的是1947年美国国际贸易实践数据。然而,1947年距离“二战”太近,因而数据不具代表性。这个可能是导致H－O理论解释与美国进出口模式不一致的重要原因。

2. 自然资源论

该理论认为,美国进口大量的矿产和木材,这些产品不仅是自然资源,而且其生产和开发也使用大量的资本;另一方面,美国出口的农产品是使用大量的劳动和土地这一自然资源。因此,考虑自然资源因素,美国的进出口贸易结构完全是一种巧合。

3. 要素非同质论

要素禀赋理论假定各国的每一种生产要素本身都是同一的，没有任何差异。然而，每种生产要素实际上都不是同一的，它包含着许多小类或亚种，它们的组合也是千差万别的，因此，各国的生产要素禀赋不仅有数量上的差异，还有质量上的差异。里昂惕夫也认为美国对外贸易结构出现进口资本密集型产品、出口劳动密集型产品的原因，在于美国工人具有比其他国家工人更熟练的技术和更高的劳动生产率。忽略生产要素禀赋的质的差异，就难以对贸易格局做出合理的解释。

4. 需求偏向论

需求偏向论试图以国内的需求结构来解释里昂惕夫之谜。该理论认为，一个资本相对丰裕的国家，如果国内需求强烈偏向资本密集型产品，其贸易结构就有可能是出口劳动密集型产品，而进口资本密集型产品。比如美国，它对资本密集型产品的需求远远大于对劳动密集型产品的需求，这就造成了美国违背其在生产成本上的比较优势，进口资本密集型产品的状况。

5. 贸易壁垒论

不少经济学家认为里昂惕夫之谜其实是美国及外国的贸易壁垒所造成的。因为美国出于某些政治和集团利益的需要，对雇用大量不熟练工人的劳动密集型产业采取贸易保护政策，这就势必造成外国的劳动密集型产品难以进口，而资本密集型产品却相对容易输入。外国如果采取相反措施，为了维护本国工业的发展对资本密集型产品进口进行贸易保护，那么美国资本密集型产品就会难以进入外国市场，劳动密集型产品却相对容易出口。

6. 生产要素密集度转换论

一种商品在某个国家既定的生产要素价格条件下，是劳动密集型的，但在另一个既定的生产要素价格条件下，却可能是资本密集型的。这样，美国进口的产品虽然在美国国内是资本密集型的，但在出口国却可能是劳动密集型的，这就造成了美国以进口劳动密集型产品为主的错觉；同样，美国出口的劳动密集型产品在国外是资本密集型的，这就造成美国以出口劳动密集型产品为主的错觉。同一种商品的产出可以存在要素密集度的变换。只要贸易双方有一方存在要素密集型变换这种情况，其中一国就必然存在里昂惕夫之谜。

里昂惕夫之谜的提出是国际贸易理论史上的一个重要转折点。它推动了人们从更多的因素、更新的角度去研究国际分工和国际贸易产生的原因，从而促进了二战以后国际贸易理论的发展。

二、新贸易理论

从前面的分析我们已经看到 H－O 理论是建立在各国要素禀赋差异引起的比较优势基础上的。但是，该理论本身存在两个问题：一是对里昂惕夫之谜的解释；另一个更重要的问题是该理论赖以存在的一些假设是不切当今实际的。放松 H－O 理论的大部分假设都只需对该理论做出修正，而不会使其完全失效。然而，放松规模报酬不变和完全竞争的假设之后，我们需要新的理论来解释 H－O 理论不能解释的很重要的一部分国际贸易产生的原因。而建立在规模经济、不完全竞争以及新技术基础上的新贸易理论则弥补和发展了新古典理论的缺陷。

（一）规模经济、不完全竞争与国际贸易

传统国际贸易理论一个最基本的假设是规模报酬不变和完全市场竞争条件。但实际上，正是由于规模经济和不完全市场竞争，使得当代国际贸易格局发生了两个根本性的变化：一是发达国家相互间贸易的比重迅速上升，而发达国家的相互间贸易中，产业内贸易越来越成为贸易的主要形式；二是公司内贸易迅速发展，跨国公司成了国际贸易舞台上最重要的角色。

所谓规模经济是指规模报酬递增(increasing returns to scale)的生产情形，即产出水平的增长比例高于投入要素增长比例的生产状况。也就是说，如果要素投入增加 1 倍，产出的增加则大于 1 倍；如果所有投入增加两倍，则产出的增加高于两倍。由于大规模生产可以更有效地利用劳动力进行专业化生产，每个工人可以专门从事一项简单的重复性工作，从而提高劳动生产率；另外，大规模的生产可以使用更加专业化和高效率的机器设备，所以规模经济或报酬递增是可能发生的。

在垄断竞争的模型中，贸易可以划分为两类行业间贸易和行业内贸易。行业间贸易反映了传统的比较优势，而行业内贸易则反映了规模经济。由于国际贸易能够创造出比任何一个国内市场大得多的国际市场，同时也由于规模经济，新的行业内的国际分工得以形成。

市场的不完全性表现在政府干预、市场联系存在时滞中间产品供应的不稳定性、跨国公司的定价机制不合理，等等。在外部市场的进行的交易自然会存在很多附加成本。为了克服市场的不完全性和交易成本高的劣势，跨国公司有必要实行市场的内部化而促成产业内贸易的发生。因此，贸易不一定是比较优势的结果。

（二）新要素理论

该理论通过扩展生产要素的范围并赋予生产要素以新的含义，试图从更宽的角度来解释里昂惕夫之谜，并说明当代贸易格局的新变化。新的生产要素不仅包括传统理论中的劳动资本和土地等有形要素，而且还包括技术人力资本、研究与开发、信息与管理等无形要素。而且更重要的是，这些无形要素越来越成为国际贸易的基础，它们决定着一个国家的比较优势格局。

1. 技术要素说

技术也是一种独立的生产要素。技术作为生产要素的第一个作用在于技术进步或技术创新意味着一定的要素投入量可以生产出更多的产品，或者说一定的产量只需要较少的投入量就可以生产出来。通过技术改进，提高了现存的劳动量和资本量的生产率，就像是在技术不变的情况下，增加了劳动的供给和资本的供给一样。技术进步的速率不一样，则改变要

素禀赋的比率也不同。技术作为生产要素的第二个作用表现在技术可以创造发明全新的产品和改造已有的产品。

美国经济学家波斯纳在1959年提出了技术差距论,用以解释这种创新技术对国际贸易的影响。他认为,技术在要素禀赋理论中被认为不变,而实际上科技水平是在不断提升的。技术的不断创新和新技术的运用在各国是不平衡的。这种普遍存在于各国的技术差距使技术领先的国家享有出口技术密集型产品的优势。波斯纳认为,新产品总是在工业发达国家最新问世,新产品在国内销售后进入国际市场,创新国便获得了初期的比较利益。其他国家虽然想生产,但由于技术差距的存在,使产品创新到其他国家模仿生产之间存在时滞。这种时滞的存在,创新国的技术优势得以在一段时期内保持,其他国家对该产品的需求只能通过进口予以满足。因此,技术差距引起了国际贸易。

2. 人力资本说

资本充裕的国家往往同时也是人力资本充裕的国家,从而人力资本充裕是发达国家参与国际分工和国际贸易的基础。在贸易结构和流向上,这些国家往往是出口人力资本要素密集型的产品。里昂惕夫之谜的产生,就是因为美国的出口产品中含有大量人力资本投资,都记在劳动力的账上了。如果要把美国出口产品算作劳动密集型产品,那也只能理解为技能劳动密集型产品。

3. 研究与开发要素说

该学说认为,研究与开发也是一种生产要素。一个国家越重视研究与开发要素的作用,产品的知识与技术密集度就越高,在国际市场竞争中就越有利。在一定的条件下,投入研究与开发资金的多少可以改变一个国家在国际分工中的比较优势,产生出新的贸易比较利益。例如,小岛清研究发现,在美国,如以出口产业部门的R&D费用为1,则进口竞争部门为0.66,以在出口产业部门工作的技术人员、科学家人数为1,则后者为0.74,从而证明R&D密集的部门可以认为是具有比较优势的部门。

4. 信息要素说

信息作为一种能创造价值的资源,和有形资源结合在一起构成现代生产要素。在现代国际贸易中,竞争越来越表现为商情战、信息战,每个企业获取信息的快慢、拥有信息的多寡,往往会左右其生产经营和决策,甚至决定着企业的命运。一个国家利用信息的状况则将影响到它的比较优势,改变它在国际贸易分工中的地位。

(三) 产品生命周期理论

美国哈佛大学经济学教授雷蒙德·弗农(R·Vernon)提出的产品生命周期理论从生产技术变化的角度分析了产品生命周期的运动以及对国际贸易格局的影响。

弗农把新产品划分为四个生命周期阶段:第一阶段,是创新国对某一种新产品的出口垄断阶段,这时的新产品实际上是一种科技知识密集型产品,发达国家垄断新产品的制造技术。新产品一般比较昂贵,消费者只能是高收入国家,其产品出口首先是到创新国以外的高收入国家;第二阶段,是其他发达国家开始生产这种新产品,并占领国内市场,创新国的新产品对于这些国家的出口减少甚至停止;第三阶段,创新国以外的国家成为创新产品的净出口国并参加与创新国在出口市场上的竞争;第四阶段,新产品仿制国由于国内外市场的扩大,有条件大批量生产大幅度减低生产成本并把产品打进创新国市场,创新国成了该产品的净进口国。

新产品的国际贸易模式之所以这样有规则的运动是因为不同类型的国家在不同的生命周期阶段具有不同的比较优势,像美国这样的先进国家生产技术知识密集型产品具有比较优势,发达国家由于资本充足,管理经验成熟,在生命周期第二、三阶段生产资金密集型产品具有比较优势,发展中国家则由于拥有丰富的劳动力,在生产成熟标准化产品方面具有比较优势。

很显然,产品生命周期理论运用了动态分析方法,从技术创新和技术传播的角度分析了国际分工的基础和贸易格局的演变。这一理论是战后最有影响的国际贸易理论之一。

第四节　当代国际分工理论

20 世纪 70 年代出现的第三次科技革命对国际贸易格局产生了巨大影响。主要表现在以下两个方面:一是发达国家之间相互贸易的比重迅速上升,产业内贸易越来越成为国际贸易的主要形式;二是公司内贸易迅速发展,跨国公司成为国际贸易的重要角色。对于这些国际贸易的新现象,传统的生产要素禀赋理论难以做出令人信服的解释,无法说明生产要素相似的发达国家之间贸易量迅速扩大的原因。当代经济学家对这些新现象进行了深入研究,使得国际分工理论更全面和更具说服力。

一、产业内贸易理论

(一) 产业内贸易的含义

产业内贸易理论是 20 世纪 60 年代以来西方国际贸易理论中产生发展起来的一种解释国际贸易分工格局的理论分支。

国际贸易从产品内容上来看大致可以分为两种类型:产业间贸易和产业内贸易。产业间贸易(Inter-industry Trade)是指进口和出口属于不同产业部门生产的产品,也称为部门间贸易。产业内贸易(Intra-industry Trade),也称部门内贸易,是指同一产业部门内部或一个大的产品群内的差异产品(Differentiated Products)及其中间产品的交换。产业内贸易的发展程度可用产业内贸易指数来衡量。其计算公式为:

$$Ai = 1 - \frac{|Xi - Mi|}{Xi + Mi}$$

H－O 理论认为由要素禀赋差异所带来的国家间比较成本的差异是产业间贸易发生的基础和原因。国家间要素禀赋差异越大,产业间贸易量就越大。如前所说,H－O 理论不能成功解释产业内贸易的发生。对产业内贸易的理论解释主要有规模经济与不完全竞争贸易论、差异产品的重叠需求贸易论、技术差距贸易论、需求偏好相似论以及产品生命周期理论等。

(二) 产业内贸易与产业间贸易的异同

对产业内贸易与产业间贸易的异同大致归纳为:第一,产业间贸易是基于两国要素禀赋差异所决定的比较优势来讨论贸易发生的基础/模式/所得;而产业内贸易是基于差异产品所决定的比较优势来讨论贸易的基础/模式/所得;第二,产业内贸易是基于规模经济条件下的差异产品的分工和交换获取贸易利益,贸易前的相对商品价格不再能够决定贸易模式的类型和所得的多少;第三,根据产业间贸易理论认为,贸易只能提高一国出口部门密集使用的丰裕要素的报酬,会降低一国进口竞争部门密集使用的稀缺要素的报酬,而根据产业内贸易理论,贸易将会使所有要素的收入有所增长;第四,产业内贸易能够用于解释当今急剧增长的零部件和零配件的国际贸易;第五,当今产业内贸易规模的急速增长,为广大发展中国家提供了大量的就业机会。

二、公司内贸易理论

跨国公司的迅猛发展是当代世界经济的突出现象,跨国公司在国际贸易、国际投资、国际金融等领域扮演重要的角色,发挥重要的作用。国际贸易中有40%的贸易额是发生在跨国公司内部的公司内贸易,即跨国公司母公司及其分布全球的子公司之间的国际贸易(联合国贸发会议估计)。

公司内贸易作为跨国公司经营活动的一种方式,与一般意义上的国际贸易有如下区别:第一,公司内贸易的双方都处于共同所有权控制之下;第二,公司内交易进行交换的市场是跨国公司内部的市场,交换的价格是跨国公司内部制定的转移价格或调拨价格;第三,从其交易内容看,公司内贸易交易的商品大部分是垂直分工基础上的中间产品,反映了国际分工从产业内分工向产品内分工转移的特征。

研究跨国公司内贸易现象的理论主要是内部化理论。内部化理论对跨国公司内贸易原因的分析主要分两个层次:一是公司内贸易发生的必要性;二是公司内贸易发生的可能性。

跨国公司进行公司内贸易的直接动因是为了降低交易成本,即公司为了绕过成本高的外部市场而让交易在公司内部进行,变与外部市场之间的买卖关系为公司内部的供需关系。

内部化理论最早由诺贝尔经济学奖得主科斯在20世纪30年代提出基本构想,70年代英国经济学家巴克利和卡森进行了系统阐述。内部化理论认为,以公司内部市场取代外部市场具有以下几方面的利益:第一,内部化有助于协调好公司内部的业务活动,尤其是关键要素流动和上下游生产的协调,以降低成本,提高效益;第二,内部化可以通过差别定价,使公司获得利润最大化;第三,内部化可以化解外部市场供需等的不确定性;第四,内部化将买卖双方所有权合二为一,避免了公司技术和知识资产的流失。

内部化在降低交易成本的同时也伴随着某些管理协调成本的增加。但是,只要管理协调成本小于市场交易成本,公司内贸易就会利大于弊。

三、国家竞争优势理论

美国经济学家迈克尔·波特于1990年提出了国家竞争优势理论，使得对国际贸易的解释更具统一性和说服力，形成了一个新的理论框架雏形。其理论的核心内容是：创新是竞争力的源泉。波特认为一国兴衰的根本在于是否有合适的创新机制和充分的创新能力。国际竞争力实质上是一个国家参与国际竞争所具有的某种能力，它是一个多层次、混沌、动态的概念，反映一个国家的经济实力及其在国际比较中的地位，以及在实际竞争中的结果。因此，国家竞争优势理论超越了传统贸易理论对国家比较优势形成的片面认识，摆脱了传统理论的孤立性、片面性和静态特征。

波特从微观、中观和宏观三个层面对创新机制作用下的国家竞争优势形成做了论述。

一是微观层面的分析。国家竞争优势的基础是企业内部的活力。企业缺乏活力不思创新，国家整体竞争优势就如无本之木。企业经济活动的根本目的在于使其最终产品的价值增值，而增值要通过研究、开发、生产、销售、服务等环节（价值链）才能逐步实现。这就要求企业重视各个环节的改进和协调，在强化管理、研究开发、提高质量、降低成本等方面实行全面改革。

二是中观层面的分析。中观层次的分析由企业转向产业、区域等范畴。从产业看，个别企业最终产品的价值增值不仅取决于企业内部要素，而且有利于企业的前向、后向和旁侧关联产业的辅助与支持；从空间看，各企业为获得理想的利润和长期发展，需要在制定空间战略时，合理分布企业的各部门。比如，将企业的总部和研究开发部门设置于交通迅捷、信息灵通的大都市，而将生产部门转移到成本低廉的地区或接近销售市场，从而利用空间差，达到降低成本、提高灵活反应能力等目的。

三是宏观层面的分析。国家竞争优势并非个别企业、产业竞争优势的简单加总。国家竞争优势的获得取决于四个基本因素和两个辅助因素的整合作用。四个基本因素是生产条件因素、需求因素、相关和支撑产业以及企业战略、结构与竞争。一国所面临的机遇和政府所起的作用，对国家整体竞争优势的形成也具有辅助作用。以上四方面的因素与两个辅助因素相互影响、相互加强，共同构成一个动态的激励创新的竞争环境，由此而产生具有一流国际竞争力的产业。国家竞争优势发展的四个阶段：要素推动阶段、投资推动阶段、创新推动阶段和财富推动阶段。

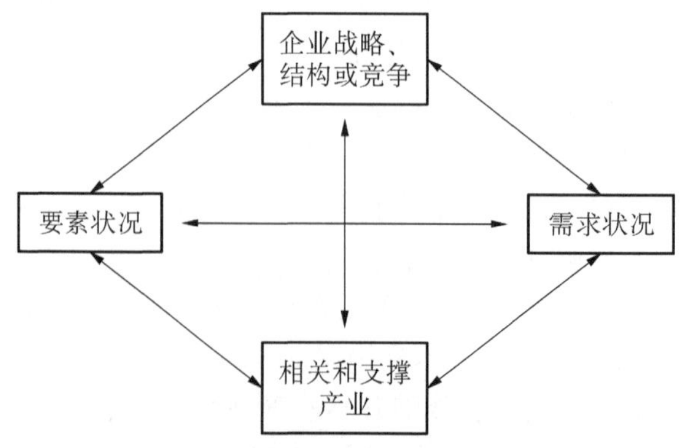

图3-1　国家竞争优势的钻石模型

国际贸易新理论及当代国际分工理论的新发展,极大地丰富和发展了传统国际贸易理论,同时也在一定程度上对传统理论提出了挑战。随着世界经济的发展,各种贸易理论赖以成立的假设前提也在不断变化,因而当代经济学家提出各种新的见解,更能对国际贸易的客观现实做出合理或更为接近的解释。但是这些所谓的"新"理论,并不是对传统理论的否定,而是继承和发展的关系,新理论的主要观点和分析方法仍没有离开传统比较分析的范畴与框架。李嘉图、俄林研究的是产业间比较优势的确定和产业间贸易,而国家竞争优势理论则系统地阐述了国家的相对优势是如何形成的。传统贸易格局下的比较利益来源于生产要素禀赋差异造成的比较成本差异,而当代国际分工格局下,比较利益的来源在于垄断优势、规模经济、市场反应能力和国家特定竞争优势。因此,国际贸易新理论与传统贸易理论的差别在于理论形成上的不同,而基本内容和基本分析方法则是继承和发展的关系。

本章核心概念

国际分工	垂直分工	水平分工	互利贸易
商品交换比价	重商主义	绝对利益(成本)	比较利益(成本)
国家竞争优势	要素禀赋	要素密集度	要素价格均等化定理
里昂惕夫之谜	特定要素模型		

复习思考题

1. 绝对(利益)成本理论的主要内容及其局限性是什么?
2. 试评价李嘉图的比较(利益)成本理论。
3. 要素禀赋理论的主要内容是什么?它在比较成本理论基础上做了哪些发展?
4. 简述要素价格均等化定理。
5. 什么是特定要素模型?根据特定要素模型的解释,自由贸易对不同部门要素所有者的收入分别产生怎样的影响?
6. 什么是里昂惕夫之谜?西方经济学家对里昂惕夫之谜的解释主要有哪些?
7. 什么是产业间贸易?什么是产业内贸易?其产生和发展的基础分别是什么?
8. 简述波特竞争优势理论的主要内容。
9. 试阐述比较优势与竞争优势之间的关系。

第四章

贸易条件与贸易利益

本章主要内容

贸易条件的含义和类型；相互需求说与贸易条件的决定；区分静态贸易利益与动态贸易利益；贸易条件与贸易利益获取的关系以及贸易利益获取的限制条件。

第一节 贸易条件的含义及类型

一、贸易条件的含义

所谓贸易条件，是一个国家以出口交换进口的条件，即两国进行贸易时的交换比例。

贸易条件有两种表示方法：一是用实物形态表示贸易条件，即物物交换时的交换比价。古典贸易理论讨论的相对商品价格就是这种类型；二是用价格表示贸易条件，即在商品货币经济条件下，用一国出口商品价格与进口商品价格之比表示的贸易条件。

在古典贸易纯理论的“2＋2”模型中，一国的出口即是其贸易伙伴的进口，所以互为贸易伙伴的两个国家的贸易条件互为倒数。比如，Ⅰ国出口商品 X，进口商品 Y，则Ⅰ国的贸易条件表示为 P_x/P_y，Ⅱ国出口商品 Y，进口商品 X，则Ⅱ国的贸易条件表示为 P_y/P_x，如果两国互为贸易伙伴，两国的贸易条件互为倒数。

一国贸易条件改善意味着其贸易伙伴的贸易条件恶化，而一国贸易条件恶化必定意味着其贸易伙伴的贸易条件的改善。但是，其改善与恶化的程度或比例的绝对值并不相等。比如，国家Ⅰ的贸易条件从 100 上升至 120，这意味着国家Ⅰ出口商品价格相对于进口商品价格上升了 20%。这就意味着国家Ⅱ的贸易条件将从 100 恶化到(100/120) * 100＝83。

二、贸易条件的种类

1. 商品贸易条件或净贸易条件

在多种商品的世界中，贸易条件定义为一国出口商品价格指数与该国进口商品价格指数的比值。这样的贸易条件通常被称为商品贸易条件或净贸易条件(Commodity or Net Barter Terms of Trade)。即：

$$N = (P_x / P_M)100$$

例如，如果我们把 2017 年作为基年（$N = 100$），我们发现，2018 年底国家的出口价格指数降低了 5%（为 95%），而进口价格指数增加了 10%（为 110%），则该国的商品贸易条件下降到：

$$N = (95/110)100 = 86.36$$

这意味着 2017—2018 年国家出口价格相对于进口价格降低了近 14 个百分点。

(2) 收入贸易条件。一国的收入贸易条件（Income Terms of Trade）（I）是在净贸易条件的基础上考虑贸易量变化的影响。收入贸易条件的计算公式为：

$$I = (P_x / P_M) Q_x$$

收入贸易条件反映的是一国以出口为基础的进口能力，即以这一出口收入能够换回多少进口商品。比如，如果出口量指数从 2017 年的 100 上升为 2018 年的 120，则该国的收入贸易条件为：

$$I = (95/110)120 = 0.863\,6 \times 120 = 103.63$$

这意味着 2017—2018 年，尽管净贸易条件下降了近 14%，但是由于贸易量指数上升了 20%，国家以出口收入为基础的进口量上升了 3.63%。

(3) 单项因素与双项因素贸易条件。一国的单项因素贸易条件（Single Factoral Terms of Trade）（S）的计算公式为：

$$S = (P_x / P_M) Z_x$$

这里 Z_X 是国家出口部门的生产率指数。因此单项因素贸易条件指的是每消耗一单位国内生产要素用于出口后该国从中获得的进口量。例如，如果国家出口部门的生产率从 2017 年的 100 上升到 2018 年的 130，那么该国的单项因素贸易条件为：

$$S = (95/110)130 = 0.863\,6 \times 130 = 112.27$$

这意味着与 2017 年相比，2018 年该国用于出口的一单位国内生产要素增加了 12.27% 的进口。

(4) 双项因素贸易条件。双项因素贸易条件（Double Factoral Terms of Trade）（D），其计算公式为：

$$D = (P_x / P_M)(Z_x / Z_M)100$$

这里 Z_M 是国家进口生产率指数，D 测度的是国外用于本国进口的以单位生产要素可交换多少单位国内用于出口的生产要素。例如，如果从 2017 年的 100 上升到 2018 年的 105，则 D 值为：

$$D = (95/110)(130/105)100 = 0.863\,6 \times 1.238\,1 \times 100 = 106.92$$

以上定义的四种贸易条件中，收入贸易条件和单项因素贸易条件对发展中国家意义最大。正如上面的分析情况，即使发展中国家商品贸易条件下降，收入贸易条件和单项因素贸易条件也有可能上升；另一方面，发展中国家最不希望看到的是商品贸易条件、收入贸易条件和单项因素贸易条件三项指标同时下降，这将导致“不幸的经济增长”。

第二节　相互需求说与贸易条件的决定

一、约翰·穆勒的相互需求说

无论是斯密的绝对利益理论还是李嘉图的比较利益理论，都是基于假设的商品交换比价讨论互利贸易是如何发生的情形，两个理论都没有正面回答确保贸易双方同时获利的国际交换比价(Exchange Rate)或贸易条件(Terms of Trade)究竟如何确定，总体贸易利益在贸易双方之间究竟如何分割的问题。直到约翰·斯图亚特·穆勒(John Stuart Mill)(1806—1873)提出“相互需求原理”(Principle of Reciprocal Demand)，这样一个重要的理论与实践问题才有了较为明确的回答。相互需求说是在Ricardo比较成本说的基础上补充和发展而形成的。穆勒的“国际交换条件”决定“国际价值”的学说被英国资产阶级学术界认为是一项重大的贡献。

(一) 相互需求说的主要内容

1. 比较成本决定贸易条件的上下限

穆勒认为，贸易条件的上下限(即国际商品交换比价的范围)是在贸易前两个国家国内交换比价之间浮动。

2. 相互需求状况决定具体的贸易条件

穆勒认为，贸易条件及其变动是由相互需求对方产品的强度决定的。在国际间商品交换比例上下限的范围内，对对方产品的需求相对强烈的国家，它的产品交换对方产品的能力就要降低，贸易条件就对它不利。相反，对对方产品的需求相对较弱的国家，它的产品交换对方产品的能力就会提升，贸易条件就对它有利。

3. 相互需求强度决定贸易利益的分割

国际贸易能给参加国带来利益，总利益的大小决定于两国国内交换比例范围的大小。在双方分配贸易利益时，国际间商品交换的比例越接近于本国国内交换的比例，对本国越不利，该国从贸易中分得的贸易利益就越少。相反，国际间商品交换的比例越远离于本国国内交换的比例，对本国越有利，该国从贸易中分得的贸易利益就越多。简而言之，贸易双方之间的相对需求强度决定着国际贸易条件的最终水平，进而决定了国际贸易总利益在交易双方间的分割。

(二) 提供曲线与贸易条件均衡

英国经济学家阿尔弗雷德·马歇尔(Alfred Marshall)用几何图解方法精确地描述了两国就两种商品进行贸易时交换比例的确定及其变化趋势。

1. 提供曲线的含义及其性质

提供曲线(Offer Curve)也称相互需求曲线(Reciprocal Demand Curve),它表示一国想交换的进口商品数量与所愿意出口的本国商品数量之间的函数关系,是在不同的贸易条件水平下一国所愿出口的本国产品的数量之轨迹。它表明一国的进出口意向随着商品相对价格(交易条件)的变化而变化的。

根据相互需求理论的结论,国际间商品交换的比例越远离于本国国内交换的比例,对本国越有利,该国从贸易中分得的贸易利益就越多。故,一国提供曲线的形状总是向远离本国国内交换比价线的方向弯曲(如图 4-2)。

2. 提供曲线表示的贸易条件的均衡

(1) 互利贸易条件的范围

同样在“2+2”模型中,横轴和纵轴分别表示两个国家生产的 X 和 Y 两种产品,从原点发出的斜率为 1∶2 和 1∶1/2 的两条射线分别表示Ⅰ国和Ⅱ国贸易前的国内交换比价,则互利贸易的国际交换比价必定在 1∶2 与 1∶1/2 之间。如果国际交换比价大于Ⅰ国国内的交换比价 1∶2,则对Ⅰ国不利,Ⅰ国要用较多的 Y 产品交换Ⅱ国的 X 产品,则Ⅰ国不愿意进行贸易。如图 4-1 所示,国内交换比价线与 Y 轴之间的区域为Ⅰ国不参加贸易区。如果国际交换比价小于Ⅱ国国内的交换比价 1∶1/2,则对Ⅱ国不利,Ⅱ国要用较多的 X 产品交换Ⅰ国的 Y 产品,则Ⅱ国不愿意进行贸易,故国内交换比价线与 X 轴之间的区域为Ⅱ国不参加贸易区。

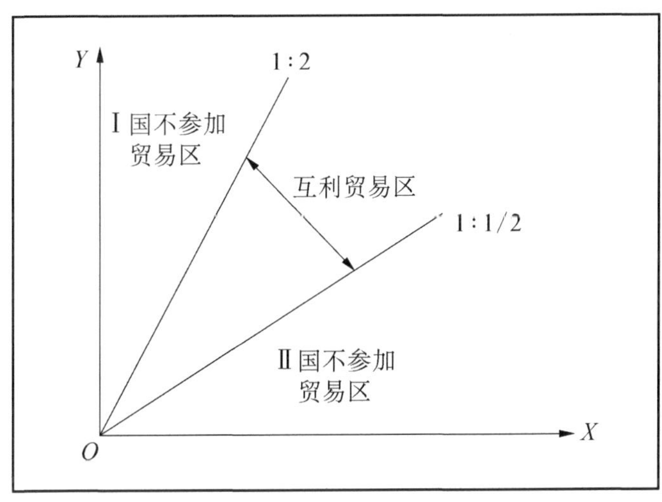

图 4-1　互利贸易条件的范围

（2）相互需求均衡决定贸易条件

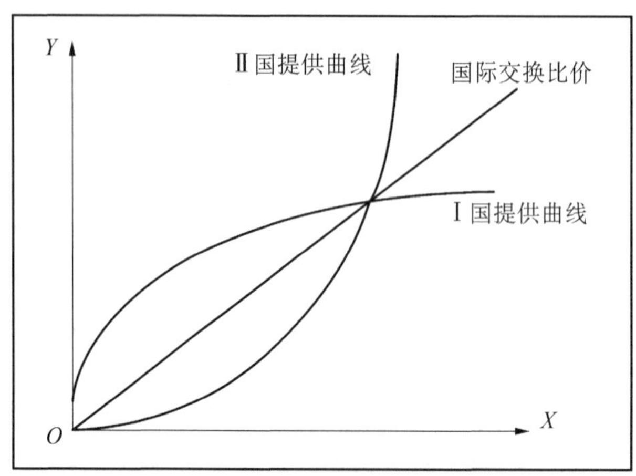

图 4－2　提供曲线决定均衡的贸易条件

在互利贸易区域范围内，当两国提供曲线相交时，表明两国贸易实现了均衡。当贸易实现均衡时，两国提供曲线的交点与原点连线的斜率便是国际交换比价。也就是说，相互需求均衡决定贸易条件。

第三节　贸易利益的含义

一、贸易利益的源泉

（一）贸易利益主要来自专业化分工生产

各国按照比较优势进行专业化分工生产，放弃自己相对劣势的产品生产。这样趋利避害的分工，使该国资源得到优化的配置，提升了资源使用效率，增加总产出水平。总产量的增加用以衡量一国得自于贸易总利益的提高。

（二）贸易利益的获得以国际贸易（交换）为条件

按比较优势进行分工提高了总利益，这是互利贸易发生的必要条件，然而，双方贸易利益的获取必须通过国际交换实现。正如相互需求说的分析表明，如果国际交换比价是在两国贸易前的国内交换比价之间，这样的国际交换能使贸易双方同时获利。

二、贸易利益的种类

各国参与国际贸易，是因为开展贸易能增进双方的利益。这种利益大致可以分为两类：

一是静态利益；二是动态利益。

(一) 静态利益

所谓静态利益，是指开展贸易后，贸易双方所获得的直接经济利益，它表现为贸易总量不断增加以及在生产技术没有改进条件下，通过国际分工而实现的实际福利的增长。古典贸易理论所解释的“贸易的基础”“贸易所得”及“贸易形式”，都是基于静态贸易利益基础上的讨论。

(一) 动态利益

所谓动态利益，是指开展贸易后，对贸易双方的经济和社会发展所产生的间接的积极影响。国际贸易的静态利益偏重于一国通过贸易所获得的消费福利（当然，这种利益与分工后生产力的提高有关）；而国际贸易的动态利益则注重于开展贸易后对生产的刺激作用以及对社会生活其他方面的积极影响。

动态贸易利益主要表现为：第一，开展国际贸易，必然使市场竞争机制充分发挥作用，从而刺激企业素质的提高，增强企业的国际竞争力；第二，开展国际贸易有利于开拓新的市场，促进经济增长；第三，开展国际贸易，必然激发企业的创新机制，推动技术进步；第四，开展国际贸易，能加速资金积累；第五，开展国际贸易，有利于促进一国经济结构的变动；第六，开展国际贸易，必然带来人员的交流、文化的传播和思想的交换，从而对一国的政治、文化和社会进步产生积极的影响。

第四节　贸易条件变动与贸易利益获取

一、贸易条件变动与贸易利益获取的关系

在其他条件不变的情况下，一国贸易条件的上升或改善被视为对该国有利，因为该国收到的出口商品价格比支付的进口商品价格高；反之，一国贸易条件的下降或恶化被视为对该国不利。事实上，随着供给与需求的不断变化，贸易规模和贸易条件也会发生变化。因此，一国得自于贸易的利益是由贸易条件和贸易量两个变量同时影响的结果。

即使一国的贸易条件提高了，我们也不能因此判定该国的贸易状况有所好转，国家Ⅱ的贸易状况有所恶化。因为贸易条件的变化是对该国和其他国家的多种影响因素作用的结果，我们不能单凭一国贸易条件的变化来确定这些力量对该国福利的净影响。

二、贸易利益获取的限制条件

国际贸易利益的存在并不意味着一国可以无条件地获得或平等地分享它。现实生活中，国际贸易利益能否实现、实现多少，往往受许多条件的限制。

国际贸易利益的获取主要受以下条件的限制：第一，一国的经济主体能否对国际贸易作出合理的行为反映，并采取合理的行动；第二，一国是否具备必要的市场经济发展条件；第三，一国能否承担由国际贸易所引起的国内产业结构调整的经济和政治成本(即产业结构转变的时间和代价)；第四，一国能否处理好贸易引起的收入分配格局的变化对国内经济平衡增长、社会稳定带来的影响；第五，外贸政策直接影响着国际分工与国际贸易格局，进而影响着一国贸易利益的获得；第六，一国的文化传统、价值标准(民族精神)也影响一国获得或分享贸易利益的程度。

本章核心概念

贸易条件　　净贸易条件(商品贸易条件)　　收入贸易条件
单项(双项)因素贸易条件　　相互需求　　提供曲线
静态贸易利益　　动态贸易利益

复习思考题

1. 贸易条件是如何衡量的？两个贸易伙伴国的贸易条件之间有什么关系？
2. 简述相互需求说的主要内容。
3. 什么是提供曲线？提供曲线是如何确定贸易发生时的相对均衡价格的？
4. 贸易条件的改善意味着什么？其对该国福利有何影响？
5. 假设在某一时间内一国的贸易条件由100增长到110，
   (1) 该国贸易伙伴国的贸易条件恶化了多少？
   (2) 在什么情况下才能说贸易伙伴国在这个变化中贸易状况也发生了恶化？能否认为贸易伙伴国的社会福利一定降低了吗？
6. 一国试图通过净贸易条件的恶化增加贸易量，提高外汇收入，改善国际收支。试评述这样的贸易发展战略实施的前提条件和影响。

贸易政策篇

第五章

国际贸易政策概述

本章主要内容

国际贸易政策的含义与类型；梳理国际贸易政策的历史演变；国际贸易政策制定的依据；当代发达国家的国际贸易政策；当代发展中国家的国际贸易政策

第一节　贸易政策的含义与类型

一、国际贸易政策的含义

贸易政策的内涵包括国家对贸易活动的干预，即国家在贸易部门内的政策，如关税、出口补贴、数量限制等，还包括贸易商品或服务在生产过程中政府所施加的各种影响，如生产补贴等。所以，考察一国的贸易政策不能仅仅局限于贸易部门，还必须延伸至贸易商品或服务的生产领域。总结而言，国际贸易政策是指一国（或地区）在商品和服务的生产和对外贸易活动中所施加的各种影响措施，是一国经济政策的重要组成部分。

国际贸易政策从内容构成上主要包括以下方面：

首先是各国（地区）对外贸易总政策，它是各国（地区）从整个国民经济出发，根据本国（地区）国民经济的整体状况及发展战略，结合本国（地区）在世界经济格局中所处的地位而制定、在较长时期内实行的政策。它是各国（地区）发展对外经济关系的基本政策，是整个对外贸易政策的立足点。

其次是进出口商品政策，它是各国（地区）在本国（地区）对外贸易总政策的基础上，根据经济结构和国内外市场的供求状况而制定的政策。其基本原则是对不同的进出口商品实行不同的待遇。主要体现在关税的税率、计税价格和课税手续等方面的差异。

最后是国别政策，它是各国（地区）根据对外贸易总政策，依据对外政治经济关系的需要而制定的国别和地区政策。它在不违反国际规范的前提下，对不同国家采取不同的外贸政策和措施。对不同国家规定差别关税税率和差别优惠待遇是各国（地区）政策的基本做法。

一国（地区）对外贸易政策的具体内容一般包括关税制度和政策、非关税壁垒的种类和做法、鼓励出口的体制和手段、管制出口的政策和手段以及参与国际经济一体化的战略和政策等。这些范围内的有关体制、政策和基本做法都反映着上述三方面的含义，构成了国际贸易政策的基本内容。

二、国际贸易政策的类型

按照贸易政策的性质，可将其分为三大类：自由贸易政策、保护贸易政策和公平贸易政策。

（一）自由贸易政策

自由贸易政策是指国家不干预贸易商品和服务的生产和贸易活动，使其在国内外市场上自由流动。

按照自由程度的不同，自由贸易政策可分为两种：完全自由贸易政策和自由性贸易政策。完全自由贸易政策是指国家对贸易商品和服务的生产和贸易活动不采取任何干预措施，允许其完全自由竞争。1860 年至 20 世纪初的英国和现代的中国香港的贸易政策比较接近于完全自由贸易政策。自由性贸易政策即相对自由贸易政策，它是指国家基本上不干预贸易商品和服务的生产和贸易活动。自由性贸易政策并不排除国家对个别商品或服务贸易的一定程度的干预和保护，但其贸易政策在总体上是自由性的。

在现代经济中，只存在自由性贸易政策。世界贸易组织体制建立以后，只要一国的贸易政策遵循多边贸易规则的要求，贸易自由化程度不低于同类经济发展水平国家的平均水平，就可以视为自由性贸易政策或者自由贸易政策。

（二）保护贸易政策

保护贸易政策是指国家采取多种措施干预贸易商品的生产和贸易活动，以达到限制进口，鼓励出口或者限制出口的目的。

按照作用方向的不同，保护贸易政策可分为三种：进口保护政策、出口鼓励政策和出口限制政策。按照干预手段的不同又可以将进口保护政策分为关税壁垒和非关税壁垒。出口鼓励政策包括补贴和倾销等。补贴又具体可以分为出口补贴和生产补贴。出口限制政策是指一国对个别重要或紧缺产品的出口采取的限制措施，如落后国家对大宗资源性产品的出口征收出口税、发达国家对某些战略性产品的出口采取许可证管理等。

（三）公平贸易政策

有一种贸易政策具有两面性，难以单纯地视为自由贸易政策或者保护贸易政策，这种贸易政策就是公平贸易政策。

公平贸易政策的含义有广义和狭义之分。广义的公平贸易政策是指世界各国在国际贸易活动中共同遵守有关的国际规则，相互提供对等的、互惠的贸易待遇。狭义的公平贸易政策是指一国或地区利用贸易手段来反对他国的不公平贸易行为，主要包括反倾销政策和反补贴政策。按照依据的标准不同，公平贸易政策可以分为两种：基于国际规则的公平贸易政策和基于单边规则的公平贸易政策。前者依据的是多边贸易规则，具有自由贸易的性质。后者则依据的是本国的标准，往往导致公平贸易政策的滥用，属于保护贸易的范畴。

三、影响贸易政策制定的因素

国际贸易政策属于上层建筑，它既反映了经济基础和当权阶级的利益要求，同时又反过来维护和促进经济基础的发展。各国在制定贸易政策的过程中，一般取决于下列因素的综合作用：

(一) 经济发展水平和产品竞争能力

一般来说，经济发达、生产力水平高、商品竞争能力强的国家倾向于实行自由贸易政策，以期在国际市场的自由竞争中获得更大的经济利益；反之，经济落后、生产力水平低、产品竞争能力弱的国家基本上都拥护或实行保护贸易政策，以免在国际市场上遭受更大的损失。

(二) 经济结构与产业结构

如果一国经济结构和产业结构已高度现代化，一般推行自由贸易政策，来获得更多外部市场；反之，如果一国传统产业占主导地位，现代工业尚未得到发展，往往实行保护贸易政策，以保护和促进幼稚产业的发展。

(三) 经济发展战略

如果一国实行外向型经济发展战略，就会推行比较开放和自由的贸易政策，参与世界范围内的竞争和合作；反之，如果一国实行内向型经济发展战略，往往会采取保护贸易政策，以保护本国产业的成长。

(四) 国内经济状况

当一国经济发展滞缓或出现经济萧条，产品竞争力下降，外贸逆差扩大，国际收支失衡，失业增加，该国一般会实行贸易保护主义政策；反之，如果一国国内经济发展势头良好，繁荣兴旺，产品竞争能力上升，其外贸政策中的自由主义成分就会增加。

(五) 不同利益集团的力量对比

不同的贸易政策对本国不同的利益集团会产生不同的利益影响。一般来说，同进口商品发生竞争的行业及其组织，主张实行贸易保护政策；而面向出口的行业和组织则主张推行自由贸易政策。不同利益集团的力量对比，会影响政府的政策取向。

第二节　国际贸易政策的历史演变

在不同时期，一国的贸易政策随着世界政治、经济和国际关系的变化，以及该国产品在国际市场上竞争能力的变化而变化。同一时期，不同的国家实行的贸易政策也有所不同。

一、资本主义生产方式准备时期的国际贸易政策

16 世纪到 18 世纪，封建社会内部产生了资本主义生产关系，西方国家受重商主义理论的影响，实行了强制性的保护贸易政策，即采取种种措施管制货币的流出，具体表现为垄断对外贸易、奖励出口、限制进口。

二、资本主义自由竞争时期的国际贸易政策

18 世纪中叶至 19 世纪末，资本主义生产方式占据统治地位，产业革命在世界范围内的推进使得世界市场上商品的供应大大增加，世界经济进入商品资本国际化阶段。这一时期的国际贸易政策的基调是以比较利益理论为依据的自由贸易政策，例如英国对进出口贸易不设立任何障碍，采取开放性的自由贸易政策，让商品在世界市场上自由竞争；但由于各国工业发展水平不同，一些经济起步较晚的国家如德国，采取了以保护幼稚工业为核心的保护贸易政策。

三、垄断资本主义时期的国际贸易政策

19 世纪末到第二次世界大战，这一时期，垄断代替了自由竞争，成为一切经济生活的基础，垄断资本占统治地位。垄断资本不仅垄断生产领域，而且垄断流通领域，不仅垄断国内市场，而且垄断国际市场。垄断统治的加强，使帝国主义国家的对外贸易政策发生了重大变化，即由自由贸易政策和保护贸易政策过渡到侵略性的超保护贸易政策。超保护贸易政策一方面用高关税壁垒限制他国商品输入；另一方面则以低价倾销，打垮竞争对手，占领国外市场。超保护贸易政策与自由竞争时期的保护贸易政策有以下区别：一，它不是保护国内幼稚工业，以增强其竞争能力，而是保护高度发达的工业以加强其在国外市场的垄断地位；二，它不是消极地防御外国商品侵入国内市场，而是加紧侵略扩张占领国外市场；三，它不是保护一般资产阶级，而是保护大垄断资产阶级。

四、20 世纪 70 年代后的新贸易保护主义

第二次世界大战后，发达资本主义国家的对外贸易政策发生了新变化，即出现了贸易自由化、新贸易保护主义和管理贸易倾向。

(一) 新贸易保护主义兴起的原因

(1) 经济出现滞胀。20 世纪 70 年代西方国家经历了两次石油危机的冲击，经济陷入了滞胀的困境，80 年代经济仍是低速增长，失业率较高。面对持续低迷的经济形势，发达国家纷纷选择贸易保护主义，构筑关税、非关税壁垒，以求缓解自身矛盾。

(2) 美国经济地位相对衰落，贸易逆差增加。为了减少逆差，美国一方面迫使日本等国

开放市场;另一方面加强对进口的限制。美国成为新贸易保护主义的重要发源地。

(3) 布雷顿森林体系的崩溃。由于固定汇率制度被浮动汇率制度所替代使汇率波动加剧,增加了交易成本,激化了价格竞争,汇率的过高过低均易产生贸易保护主义的压力。

(4) 各国存在国内政治势力的压力。高失业率、工会强大的地位、党派斗争和维持政府形象的目的使贸易政策趋向保护。比如,美国贸易保护主义的最大压力来自纺织工业部门。

(5) 贸易政策的相互影响。实施贸易保护措施的国家,反过来遭到其他国家的报复,贸易保护主义愈演愈烈。

(二) 新贸易保护主义的特点

(1) 被保护的商品不断增加。被保护的商品从传统产品、农产品转向高级工业品。1977年欧洲经济共同体对钢铁进口实行限制。进入20世纪80年代,美国对日本汽车实行进口限制,迫使日本实行"自愿"出口限额。此外,高级技术产品如数控机床、半导体等也被纳入保护范围。劳务输出的保护主义色彩有所加强,如规定签证申请、投资条例、限制收入汇回等。

(2) 限制进口的重点从关税壁垒进一步转向非关税壁垒。非关税壁垒的种类显著增加,20世纪60年代末70年代初非关税壁垒措施由850多种增加到1 000多种。

(3) 利用反补贴、反倾销来保护本国市场。近年来,征收反补贴、反倾销税的行动有增无减。

(4) 管理贸易日益合法化、系统化。管理贸易是以国内贸易法规、法令和国际贸易条约与协定来约束贸易行为的贸易制度。管理贸易可分为国家管理贸易和国际管理贸易两种形式。国家管理贸易是一国政府针对本国对外贸易情况,通过新建或改组对外贸易行政机构,颁布和执行贸易法规条例来直接干预本国对外贸易,加强对外贸易管理。国际管理贸易是指几个国家之间通过建立和完善国际经济组织和签订多边国际经济和贸易条约与协定,协调彼此之间的国际经济贸易关系,共同遵循达成的国际经济贸易法律准则,在一定程度上加强国际贸易管理。

20世纪80年代以来,管理贸易进一步加强,主要表现在:第一,合法化。许多发达国家重新修订和补充原有的贸易法规,使对外贸易管理更加有法可依。例如,美国国会1988年通过的《综合贸易法》,使美国政府对外贸的调节和管理更加合法化。第二,系统化。各种对外贸易制度和法规,如海关制度、商检制度、进口配额制、进口许可证制、出口管制、反倾销法等,制定得更为详细、系统、具体,并与国内法进一步结合,以便达成各种管理制度和管理部门间更好的配合与协调,强化管理。

(5) 奖出限入的重点从限制进口转向鼓励出口。由于发达国家之间贸易战日益加剧,仅靠贸易壁垒往往难以实现目的,还会遭到其他国家的谴责和报复。因此,发达国家把奖出限入的重点从限制进口转向鼓励出口,从财政、信贷、精神鼓励等方面推动出口,实现增长。

(三) 新贸易保护主义对国际贸易的影响

(1) 保护程度不断提高。输往发达国家的制成品中受限制商品的比例加大。

(2) 保护措施扭曲了贸易流向。实行数量限制,削弱了贸易的市场性和自由选择的特性,人为规定了进口的地理方向。在数量规定之下的竞争往往使资源得不到优化配置,不能实现效益最大化。

(3) 贸易限制促成价格上涨。数量限制的歧视性使得成本最低、最具竞争力的国家或地区承受最大的压力。进口国内厂商受到价格保护而维持高成本的状况,使得价格水平居高不下。限制越严,持续时间越长,价格上涨压力越大。

(4) 进口限制并未能有效地维持就业。受保护的往往是缺乏竞争力的部门,进口限制不能改变其效率低下的根本特点,实现这些部门增长的最根本的途径是竞争压力下的改造与优化。保护缓解了压力,削弱了为生存而竞争的动机,不利于真正解决对这些产业的发展和就业问题。歧视性的限制使贸易转向,结果只能从成本更高的国家和地区进口商品。这种规定除了人为维持高价外,对就业问题没有真正的帮助。

(5) 新贸易保护主义不仅使发达国家在诸多负面影响下付出了巨大代价,而且也加重了发展中国家的债务负担。

第三节 保护贸易政策的理论依据

一、重商主义贸易思想

17 世纪、18 世纪,在英国、西班牙、法国、葡萄牙及荷兰等国,一批商人、银行家、政府官员甚至哲学家推崇一种被称为重商主义(Mercantilism)的经济哲学。重商主义大体上经历了两个阶段。早期重商主义以约翰·海尔斯(John Hales)和威廉·斯塔福德(William Stafford)为主要代表,要求商品输出大于商品输入,确保金银的流入。一国富裕程度取决于其拥有金银量的多少,他们的主张被称为"货币差额论"。晚期重商主义主要代表人物是托马斯·孟(Thomas Mun)。晚期重商主义最大的进步就在于他们已经看到了原料贸易与成品贸易之间巨大的利润差额,明白了"拥有货物的人不缺钱花"的道理,不单纯追求每一笔贸易顺差,而是努力把国家的剩余货物以制成品形式推销给外国人,以换取黄金和白银。故晚期重商主义信奉"贸易差额论"。总而言之,重商主义者们认为使国家富强的方法应当是政府努力促进贸易顺差,因为出口大于进口的出超能使金银等贵金属流入国内。其主要观点归纳如下:

第一,重商主义的财富观。处在金本位时期的重商主义者把金银等贵金属与财富画上了等号,在他们眼中,金银等贵金属就是一国财富的象征,一个国家拥有越多的金银等贵金属,就越富有,越强大。

第二,重商主义的贸易观。基于重商主义者们对财富的认识,相应产生了他们对贸易的认识。他们认为,出口伴随着金银的流入,进口必然是金银的流出,因此,只有出口大于进口的净顺差,才能保证金银的净流入。

第三,重商主义的政策观。为了货币或财富的增加,政府应当竭尽所能鼓励出口、限制进口。因此,重商主义者们提倡保护贸易的思想,鼓吹经济国家主义。

第四,重商主义的利益观。每个国家为了自身财富的增加和国家富强,都想追求出超,促使金银的净流入。然而，所有贸易国同时出超是不可能的，而且任意时点上金银总量是固定的，一个国家的获利（顺差或贵金属流入）总是伴随着贸易对手的损失（逆差或贵金属流出），因而，贸易最终是零和博弈。

值得注意的是，重商主义者把财富和货币画上了等号，他们用国家拥有的贵金属多少衡量国家财富的大小，基于他们对财富的认识，相继产生了他们对贸易的认识。当今，我们是以能够为社会生产产品、提供服务的自然资源以及人力的、人造的社会资源的多少来衡量国家财富的多寡。

重商主义主张政府严格控制经济活动，鼓吹经济国家主义，认为国与国之间的利益是冲突的，贸易是一种零和博弈的思想在当今看来是片面的，但是重商主义者关于贸易的观点至少在两种意义上是重要的。第一，对形成资本主义的原始积累有一定的进步意义；第二，有利于我们更好地理解亚当·斯密和大卫·李嘉图及其他古典经济学家反对政府干预贸易，主张自由贸易的思想；第三，当今高失业率的影响，许多国家试图通过限制进口来刺激国内生产和就业，有观点认为新重商主义有卷土重来的势头。事实上，除了1815—1914年的英国，没有一个西方国家曾彻底摆脱过重商主义的思想（多米尼克·萨尔瓦多，2001）。

二、李斯特的幼稚产业保护论

当产业革命在英、法两国深入发展时，欧洲、北美其他国家的经济还不发达，资本主义工业还处于萌芽状态或正在成长时期。这些国家的资产阶级要求保护工业，于是形成了与自由贸易论相对立的保护贸易理论。

李斯特的保护幼稚工业理论是保护贸易理论中最具影响力的理论。弗里德里希·李斯特（F·List，1789—1846）是德国历史学派的先驱，曾经提倡自由贸易，但美国保护贸易政策的成功经验使他转而崇尚贸易保护主义。1841年，他出版《政治经济学的国民体系》一书，系统地阐述了保护幼稚工业学说，提出了保护贸易论。

（一）李斯特对古典自由贸易理论的批评

1. 比较成本理论不利于德国生产力的发展

廉价购买外国商品会使德国工业得不到发展而长期处于落后状态。保护关税政策虽然抬高工业品的价格，但一段时期内德国工业的生产力提高，将使生产费用降低，价格下降。

2. 古典自由贸易理论忽视各国历史和经济的特点

自由贸易能使各国按地域条件和比较成本形成和谐的国际分工的论点，忽略了各国经济发展和历史的特点，是一种以“将来才能出现的事物”为出发点的思路。国民经济的发展分为五个阶段：原始未开化时期、畜牧业时期、农业时期、农工业时期、农工商业时期。处于农业阶段的国家实行自由贸易政策可以促进本国农业发展，培育工业化基础。工业化已有一些发展但仍处于农工业阶段的国家，本国产品未能发展到与外国产品相竞争的程度，故必须实行保护关税制度，促进其发展。农工商阶段的国家工业发展已比较成熟，应实行自由贸易政策，通过自由贸易使国内产业进一步扩张。德国与美国处于第四阶段，应该实行贸易保护政策，促进工业化，对抗处于农工商业阶段的英国的竞争。

3. 主张国家干预对外贸易

某些工业品可以禁止输入或者以高税率全部或部分地禁止输入，同时对专门技术和复杂机器应予免税或只征轻微关税。国家应该把贸易平衡当作干预的重要内容，因为长期逆差会使汇兑关系失调，贵金属外流，本国银行信用破产，商品价格波动，给国民经济造成不良影响。

（二）对保护的目的、对象、时间和手段作了限定

李斯特认为，保护政策的目的是促进生产力发展，保护是为了最终无须保护，保护本身不是目的，而只是手段。因此，在保护对象的选择上是有条件的。工商业的发展能够促进人民身心与才能的发展，而偏重农业则囿于守旧，缺乏文化福利与自由。因此，他提出农业不需保护，那些刚从农业阶段跃进、离工业成熟期尚远的国家，才适宜于保护；工业发展处于幼稚阶段，但没有强有力竞争者时也不需保护；对于刚刚开始发展且有强有力外国竞争者的幼稚工业才需要保护。保护应有期限要求，保护的时间最长为 30 年，在此期限内仍不能成长的应予取消保护，任其自然生灭。保护幼稚工业应采用禁止输入与高关税等手段，用免税或征轻微的进口税来鼓励复杂机器的进口。

李斯特保护贸易理论对于德国工业化的发展起到了积极的作用，有利于资产阶级反对封建主义的斗争。他主张保护贸易的同时承认自由贸易的利益，认为最后目的还在于自由贸易，这种主张对不发达国家来说，具有借鉴价值。由于对生产力概念分析不正确以及经济发展阶段划分不恰当，李斯特理论也存在着一些缺陷。

三、凯恩斯的新重商主义理论与对外贸易乘数理论

在第一次世界大战与第二次世界大战期间超保护贸易政策盛行。这一阶段，垄断代替了自由竞争，对市场的争夺更加激烈。1929—1933 年，资本主义世界发生了空前的经济危机，许多国家纷纷提高关税，实行外汇管制、数量限制，同时积极干预外贸，鼓励出口，保护主义盛行。

与一次大战前的贸易保护主义相比，超保护贸易政策保护的对象扩大了，不仅保护幼稚工业，而且保护国内高度发展或出现衰弱的垄断工业。保护的目的不再是培养自由竞争能力，而是巩固和加强对国内外市场的垄断；保护从防御性的限制进口转入在国内外市场进行进攻性的扩张；保护利益集团从工业资产阶级转向大垄断资产阶级。保护时不仅运用关税措施，还实行其他的奖出限入措施。另外，金本位制瓦解，主要资本主义国家组成排他性的货币集团，世界市场四分五裂且壁垒森严。

超保护贸易政策最主要的理论依据是凯恩斯的新重商主义理论。

（一）凯恩斯对古典派自由贸易理论的批评

凯恩斯(J・ M・Keynes，1883—1946)，英国经济学家，代表作是 1936 年出版的《就业利息货币通论》。凯恩斯理论中关于国际贸易方面的论述为超保护贸易主义提供了理论基础。

1929—1933年大危机前，凯恩斯是自由贸易论者。大危机后，他转而推崇重商主义，认为保护贸易能够促进经济繁荣，扩大就业。他认为传统的贸易理论不适用于现代社会，古典派自由贸易理论的假设是国内充分就业，同时贸易平衡会通过贵金属的移动和物价的改变自动恢复，不需人为干预。凯恩斯主义认为，30年代大危机使得“充分就业”的理论前提不再存在，“国际收支自动调节说”又忽略了过程，即顺差增加国民收入、扩大就业而逆差减少国民收入、加重失业的现实影响。因此，他主张实现贸易顺差，反对贸易逆差。

（二）对外贸易乘数理论

在凯恩斯投资乘数理论基础上，凯恩斯的追随者提出了对外贸易乘数理论（Foreign Trade Multiplier）。所谓乘数即倍数，是指当投资或消费增加一定量时，引致的投资与收入的倍数增长。其原因是人们总是把收入的一部分用于消费，而消费使另一部分人获得收入，获得收入的那部分人再把收入的一部分用于消费……如此循环，直至收入增量为零。这一过程中投资、消费、储蓄、国民收入都得到了增长，经济扩张、就业增加。乘数的计算公式为：

$$K = 1/(1 - \triangle C/\triangle Y)$$

其中，K 为乘数，$\triangle C$ 为消费增量，$\triangle Y$ 为收入增量。

贸易顺差同样具有乘数效应。出口增加导致收入增加，收入增加又引致消费增加，投资会因此而扩张，投资乘数效应发生作用，最终引起国民收入的倍数扩张。

对外贸易乘数效应形成的收入增量为 $\triangle Y = [\triangle I + (\triangle X - \triangle M)] \cdot K$ ，其中 K 为乘数，$\triangle I$ 为投资增量，$\triangle X$ 为出口增量，$\triangle M$ 为进口增量。因此，$\triangle I$ 与 K 一定时，贸易顺差越大，$\triangle Y$ 越大；若是逆差，逆差越大，$\triangle Y$ 越小。所以，增加出口、减少进口的超保护贸易政策，有利于收入增加、经济增长。

对外贸易乘数理论旨在通过奖出限入的保护贸易政策来解决危机与就业问题，但是，危机和就业是资本主义制度造成的，仅仅通过贸易顺差不可能从根本上解决。通过扩大出口实现收入增加须在一定条件下进行，在国内充分就业时扩大出口，必须相应地增加进口，否则会出现过度需求导致的通货膨胀。另外，世界总进口值的增加是对外贸易乘数发生作用的条件，只有总进口值增加了，一国才能连续扩大出口，并通过出口来增加本国国民收入和国内就业。否则，为追求贸易顺差而不加节制地实行奖出限入政策，会导致关税和非关税壁垒盛行，贸易障碍增加，引发贸易战，从而阻碍整个国际贸易的发展。

第四节　发达国家的贸易政策

一、二战后到20世纪70年代中期的贸易自由化倾向

第二次世界大战后到20世纪70年代初，世界政治经济力量发生了变化，美国的实力提高，其实行的膨胀经济政策使其需要打破当时流行于发达国家的高关税政策，西欧和日本为

了第二次世界大战后经济的恢复和发展，也倾向于放松贸易壁垒，以扩大出口。此外，生产和资本的国际化推动跨国公司迅速兴起，更加需要自由贸易环境来推动商品和资本的流动。于是，这一时期发达资本主义国家的国际贸易政策先后出现了自由化倾向。具体表现为大幅度削减关税，降低或撤销非关税壁垒。例如，当时的关贸总协定缔约方的平均进口税率下降到5%左右；在非关税减让方面，发达国家不同程度地放宽了进口数量限制，或者放宽、取消外汇管制，促进了贸易自由化的发展。

第二次世界大战后出现的贸易自由化倾向是在国家垄断资本主义日益加强的条件下发展起来的，主要反映了垄断资本的利益要求，它在一定程度上和保护贸易政策相结合，是一种有选择的贸易自由化。在实践中渐渐形成了如下的趋势：工业制成品的贸易自由化程度超过农产品；机器设备的贸易自由化程度超过工业消费品；区域性经济集团内部的自由化程度超过集团外部；发达国家的贸易自由化程度超过发展中国家。这种不平衡的发展导致了贸易自由化倾向的不稳定性，尤其当本国经济利益受到威胁时，保护贸易倾向必然重新抬头。

二、20世纪70年代中期以来的新贸易保护主义浪潮

20世纪70年代中期，资本主义国家经历了两次经济危机，经济衰退，失业压力巨大，市场问题严重。此外，由于工业国家发展的不平衡，美国贸易逆差日益巨大，其主要工业产品如钢铁、汽车、电器等不仅受到来自西欧、日本等国家的激烈竞争，甚至面临一些新兴工业化国家及其他出口国的竞争威胁，在这种背景下，美国成为新贸易保护主义的重要发源地，率先加强对进口的限制，同时迫使拥有巨额贸易顺差的国家开放市场。这些保护主义贸易措施引起了其他发达国家纷纷效仿，致使新贸易保护主义蔓延扩张。

新贸易保护主义有如下特点：第一，间接贸易限制逐步取代了关税壁垒和直接贸易限制，例如，利用WTO的免责条款，滥用反补贴、反倾销等手段来削弱新兴工业化国家及其他出口国在劳动密集型产品上的优势；第二，贸易政策措施日趋制度化、系统化、综合化，例如，发达国家越来越把贸易领域的问题与其他经济领域甚至是非经济领域的问题联系起来；第三，贸易政策的重点从限制进口转向鼓励出口；第四，从国家贸易壁垒转向区域性贸易壁垒。

三、发达国家贸易政策的发展趋势

进入20世纪90年代以后，西方发达国家逐渐走出经济低谷，其贸易政策呈现出一些新的特点和趋势。

(一) 管理贸易日益成为贸易政策的主导

美国先后于1974年、1978年和1988年制定了综合贸易法案，开始了其从自由贸易政策向管理贸易政策的转变。在美国的示范和推动下，“管理贸易”已逐渐成为西方发达国家基本的对外贸易制度。各国政府更加强调政府积极介入外贸的作用。由于贸易结构的不断升级，管理贸易所包括的商品种类逐渐增多，20世纪90年代以后，管理的商品不仅包括劳动密集型产品和农产品，而且包括劳务产品、高科技产品和知识产品等。

(二) 对外贸易政策与对外关系相结合的趋势加强

各国把对外贸易看成是处理国家关系越来越重要的手段,美国是这方面的典型代表。自克林顿政府执政后,很快把对外贸易提到“美国安全的首要因素”的高度,并通过调整贸易政策的方式来调节对外关系。可以肯定,西方国家未来的贸易政策势必与其他经济政策和非经济领域的政策进行更大程度的融合,向着综合性方向发展。

(三) “公平贸易”“互惠主义”将代替发达国家的“自由贸易”和“多边主义”

第二次世界大战结束以来,以自由贸易为主旨的《关贸总协定》一直主宰着世界贸易体制。尽管期间各国贸易摩擦不断,但还是以自由贸易为主要原则。近年来,西方发达国家一方面反对贸易保护主义;另一方面又强调贸易的公平性。与高筑壁垒、抑制外国竞争的保护主义或放任自流的自由主义政策都有所不同,这种公平贸易是指在支持开放性的同时,以寻求“公平”的贸易机会为主旨,主张贸易互惠的“对等”与“公平”原则。具体表现为:

(1) 进入市场机会均等,判定的标准为双边贸易平衡,而不仅仅以是否满足双方进入要求为标准;

(2) 贸易限制对等,即以优惠对优惠、以限制对限制;

(3) 竞赛规则公平。可以预计,西方发达国家在未来贸易政策中将继续沿着“公平贸易”的路子走下去。

(四) 以非关税壁垒为主要手段

由于经过国际社会的多轮谈判,发达国家的关税总体水平已降至较低水平,正常关税已起不到保护的作用。因此,非关税壁垒在西方各国贸易政策中的作用日益明显。例如,西方国家为抵制发展中国家劳动密集型产品的进口,采取的主要措施是数量限制和反倾销手段。毋庸置疑,西方发达国家未来的外贸政策中,单纯的关税措施和直接的非关税措施都会相应减少,但各种新型的更灵活和更隐蔽的非关税壁垒会不断出现,并成为贸易政策的主体。

(五) 政府推动高科技产业发展和鼓励出口成为推动外贸活动的主导措施

二战后,随着国际分工的加深和自由贸易的发展,西方各国对国外市场的依赖性不断加强,从而许多国家把奖出限入的重点从限制进口转到鼓励出口。进入 20 世纪 90 年代以后,这种政策的发展步伐正在加快。日本历来重视高科技产业的发展与应用,致使欧美在该领域的优势逐步丧失,从而激发了欧美的竞争意识。出于经济利益的驱使,西方各国纷纷制定了促进高科技产业发展的政策。各国政策都在竞相资助研究开发活动,大力鼓励发展高新技术部门。因此,西方各国的产业竞争优势仍将继续保持。可以预计,在未来西方国家可能会采取更积极的贸易政策,为企业创造“公平”的竞争环境。

(六) 建立经济一体化,实行共同的对外贸易政策

20 世纪 90 年代以来,区域经济集团化发展迅猛,西方发达国家通过建立各种一体化形式加强成员国之间的贸易自由化,并以联合的经济实力和共同的对外贸易政策来应对集团

外的贸易攻势。随着区域经济集团化的发展，这种区域内采取更加统一的贸易政策的趋势将有增无减。

综上所述，西方发达国家今后的贸易政策既不可能背离贸易自由化的潮流，又会出于自身利益和经济、贸易发展不平衡的原因，而出台更为隐蔽和巧妙的保护色彩浓厚的贸易措施。这是一种有管理、可调节的自由贸易政策，在协调的基础上实施某些保护措施，其特点是不完全的自由贸易政策和不断修饰的保护贸易政策长期并存，各自在不同情况下发挥作用，有时候还交汇融合，共同影响一国的对外贸易活动。

第五节　发展中国家的贸易政策

第二次世界大战前，大多数发展中国家是帝国主义的殖民地、半殖民地国家或者是附属国，没有独立自主的对外贸易政策。第二次世界大战后，这些国家政治上取得独立，开始致力于工业化和民族经济的发展。它们推行的贸易政策也各不相同。

一、进口替代战略下的贸易政策

殖民时期，殖民地国家严重依赖宗主国的工业产品。第二次世界大战后，初级产品对制成品比价下降，发展中国家国际收支逆差与年俱增。为改变单一经济，发展民族工业，利用国内的工业制成品来代替同类进口产品的进口替代政策应运而生。第二次世界大战后的初期，拉丁美洲一些国家率先实施了进口替代政策，随后亚洲一些国家纷纷效仿，20 世纪 60 年代，进口替代成为发展中国家占主导地位的贸易政策形式。

进口替代战略下的贸易政策措施有：对进口产品（尤其是最终消费品）征收高关税，来减少进口，但对国内生产必需的中间品和资本品则征收低关税或免税，来降低进口替代生产的成本；实行进口配额限制非必需品（尤其是奢侈品）的进口；实行外汇管制，将外汇投入进口替代部门的进口，并通过外汇升值减轻必需品进口的外汇压力。同时辅助的内部保护措施有：在资本、劳动力、技术、价格、收益等方面给予进口替代工业各种优惠，目的是增强其在国内市场的竞争力。

进口替代政策对于一些发展中国家的进口替代工业部门的发展起到一定作用，但其存在诸多问题：高成本进口替代产业导致国际收支进一步恶化，非进口替代工业部门及农业部门得不到正常发展，带动国民经济发展的宗旨难以实现。进口替代工业的后续发展难以维持等，这迫使发展中国家调整其对外贸易政策。

二、出口导向战略下的贸易政策

随着进口替代政策缺陷的显露，一些发展中国家（尤其是新兴工业化国家）开始重视扩大制成品出口的必要性，因此，从 20 世纪 60 年代起，许多发展中国家开始转向鼓励加工工业产品出口的出口导向政策。东亚和东南亚一些国家率先实施出口导向政策，在它们的示范影响下，其他国家相继效仿。

出口导向战略下的贸易政策措施有：出口补贴，这种补贴既可以针对出口产品，也可以针对出口产品的生产；还有出口退税、出口信贷，以及对出口工业投入品实行的优惠价格供给等措施。

出口导向政策下的平均关税水平较低，这使得进口所需投入品的成本较低，同时自然淘汰低效率的进口替代工业。与进口替代相比，出口导向具有许多优势：一是出口导向有利于合理配置资源。因推行一定程度的贸易自由化，本国生产要素能够迅速转移到经济效益较高的产业，从而使出口产品符合比较优势；二是出口导向有利于提高产品的国际竞争力。因为出口导向产业面向国际市场，因而可以实现规模经济效益，从而提高其竞争力；三是出口导向有利于改善国际收支；四是出口导向有利于提高就业水平。出口导向往往集中于劳动密集型产业，能够吸收更多的劳动力，就业结构日趋合理，劳动力素质也会不断提高。出口导向政策对一些发展中国家（尤其是新兴工业化国家）的工业化和工业制成品的出口起到了一定的积极作用，但各国在实施中也产生了一些问题：一是加深了出口工业部门对国外市场、资金和技术的依赖性，使得国际市场的波动会影响到国民经济的稳定发展；二是出口导向战略加剧了经济发展的不平衡，例如，面向国内市场的中、小工业及农业部门处于落后状态；三是鼓励出口的保护措施不当会扭曲国内激励机制，导致一些出口工业企业生产效率低下；四是出口导向不能解决收入不均问题。

三、横向联合政策

发展中国家（地区）除了实施进口替代和出口替代政策外，还采取了经济集团化和加强横向联合的政策。面对实力雄厚的发达国家，广大发展中国家（地区）深感仅凭自身力量难以维护其民族经济的发展，更难以在竞争中站住脚。实行经济集团化政策，可以运用共同的力量来同发达国家相抗衡，以维护和扩大本国（地区）正当经济利益，甚至可以通过集体力量来提高整个发展中国家（地区）在世界经济中的地位。为此，20 世纪六七十年代，发展中国家（地区）采取了一系列重大联合行动。

第一，成立“77 国集团”。1963 年，77 个发展中国家和地区在联合国大会上组成“77 国集团”，商讨贸易、金融、关税、援助及开发等问题，彼此协调力量，争取共同行动。1967 年，通过了《阿尔及尔宪章》，决定联合行动以结束旧的国际经济秩序。此后，该集团定期召开全体成员大会，就一系列重大经济问题进行磋商和协调，以期联合行动。该集团目前已有一百多个成员，但仍沿用“77 国集团”名称。

第二，提出建立国际经济新秩序的战略目标。在 1974 年召开的第六届特别联合国大会上，发展中国家和地区正式提出并系统阐述了建立国际经济新秩序的要求，这就为它们联合斗争进一步指明了方向。

第三，在国际性经济机构里联合行动。贸发会议和《关贸总协定》等组织机构在维护和争取发展中国家和地区正当权益、冲击国际经济旧秩序的根本问题上，起着一定的推动作用。这些正是广大发展中国家和地区团结一致、联合斗争的结果。

总的来说，发展中国家和地区联合行动已初见成效。但由于发达国家具有明显的优势，这种联合行动的实际成果还不尽如人意。值得注意的是，20 世纪 90 年代以来，发展中国家和地区内部两极分化愈益显著，差距急剧拉大。这势必削弱发展中国家和地区整体的凝聚力，使得横向联合政策陷入停顿甚至倒退的境地。因此，如何加强广大发展中国家和地区的团结和联合，争取其在国际经贸活动中的正当权益，是这些国家(地区)对外贸易政策的一大问题。

四、发展中国家贸易政策的改革

20 世纪 80 年代以来，发展中国家进行了以贸易自由化为特征的贸易政策改革，取得了一定成效，各国关税、非关税壁垒和外汇市场等都发生了不同程度的变化。

拉丁美洲在贸易自由化进程中成效突出，既减少了数量限制和关税，又减少了对外汇市场的干预和出口直接阻碍。其贸易自由化水平正迅速看齐东亚新兴工业化国家。

南亚(斯里兰卡除外)在减少数量限制方面取得了一些进展，但改革速度较慢，20 世纪 90 年代初才开始降低关税，其采取了鼓励出口的措施却未取消抑制进口的措施。

非洲各国首先改革其外汇市场，随后减少数量限制，但关税水平没有多大变化，改革停滞甚至出现倒退。

20 世纪 80 年代中期，东亚是发展中国家中最开放的区域。其改革先强调中性化，然后才是自由化。改革首先采取的是实际汇率贬值，直接鼓励出口等方式，随后降低最终产品进口数量限制和关税。目前来看，第一阶段的改革成效卓著，正进入第二阶段的改革。总之，通过改革，贸易自由化在发展中国家和地区随处可见。

本章核心概念

国际贸易政策　　自由贸易政策　　保护贸易政策　　公平贸易政策
新贸易保护主义　　横向联合政策

复习思考题

1. 简述国际贸易政策制定的依据。
2. 简述新贸易保护主义的特点。
3. 简述进口替代政策的主要内容及其对发展中国家经济发展的影响。
4. 简述出口导向政策的主要内容及其对发展中国家经济发展的影响。

第六章

国际贸易政策措施

本章主要内容

贸易政策措施中的关税和非关税；关税的含义、种类；海关税则和通关手续；关税的经济效应；非关税的含义、特点、主要种类；非关税的经济效应。

第一节　关税措施

一、关税的含义及特点

（一）关税的含义

关税是进出口货物经过一国关境时，由政府所设置的海关向进出口商所征收的一种税收。关税是国家凭借政治权力在市场经济条件下政府调节对外经济关系的有效手段。与其他税赋一样，关税具有强制性、无偿性和固定性的特点。

（二）关税的特点

关税具有税收的一般特征；关税是间接税，由进口商支付，最终由消费者负担；税收主体是本国进出口商；税收客体是进出口商品；征收关税机构是海关。海关是设在一国关境上的国家行政管理机构，它是贯彻执行本国有关进出口政策、法令和规章的重要机构。

二、关税对国际贸易的影响

（一）关税对国际贸易发展的影响

其他条件不变情况下，关税税率的增减幅度与国际贸易发展速度成反比关系。关税壁垒加强时，国际贸易发展速度放慢；关税普遍地、大幅度地降低时，国际贸易发展速度加快。20 世纪 30 年代大危机期间，超保护贸易政策加剧了经济萧条；战后 50—70 年代，关税税率的普遍降低和贸易自由化，促成了国际贸易的发展，促进了经济繁荣。

(二) 关税对国际贸易商品结构和地理方向的影响

关税影响着国际贸易商品结构和对外贸易地理方向。战后 50—70 年代,就关税下降幅度而言,工业制成品超过农产品,发达国家之间的关税减让超过发达国家与发展中国家之间的关税减让,同时,经济区域集团内部的关税减让超过区域集团对外的关税减让。以此为基础,工业制成品贸易的增长超过农产品贸易的增长,发达国家之间的贸易增长超过其与发展中国家之间的贸易增长,区域集团内的贸易增长超过其与集团外的贸易增长。国际贸易商品结构和地理分布处于动态之中。

(三) 关税对商品价格、生产和销售的影响

关税对商品价格、生产和销售具有重要影响。进口关税使得进口国国内价格上涨,进口数量下降,从而对本国商品的生产与销售产生保护作用。一般关税税率越高,进口商品在国内市场的价格越高,限制进口的作用越大。征收关税使国内价格与国外价格发生差异,如价格差异大于关税税额,输入有利可图,进口继续增加,如价格差异小于关税税额,则带来损失,进口数量减少,甚至不进口。这种变动可能起因于关税税率的改变,也可能因国内价格或国外价格变化而导致。如果关税税率长期偏高,保护期限过长,会严重损害消费者利益,并阻碍国内产品的技术改进和成本下降,削弱产品竞争力,最终反而影响其生产和销售的发展。

(四) 关税对贸易差额与国际收支的影响

提高关税可以在短期内抑制进口需求、缩小贸易逆差,但长期看能否有利于国际收支尚无定论。征收高额关税会引起国内价格上涨,生产成本提高,出口竞争力被削弱,产生相反的效果。此外,提高关税可能会导致有关国家的连锁反应,竞相高筑关税壁垒,进而抵消缩小逆差、改善国际收支的努力。

三、关税的种类

(一) 按照商品的流动方向(即按照征收的对象)分类

1. 进口税

进口税(Import Duties)是进口国家的海关在外国商品输入时,根据海关税则向本国进口商所征收的关税。它一般是在外国货物直接进入本国关境时征收。当一个国家建有自由港、自由贸易区或海关保税仓库时,则在外国货物从自由港、自由贸易区或保税仓库进入进口目的国国内市场销售时办理海关手续,征收进口关税。

进口税是保护关税的主要手段。通常所说的关税壁垒,实际上就是对进口商品征收高额关税,提高进口商品的成本和价格,从而削弱其竞争力,起到限制进口的作用。关税壁垒是一国推行保护贸易政策所实施的一项重要措施。一般地说,进口税税率随着进口商品加工程度的提高而提高,即工业制成品税率最高,半制成品次之,原料等初级产品税率最低甚至免税。

2. 出口税

出口税是出口国家的海关对本国产品输往国外时，对本国出口商所征收的关税。显然，征收出口税势必提高本国出口商品的价格，从而削弱其在国际市场的竞争力。所以，现在大多数国家对绝大部分出口商品都不征收出口税。当前，征收出口税的主要是一些发展中国家，其征收目的主要有：一是增加国家财政收入，缓解政府资金短缺的矛盾，此时，一般税率都不是很高；二是保护国内重要的原材料资源以支持国内相关产业的发展；三是调节国内供求，稳定物价水平，出于此种目的，有时还往往辅之以出口许可证之类的数量限制，在极端情况下，甚至可能征收禁止性出口关税，即出口税高到国外购买者无力购买的程度；四是对独占产品出口征税，以转嫁开发和生产垄断产品的高额费用，同时又不影响该产品出口。此外，如果贸易顺差压力过大，也可以用征收出口税的办法平衡国际收支。

3. 过境税

过境税又叫通过税，是一国对于通过其关境的其他国家的货物所征收的关税。过境税盛行于交通运输不是很发达的资本主义发展初期。从 19 世纪后半期开始，随着国际贸易的迅速发展，特别是各国在运输业方面竞争的加剧，各国相继废止了过境税，只对通过其领土的外国货物征收少量的签证费、统计费和单据印花税等。出于贸易关系和为本国商品出口营造良好贸易环境考虑，目前，绝大多数国家和地区都已不再征收过境税。

（二）按照差别待遇和特定的实施情况分类

1. 进口附加税

进口附加税（Import Surtax）是指对进口商品在征收正常关税以外再征收某种特定目的的税。通常把前者称为正税，后者称为进口附加税。进口附加税不同于进口税，在一国的海关税则中并不能找到，也不像进口税那样受到关贸总协定的严格约束而只能降不能升。

进口附加税通常是一种特定的临时性措施，又称特别关税。其目的主要有：应付国际收支危机；维持进出口平衡；防止外国产品低价倾销；对某个国家实行歧视或报复等。

一般来说，对所有进口商品征收进口附加税的情况较少，大多数情况是针对个别国家和个别商品征收进口附加税。进口附加税主要有以下几种：

(1) 反补贴税。反补贴税（Counter—vailing Duty）又称抵消税或补偿税，它是指对直接或间接接受任何补贴的外国进口商品所征收的一种进口附加税，目的在于提高进口商品的价格，抵消其所享受的补贴金额，削弱其竞争力以保护国内生产和市场。

征收反补贴税必须具备以下条件：一是要有补贴的事实存在，即出口成员国对进口产品直接或间接地给予补贴的事实；二是要有损害的结果，即对进口国国内相关产业造成损害或损害威胁，或严重阻碍进口国某相关产业的建立；三是要有因果关系，即补贴与损害之间关系的存在。只有同时具备上述三个条件，成员国才能实施征收反补贴税措施。

(2) 反倾销税。反倾销税（Anti-dumping Duty）是对实行商品倾销的进口货物所征收的一种进口附加税。目的在于抵制商品倾销，保护本国产品的国内市场。所谓倾销，是指一国的商品以低于本国国内价格或低于正常价格在其他国家进行商品销售的行为。倾销的目的大多在于打击对手，占领外国市场。为了抵制商品倾销，保护本国产品的国内市场，很多国家都对倾销的商品征收反倾销税。

征收反倾销税必须符合下列要求：一是倾销事实的存在；二是倾销对该国工业造成严重损害或威胁；三是严重损害为倾销所致。在征收反倾销税之前，进口国应对倾销的进口产品对国内市场的同类产品和对国内同类产品生产者的影响进行客观调查，并应考虑这种产品的进口数量是否有明显增加等因素，进口国有证明该倾销产品的进口与国内产业的损害之间有因果关系。只有这些事实成立，才可以征收反倾销税。

2. 差价税

差价税(Variable Levy)又称差额税，它是当本国生产的某种商品的国内价格高于同类进口商品的价格时，为了削弱进口商品的竞争能力，保护本国生产和国内市场，按国内价格与进口价格之间的差额征收的关税。由于差价税是随着国内外市场价格差异的变动而变动的，因此，它是一种滑动关税。差价税的典型表现是欧盟对进口农产品的做法。具体讲，就是先指定一个入门价格或叫门槛价格，然后减去进口价格，其差额就是差价税。

3. 特惠税

特惠税(Preferential Duty)又称优惠税，是指对某个国家或地区进口的全部商品或部分商品，给予特别优惠的低关税或免税待遇。使用特惠税的目的是增进与受惠国之间的友好贸易往来。特惠税一般在签订有友好协定、贸易协定等国家协定或条约国家之间实施。特惠税有的是互惠的，有的是非互惠的。

4. 普遍优惠制

普遍优惠制(Generalized System of Preferences,GSP)简称普惠制，是发达国家对从发展中国家进口的商品特别是制成品和半制成品普遍给予的关税优惠待遇。普惠制的基本原则有：

(1) 普遍性。即发达国家应对发展中国家出口的制成品和半制成品给予普遍优惠待遇。

(2) 非歧视性。即所有发展中国家或地区不受歧视、无一例外地享受普惠制待遇。

(3) 非互惠性。发达国家单方面给予发展中国家关税优惠，不要求发展中国家提供反向优惠。

(三) 按征税方法(或标准)分类

按照征税的方法或征税标准来分，关税有从量税、从价税、混合税和选择税。

1. 从量税(Specific Duty)

从量税就是以商品的重量、数量、容量、长度、面积或体积等计量单位为标准而征收的关税。其计算公式是：从量税额＝商品的数量×每单位从量税。各国征收从量税，重量单位是最常用的从量税计量单位。

2. 从价税(Advalorem Duty)

从价税就是以商品的价格为标准计征的关税。它是目前世界各国最常采用的征税方法。其计算公式为:从价税额=商品总值×从价税率,从价税与商品价格有直接关系,它随着商品价格的变动而变动。换言之,从价税的保护作用是随着价格的变动而变化的。因此,从价税是较为合理而又符合市场经济规律的计征关税的方法。在采用从价税方法时,较为复杂的问题是关于完税价格的确定。所谓完税价格就是经海关审定作为计征关税的货物价格,是决定税额多少的关键因素。世界各国所采用的完税价格标准很不一致,大体上有以下三种:以 CIF 作为征税价格标准;以 FOB 作为征税价格标准;以法定价格作为征税价格标准。

3. 混合税(Mixed Duty)

混合税又叫复合税(Compound Duty),就是对某种进口商品采用从量税和从价税结合的计征关税方法。其计算公式为:混合税额=从量税额+从价税额。混合税常用于耗费原材料较多的工业制成品。主要有两种具体征收形式:以从量税为主加征从价税;以从价税为主加征从量税。混合税的好处在于它兼有从价税和从量税各自的优点。在物价上涨时,混合税所征税额比单一从量税额多,增强了关税的保护作用;在物价下跌时,混合税所征税额又比单一从价税额多,关税的保护作用同样提高了。同时,混合税还具有比较公正、科学和负税适度的优点。但是,混合税手续复杂,征税费用较高,且从价税和从量税的比例难以掌握。

4. 选择税(Alternalitve Duty)

选择税就是对同一种商品同时规定有从量税和从价税两种税率,在征税时选择税额较高的一种方法计征的关税。不过,有时为了鼓励进口,也会选择其中税额较低的一种来计征关税。选择税的最大优点就是具有很强的灵活性,可以根据不同时期经济条件的变化和进口产品的来源国家不同而进行适当的选择。但是,选择税对出口国来说很难掌握,且容易发生争议。从当前情况来看,利用选择税还可能被他国视为贸易歧视,既不符合 GATT/WTO 的基本原则,也会遭到其他国家的报复。因此,很少有国家采用选择税。

(四) 海关税则和通关手续

1. 海关税则

各国征收关税的依据是海关税则。海关税则(Customs Tariff)又称关税税则,是一国对进出口商品计征关税的规章和对进出口应税与免税商品加以系统分类的一览表。海关税则是关税制度的重要内容,是国家关税政策的具体体现。

海关税则一般包括两个部分:一部分是海关课征关税的规章条例及说明;另一部分是关税税率表。关税税率表主要包括税则号简称税号、商品分类目录、税率三个部分。

海关税则按制定的繁简程度分为单式税则和复式税则:

(1) 单式税则。单式税则(single Tariff)又称一栏税则,是指一个税目只有一个税率,即对来自任何国家的商品均以同一税率征税,没有差别待遇。目前,只有少数发展中国家,如委内瑞拉、巴拿马等仍实行单式税则。

(2) 复式税则。复式税则(Complex Tariff)又称多栏税则，是指同一税目下设有两个或两个以上的税率，即对来自不同国家的进口商品按不同的税率征税，实行差别待遇。现在绝大多数国家都采用复式税则。

海关税则按制定的权限分为自主税则和协议税则：

(1) 自主税则。自主税则又叫国定税则，是指一国政府自主的、单独的制定，并单方面有权加以变更的税则。它可分为自主单式税则和自主复式税则。

(2) 协议税则。协议税则是指两个以及两个以上的国家之间，通过缔结关税贸易协定而制定的关税税则。它可分为自主协议税则和不自主协议税则。

2. 通关手续

征收关税的程序即通关手续，又称报关手续，通常包括申报、受理、查验、征税、放行等几个基本环节。具体说，是指进出口商在进出口商品时首先要向海关申报出口或进口，提交进出口货物的报关单以及有关证明，接受海关的监督与检查，履行海关规定的手续；然后，海关按照有关法令和规定，查验审核有关单证和货物，计算进出口税额；最后，进出口商结清应征税额和其他费用，海关在有关单证上签印，以示货物可以通关放行。

通常进口商在货物到达后所规定的工作日内办理通关手续。如果进口商对于某些特定的商品，如水果、鲜鱼等易腐商品，要求货到时立即从海关提出，可在货到前先办理提货手续，并预付一笔进口税，次日再正式结算进口税。如果进口商想延期提货，在办理存栈报关手续后，可将货物存入保税仓库，暂时不缴纳进口税。

第二节　关税的经济效应分析

一、关税的经济效应概述

所谓关税的经济效应是指征收关税对进出口国国内市场价格、国内生产、贸易以及社会福利等方面产生的影响。关税的经济效应有出口关税经济效应和进口关税经济效应；关税经济效应的局部均衡分析和一般均衡分析；大国关税效应和小国关税效应。本节主要讨论小国对进口商品征收关税的局部均衡经济效应。

二、对小国征收进口关税的局部均衡经济效应分析

如果一国某种商品的进口量占世界进口总量的比例很小，或者说该国进口量的变动对世界市场价格的影响不大，就好像是完全竞争的企业一样，该国是世界市场价格的接受者而不是价格的主导者，那么，我们称该国为贸易小国。小国征收关税之后，进口商品国内价格上涨的幅度等于关税税率，关税负担全部由进口国消费者承担。以下对小国征收进口关税

进行如下几个方面的局部均衡经济效应分析。

（一）生产效应(Production Effect)

生产效应是指征收进口关税对进口国国内进口竞争产品(进口替代产品)生产或供给产生的影响。征收进口关税会提高国内进口替代生产，给进口替代产业带来保护。

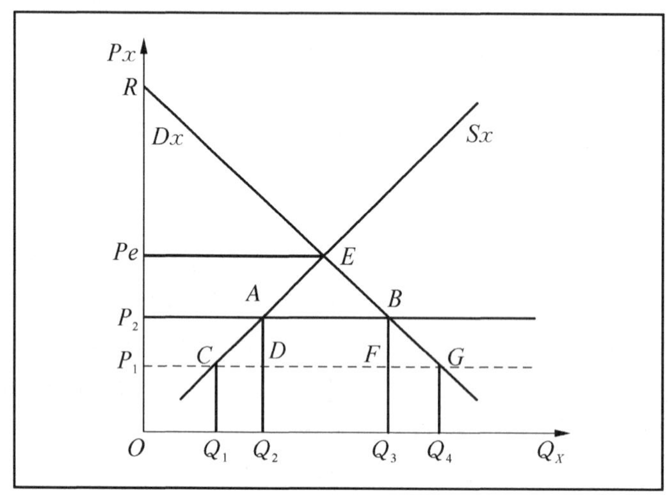

图 6-1　小国征收进口关税的经济效应

如图 6-1 所示，无贸易情况下，小国国内 X 产品在 E 点实现均衡，均衡价格为 Pe。该商品的自由贸易价格为P_1，如果按自由贸易价格在国内市场销售，在国内市场供需弹性不变的情况下，其国内市场供给量为 $P_1C=OQ_1$，需求量为 $P_1G=OQ_4$，此时，国内市场产生了 $CG=Q_1Q_4$ 的供不应求缺口，在自由贸易条件下，此供需缺口由进口来弥补。若该国为了对 X 产品的国内市场进行保护而征收进口关税，其国内市场价格从P_1上升到P_2后，面对不变的供需弹性，其国内市场供给量为 $P_2A=OQ_2$，需求量为 $P_2B=OQ_3$，此时，弥补国内供需缺口的进口贸易量为 $AB=Q_2Q_3$。因此，由于征收进口关税，该国国内 X 商品的供给量从关税前的 P_1C 增加到 P_2A，所增加的 $CD=Q_1Q_2$ 数量的进口替代生产就是该国征收进口关税的生产效应，又称进口替代效应(Substitution Effect)或进口关税的保护效应(Protection Effect)。关税率越高，保护程度越强。当关税使国内价格上升到均衡价格 Pe 时，关税的保护效应得到完全发挥，此时的关税被称为禁止性关税。

（二）消费效应(Consumption Effect)

消费效应是指征收进口关税对进口国国内进口替代品消费或需求量产生的影响。征收进口关税后，由于价格提高，会减少国内消费者对进口替代品的消费或需求，给国内消费者带来不利影响。如图 6-1 所示，征收进口关税后，国内 X 商品的需求量从关税前的 P_1G 减少到 P_2B，所减少的 $FG=Q_3Q_4$ 的部分，即为小国征收进口关税的消费效应。

（三）贸易效应(Trade Effect)

贸易效应是指征收进口关税使国内进口替代产品生产量增加，消费量减少，进而导致进口需求缩减。如图 6－1 所示，征收进口关税后，国内 X 商品的进口量从关税前的 CG 减少到 AB，所减少的 $CD+FG$ 的部分，即为小国征收进口关税的贸易效应。由此可知，关税的贸易效应由消费效应和生产效应形成。

值得注意的是，如前所述，由于小国进口量的减少并不影响国际市场供求，因而也不会对国际市场价格产生显著影响。故小国征收关税并不对其贸易条件产生影响。

表 6－1　小国征收关税的数量效应

	价格	生产量	消费量	进口量
关税前	P_1	P_1C	P_1G	CG
关税后	P_2	P_2A	P_2B	AB
数量效应	提高	增加	减少	下降

(四) 福利效益(Welfare Effect)

所谓福利效应是指小国征收进口关税由于国内价格和国内供需发生变动后，进而对国内收入再分配产生的影响。

在这里，社会总福利由生产者福利、消费者福利和政府福利构成。根据福利经济学的知识，我们用生产者剩余作为衡量生产者福利大小的指标，用消费者剩余衡量消费者福利大小的指标，由与关税有关的财政收支作为衡量政府福利的经济指标。小国征收进口关税，会使生产者剩余增加，消费者剩余减少，政府获得了关税收入。

如图 6－1 所示，征收进口关税后，生产者剩余由关税前的$\triangle OP_1C$ 增加到$\triangle OP_2A$，增加了$\square P_1P_2AC$。消费者剩余由关税前的$\triangle RP_1G$ 减少到$\triangle RP_2B$，减少了$\square P_1P_2BG$。而由于征收的关税政府的财政收入增加了$\square ABFD$。所以，小国征收进口关税，增加了生产者福利，减少了消费者福利，政府的福利也相应增加。但是，消费者福利的损失大于生产者和政府福利的增加，从而关税保护会产生保护的成本或被称为关税的重负损失(Protection Cost or Deadweight-loss)。

表 6－2　小国征收关税的福利效应

	生产者剩余	消费者剩余	政府税收收入
关税前	$\triangle OP_1C$	$\triangle RP_1G$	0
关税后	$\triangle OP_2A$	$\triangle RP_2B$	$\square ABFD$
福利效应	提高	下降	增加

需要说明的是，通过征收进口关税，提高国内进口替代品的生产，增加生产者福利，对国内进口替代产业实施保护，这是一国征收进口关税的主要政策目标。由此而导致的消费者福利损失是关税保护效应的附带效应。由关税导致的政府福利的增加也是关税政策的附带效应，不是关税征收的主要目的。

第三节　非关税措施

20 世纪 70 年代以后，西方经济普遍衰退而关税壁垒又受到关贸总协定历届关税减让谈判的制约，保护主义者大都诉诸各种非关税壁垒(Non-Tariff Barriers，NTBS)。非关税壁垒形式多样，比关税壁垒更能直接限制商品的进口，已成为各国贸易保护政策的实施主体。东京回合和乌拉圭回合谈判对非关税壁垒做了具体限制，但有关协议未能得到严格遵守。世界贸易组织的建立使贸易自由化趋势得到进一步发展，非关税壁垒将可能得到有效的抑制。

一、非关税壁垒的含义及特点

(一) 非关税壁垒的含义

国际贸易中除关税以外的所有限制外国商品进口的人为措施，包括法律和行政的规定都称为非关税壁垒。非关税壁垒可分为直接和间接两大类。前者指进口国直接对进口商品的数量和金额加以限制或迫使出口国直接按规定的出口量或金额限制进口，如进口配额制、进口许可证制和“自愿”出口限制等。后者指进口国未直接规定进口商品的数量或金额，但对进口商品制定种种严格的条例，间接地影响和限制商品的进口，如进口押金制、海关估价制、繁苛的技术标准、安全卫生检疫和包装检查规定等。

(二) 非关税壁垒的特点

非关税措施又称非关税壁垒(Non-tariff Barriers)是指除了关税以外的一切限制进口的各种措施。与关税壁垒相比，非关税壁垒具有更大的灵活性和针对性，更能直接达到限制进口的目的，同时也更具隐蔽性和歧视性。

1. 非关税壁垒更灵活、更具针对性

税率通过立法程序确定，具有稳定性，关税壁垒在实施时受制于最惠国待遇条约的约束，而实施非关税壁垒往往只需通过行政程序而简单迅速，能够及时地针对某国的某种商品采取相应的限制进口措施，较快地达到目的。

2. 非关税壁垒能更直接地限制进口

出口国针对进口国的关税壁垒可以通过出口补贴、商品倾销等办法来降低出口商品成本价格，抵消高额关税的影响。非关税措施比如进口配额制，则能对超过限额的进口直接禁止。

3. 非关税壁垒更具隐蔽性和歧视性

非关税壁垒措施往往通过规定极为烦琐的标准与手续，使出口商难以应付。比如技术标准，一国对某些商品质量、规格、性能和安全等规定了极为严格、繁琐和特殊的标准，检验手续复杂，且经常变动，使外国商品难以对付和适应，因而往往由于与某一项规定不符，商品就不能进入对方的市场销售。同时，一些国家往往针对某个国家采取相应的限制性的非关税壁垒措施，其结果大大加强了非关税壁垒的差别性和歧视性。

（三）非关税壁垒对国际贸易的影响

1. 对国际贸易发展的影响

非关税壁垒对国际贸易发展产生严重的阻碍作用。20 世纪 70 年代中期以后，各国非关税壁垒措施普遍得到加强，以直接进口数量限制为主要形式的非关税壁垒严重阻碍了国际贸易发展，世界贸易量年平均增长率从 1950—1973 年的 7.2%下降为 1973—1989 年的 4.5%，低谷期的 1980—1985 年仅为 3%。另外，农产品、劳动密集型产品贸易，特别是发展中国家的对外贸易受非关税壁垒影响更大。

2. 对进口国的影响

非关税壁垒对进口国的影响是容易引起国内市场价格上涨和阻碍本国产品国际竞争力的提高。实行进口数量限制将使国内市场价格与国际市场价格差距拉大。外国商品的供给受进口限制的数量愈大，进口国的国内市场价格上涨的幅度愈大；进口国的国内需求量愈大，而外国商品进口受到限制的程度也愈大时，其国内市场价格上涨的幅度将愈大。同时，非关税壁垒削弱了本国市场与国际市场的联系，保护越多，提高本国产品国际竞争力的动力越小，落后的状况越难改变。

3. 对出口国的影响

非关税壁垒使出口国的出口商品增长率下降或出口数量减少和价格下跌。一般说来，发达国家的出口商品供给弹性较大，受到进口国的非关税壁垒影响引起的价格下跌较小；发展中国家出口商品的供给弹性较小，受到进口国的非关税壁垒影响引起的价格下跌较大。非关税壁垒中的差别政策和歧视待遇使得出口国所受影响严重程度不尽相同。另外，非关税壁垒还会引发报复性和歧视性的措施，造成严重的贸易摩擦和冲突。

（四）非关税措施的主要种类

1. 进口配额制(Import Quotas)

进口配额又称进口限额，是一国政府在一定时期（如一个季度、半年或一年）内，对于某些商品的进口数量或金额加以直接的限制。在规定的期限内，配额以内的商品可以进口，超过配额的不准进口或在征收较高的关税或罚款后才准予进口。进口配额是许多国家实行进口数量限制的重要手段之一。进口配额主要有以下两类：

(1) 绝对配额

绝对配额是指在一定时期内，对某些商品的进口数量或金额规定一个最高数额，在这个数额之内允许进口，一旦达到这个数额后，便不准进口。在贸易实践中，绝对配额通常又有以下几种具体类型：

① 全球配额(Global Quotas)：全球配额属于世界范围的绝对配额，对来自任何国家或地区的商品一律适用，其具体做法是一国或(地区)主管当局通常按进口商的申请先后或过去某一时期的进口实际数额批给一定的额度，直至总配额发放完为止，超过总配额就不准进口。

② 国别配额(Country Quotas)：国别配额就是在总配额内按国别或地区分配给固定的配额，超过配额便不准从该国或地区再进口，为了区分来自不同国家和地区的商品，在进口商品时，要求进口商必须提交原产地证明书，国别配额又有单方面国别配额和协议国别配额两种。

③ 进口商配额(Importer Quotas)：进口商配额就是进口国政府把某些商品的进口配额直接分配到进口商，许多国家政府往往把配额分配给垄断企业，中小进口商却难以分到配额或分到的配额数量极少。

(2) 关税配额

关税配额(Tariff Quotas)就是对商品进口的绝对数额不加限制，而对在一定时期内，在规定配额以内的进口商品，给予低税、减税或免税待遇，而对不在配额以内的进口商品则征收较高的关税或附加税或给以罚款。

关税配额与绝对配额的区别在于：在超过配额以后，绝对配额就一概不得再进口了，而关税配额仍可以进口，不过得征收较高的关税。换言之，关税配额的特点是将关税与配额结合起来使用，主要以经济手段调节进口水平，而不是像绝对配额那样以行政手段控制进口的绝对量。

关税配额按进口商品的来源可分为全球性关税配额和国别关税配额；按征收关税目的可分为优惠性关税配额和非优惠性关税配额。

2. "自动"出口配额制

"自动"出口配额制(Voluntary Export Restrains)又称"自愿"出口限制，是出口国在进口国的要求或压力下，"自动"规定在某一时期内某些商品对进口国的出口数量或金额。在限定的配额内自行控制出口，超过配额即禁止出口。

"自动"出口配额制一般包括两种形式：

(1) 非协定的"自动"出口配额。非协定的"自动"出口配额即不受国际协定的约束，而是出口国迫于进口国的压力，单方面规定出口配额，限制商品出口。这种配额有的是由政府有关机构规定配额，出口商必须向有关机构申请配额、领取出口授权书或出口许可证才能出口；有的是由本国大的出口厂商或协会"自愿"控制出口，以控制恶性竞争。

(2) 协定的"自动"出口配额。协定的"自动"出口配额，是进出口双方通过双方谈判签订"自限协定"或有秩序的销售协定。在协定中规定有效期内的某些商品的出口配额，出口国应根据此配额实行出口许可证或出口配额签证制、自行限制这些商品的出口；进口国则根据海关统计进行检查。"自动"出口配额大多属于这一种。

3. 进口许可证制度(Import Licensing System)

(1) 进口许可证制度的含义

进口许可证制度是指商品的进口必须得到国家有关部门的审查批准，领取许可证之后才能进口，没有许可证，一律不准进口。

在实行进口许可证制度时，进口国有关外贸管制机构必须事先公布商品目录。凡列入目录表中之商品，进口商在进口前必须向发证机关申领许可证，然后在进口时凭许可证核准的数量、金额办理进口报关，方得进口。实行这种进口许可证制度后，进口国通过进口商的逐笔申请，可直接控制某种商品的进口国别或地区、进口数量和金额。可见，该种制度的实施不仅可以起到直接限制进口的作用，而且也便于实行贸易歧视。此外，进口商在申领许可证时，一般都要缴纳一定的许可证费，有时这种费用竟高于进口关税，等于是一种变相的进口附加税。

(2) 进口许可证的分类

① 从进口许可证与进口配额的关系角度分类

A. 定额的进口许可证，即国家有关机构预先规定有关商品的进口配额，在配额限度内，根据进口商的申请，对于每一笔进口货物发给进口商一定数量或金额的进口许可证。

B. 无定额的进口许可证，即进口许可证不与进口配额相结合，有关政府机构预先不公布进口配额，只是在个别考虑的基础上发放进口许可证。

② 从进口商品有无限制的角度分类

A. 公开一般许可证，又叫公开进口许可证或一般许可证或自动进口许可证，它对进口国别或地区没有限制，凡列明属于公开一般许可证的商品，进口商只要填写一般许可证后，即可获准进口。属于这类许可证的商品实际上是“自由进口”的商品。

B. 特种进口许可证，又称非自动进口许可证，即进口商必须向政府有关当局提出申请，经逐笔审查批准后才能进口。这种进口许可证大多数都指定进口国别或地区。

4. 外汇管制(Foreign Exchange Control)

外汇管制，是指一国政府通过法令对国际结算和外汇买卖实行限制以平衡国际收支和维持本国货币对外汇价的一种制度。

外汇与一国的对外贸易有密切的联系，出口可收进外汇，进口要付出外汇，因而外汇管制必然直接影响到进出口贸易。作为限制进口措施的外汇管制，是指进口所需的外汇必须向外汇管制机关申请，外汇申请往往与签发进口许可证结合在一起，申请到进口许可证以后，外汇管制机关就按许可证上商品数量之金额批给外汇，以此直接掌握商品的进口数量、国别与商品的类别。

外汇管制的方式一般有以下几种：① 数量性外汇管制，即国家外汇管理机构对外汇买卖的数量直接进行限制和分配。其目的在于集中外汇收入，控制外汇支出，实行外汇分配，以达到限制进口商品品种、数量和国别的目的。② 成本性外汇管制，即国家外汇管理机构对外汇买卖实行复汇率制度，利用外汇买卖成本的差异，间接影响不同商品的进出口。③ 混合性外汇管制，即同时采用数量性和成本性的外汇管制，对外汇实行更为严格的控制，以影响和控制商品进出口。

5. 进口押金制(Advance Deposit)

进口押金制又称进口存款制或进口担保金制。进口商在进口商品前，要预先按照进口金额的一定比率，在规定时间内到指定银行无息存入一笔现金的制度。这种制度加重了进口商的资金负担，起到了限制进口的作用。例如，意大利政府从1974年5月到1975年3月曾对400多种进口商品实行进口押金制度。它规定，无论进口商从什么国家进口商品，都必须预先向中央银行缴纳相当于货值一半的现款押金，无息冻结半年。据估计，这项措施相当于征收5%以上的进口附加税。又如，巴西政府为帮助创建飞机工业，要求飞机进口商按进口飞机全部价值存款一年而不付利息。

6. 最低限价和禁止进口

(1) 最低限价(Minimum Price)。最低限价是指一国政府规定某种进口商品的最低价格，凡进口商品的价格低于这个标准，就加征进口附加税或禁止进口。例如，1985年智利对绸坯布进口规定了每千克52美元的最低限价，低于这个限价的，将征收进口附加税。这样，国家便可以有效地抵制低价商品进口或以此削弱进口商品的竞争力，保护本国市场。

(2) 禁止进口(Prohibitive Import)。禁止进口是进口限制的极端措施。当一国政府认为一般的限制已不足以解救国内市场受冲击的困境时，便直接颁布法令，公开禁止某些商品的进口。欧共体在1975年3月决定，自1975年3月15日起，禁止3千克以上的牛肉罐头及牛肉下水罐头从欧共体以外市场进口。

7. 歧视性政府采购政策(Discriminatory Government Procurement Policy)

歧视性政府采购政策是指国家制定法令，规定政府机构在采购时要优先购买本国产品，从而导致对国外产品歧视，达到限制进口的目的。它是政府参与对外贸易的最典型的形式。由于政府在国民经济中的地位和作用日益增强，歧视性政府采购政策对对外贸易活动的影响已受到各国政府的普遍关注。这种歧视性政府采购使外国商品处于不公平的竞争地位，甚至被剥夺了竞争的资格，因而是一种非常有效的非关税措施。

美国从1933年开始实行，并于1954年和1962年两次修改的《购买美国货物法案》是最典型的政府采购政策。该法案规定，凡是美国联邦政府采购的货物都应该是美国制造的，或是用美国原料制造的。凡商品的成分有50%以上是国外生产的就称为外国货。美国政府以后又做了修改，规定只有在美国自己生产数量不够或国内价格过高，或不购买外国货有损美国利益的情况下，才可以购买外国货物。

8. 进出口的国家垄断

进出口的国家垄断，是指进出口由国家指定的机构和组织集中管理、集中经营。在以私营经济为主体的西方国家，平时仅对少数商品，如军火、烟酒和粮食等实施国家垄断。在战争或经济大萧条时期，垄断的范围有可能扩大。这样做的目的在于，保证国内的供应和生产，防止国内市场的混乱，可以贯彻政府的意图，限制部分商品的进口。

9. 海关壁垒

海关壁垒主要有海关估价和海关程序两种。

海关估价制度是指某些国家通过专断的方法来高估进口商品的价格，从而增加进口商品的关税负担，以达到限制商品进口的措施。它具有专断和武断的特点。

海关程序是指在经过海关时，要求经过非常繁杂的清关手续，甚至故意制造麻烦，来增加进口阻力，以限制进口。海关程序本来是正常的进口货物通关程序，但通过滥用却可以起到歧视和限制进口的效果，从而成为一种有效的、隐蔽的非关税措施。

10. 技术壁垒

贸易的技术壁垒是非关税壁垒中发展最为广泛的一种形式，主要包括工业产品的技术标准、食品等的卫生检疫规定及商品包装和标签的规定等。

(1) 技术标准。商品必须符合一些极为严格、繁琐的技术标准才能进口。例如，原联邦德国不准意大利生产的车门从前往后开的汽车进口；法国严禁含有红霉素的糖果进口；美国则对进口的儿童玩具规定了严格的安全标准等。

(2) 卫生标准。各国在卫生检疫方面的规定越来越严，如美国规定从其他国家或地区进口食品、饮料、药品及化妆品，必须符合美国“联邦食品、药品及化妆品”的标准。法国规定果汁饮料中不得加入葡萄糖，这项规定是为了抵制美国货而制定的，因为美国的果汁饮料往往加入葡萄糖。

(3) 商品包装和标识的规定。一些发达国家对国内市场销售的商品订立了包装和标签的种种条例，这些规定内容繁杂、手续麻烦，出口商为了出口商品，不得不按规定重新改换包装和标签，增加了成本，削弱了其商品的竞争力。

11. 环境壁垒

绿色贸易壁垒是近年来出现在国际贸易中的贸易保护措施。20 世纪 70 年代以来，一些发达国家通过国内立法实施种种环保贸易壁垒措施。诸如征收环保进口附加税，颁布保护特定物种的法律规章，限制或禁止与之有关的进口贸易，为进口产品确定硬性环保指标，对达不到该标准者限制或禁止进口，实行绿色标志、再生标志“绿色通行证”认证的市场准入制度等。由于发达国家的环境标准普遍高于发展中国家，特别是少数发达国家对进口产品和本国产品采取不同的标准，使发展中国家的商品更难进入发达国家的市场。

第四节　非关税措施的经济效应分析

一、进口配额的经济效应

我们仍然用局部均衡分析法讨论小国实施进口配额管理的经济效应。如图 6－2 所示，在自由贸易条件下，该国以世界市场价格 P_1 在国内销售 X，在这一价格水平下，国内进口替代生产量为 $P_1C=OQ_1$，需求量为 $P_1G=OQ_4$，此时，国内市场产生了 $CG=Q_1Q_4$ 的供不应求缺口，在自由贸易条件下，此供需缺口由进口来弥补。

假设，该国为了对 X 产品的国内市场进行保护而实施配额管理，其配额设定为 AB，这是政府一步到位地限制进口的额度。由于配额，使国内市场价格从 P_1 上升到 P_2。同样，面对不变的供需弹性，配额使其国内市场供给量上升到 $P_2A = OQ_2$，需求量缩减为 $P_2B = OQ_3$。

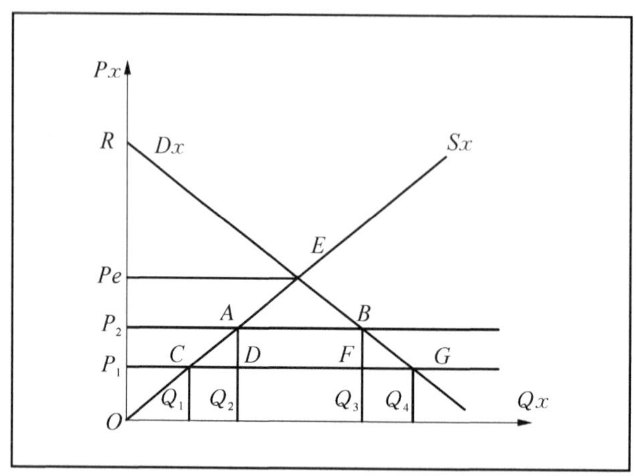

图 6-2　小国进口配额的经济效应

配额的福利效应与等效关税相同，都会增加生产者剩余，提高生产者福利，降低消费者剩余，牺牲了消费者福利。如果配额通过拍卖方式分配，则拍卖收入归政府所有，因而增加了政府福利；如果配额采取计划配给或通过申请程序发放，则获得配额的进口商们将会获得超额垄断利润。另外，配额措施同样会产生保护的成本或重负损失。

采用进口配额管理与征收等效关税都能够起到限制进口、保护国内市场、提高国内进口竞争产业价格竞争力的作用。但是，若对二者的经济效应进行比较，还是存在几个方面的差异。

第一，二者发挥作用的机制不同。征收进口关税，是人为提高进口商品的国内价格，通过价格这个“无形之手”的调节，刺激国内进口替代生产，增加供给，抑制国内需求，从而起到限制进口的作用。所以，关税是通过市场机制发挥作用的。而等效的配额是先设定进口限额，一步到位限定进口量，由此促使市场价格提高，供给增加，需求减少。所以，配额发挥的是政府的强行意志。

第二，二者的作用效果不同。当国内供给与需求弹性不变时，进口配额与等效关税可以达到相同的限制进口的效果。而当国内供给与需求产生任何变化时，二者发挥作用的效果就产生了差异。配额的管理效果是刚性的，不受供求因素变动的影响；而关税的管理效果将会随着供求的不同变化而变化，故关税的管理效果是弹性的、不确定的。

第三，二者的社会影响不同。由于关税是通过市场机制发挥作用，相对透明、公平，所以除了前面所述的经济的重负损失等经济成本之外，征收关税理论上不会导致社会不良影响，走私除外。而配额管理牵涉到配额的发放，当政府不是通过公开市场拍卖来发放配额时，掌握配额分配权的主管部门就可能脱离实际情况武断做出决定，使资源配置效率降低。更进一步的是，由于获取到配额的进口商会获得超额垄断利润，因而潜在进口商们为了获取配额，势必托关系、走后门，游说政府官员或行贿政府官员（所谓寻租行为，Rent-seeking Activities），因而给社会种下腐败的种子。

二、出口补贴的经济效应分析

虽然出口补贴在世界贸易组织框架下已经禁止使用，但长期以来，作为政府鼓励出口的措施，世界各国都将出口补贴作为鼓励商品出口、增强产品在国际市场上竞争力的重要手段。

从经济效应上看，出口补贴会促进国内出口工业生产量增加，使得国内消费需求减少，从而增加出口，同时会引致国内价格上涨。

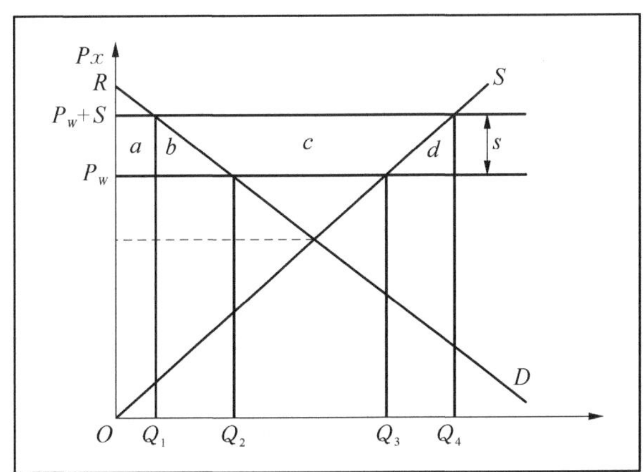

图 6-3　小国出口补贴的经济效应分析

如图 6-3 所示，S 为国内供给曲线，D 为国内需求曲线，P_W 是自由贸易条件下国内开放市场价格，在此价格水平下，出口国的国内需求量为 OQ_2，供给量为 OQ_3，出口量为 Q_2Q_3。该国政府为了扩大出口，对出口企业的每单位出口产品提供 s 的出口补贴。这样，出口企业自身产品出口价格为 P_W，而企业获得的价格是 P_W+S，因而企业销售量扩大到 Q_1Q_4。因此，补贴使出口量增加了 $Q_1Q_2+Q_3Q_4$。

出口补贴导致的福利效应是，生产者收入增加了 $(a+b+c)$；消费者剩余减少了 $(a+b)$；政府用于补贴的财政支出增加了 $(b+c+d)$。综合平衡后，出口补贴导致出口国社会福利水平的变化为：$(a+b+c)-(a+b)-(b+c+d)=-(b+d)$。其中 b 为消费性福利损失，d 为生产性福利损失。这就是我们前面所讨论的保护的成本或重负损失(Protection Cost or Deadweight-loss)。由此可见，小国出口补贴的实施同样导致出口国整体社会水平下降。

第五节　鼓励出口和出口控制方面的措施

一、鼓励出口方面的措施

(一) 出口信贷(Export Credit)

一国为了鼓励出口，增加商品竞争能力，通过银行对本国出口厂商或国外进口厂商提供贷款，即为出口信贷。对于金额较大、期限较长的商品，如成套设备、船舶等，出口信贷是一种普遍采用的重要手段。

1. 短期信贷、中期信贷、长期信贷

出口信贷依据时间长短可分为：第一，短期信贷。通常指180天以内的信贷，有的国家规定为一年。原料、消费品及小型机器设备的出口适用短期信贷；第二，中期信贷。通常指为期1—5年的信贷，中型机器设备多利用中期信贷；第三，长期信贷。通常是5—10年，甚至更长时期的信贷，大型成套设备与船舶等适用长期信贷。

2. 卖方信贷、买方信贷

出口信贷按借贷关系可分为：第一，卖方信贷。指出口方银行向本国出口厂商（即卖方）提供的贷款。一般由出口厂商与银行签订贷款协议，采取延期付款的形式。出口商支付的利息、费用计入货价或在货价外另加，转嫁给进口厂商。卖方信贷实际上是银行资助本国厂商向外国进口厂商提供延期付款。第二，买方信贷。它是出口方银行直接向外国的进口厂商或进口方的银行提供的贷款。其附带条件就是贷款必须用于购买债权国的商品，因而起到促进商品出口的作用。

国际贸易中除利用卖方信贷和买方信贷融通资金外，1965年起，一种新的中、长期资金融通形式——“福费廷”(Forfaiting)在发达国家中出现。所谓“福费廷”，是指在延期付款的大型生产设备贸易中，出口商把经进口商承兑的、期限在半年以上至五六年的远期汇票，无追索权(Without Recourse)地售予出口商所在地的银行或大金融公司，提前取得现金的一种资金融通的形式。由于它不受“君子协定”的约束，又满足了进出口双方的需要，因此，在国际贸易中，这种方式也日益流行。

（二）出口信贷国家担保制(Export Credit Guarantee System)

出口信贷国家担保制就是国家为了扩大出口，对于本国出口厂商或商业银行向外国进口厂商或银行提供的信贷，由国家设立的专门机构出面担保，当外国债务人拒绝付款时，这个国家机构即按照承保的数额给予补偿。

（三）出口补贴(Export Subsidies)

出口补贴又称出口津贴，是一国政府为了降低出口商品的价格，加强其在国外市场上的竞争能力，在出口某种商品时给予出口厂商的现金补贴或财政上的优惠待遇。出口补贴的方式有两种，即直接补贴和间接补贴。直接补贴是指出口某种商品时，直接付给出口厂商的现金补贴。间接补贴是指政府对某些出口商品给予财政上的优惠。

（四）商品倾销(Dumping)

商品倾销是指大企业在控制国内市场的条件下，以低于国内市场价格，甚至低于商品生产成本的价格，在国外市场抛售商品，打击竞争者以占领市场。

按照倾销的具体目的和时间不同，可分为：① 偶然性倾销，即销售旺季已过，或因公司改营其他业务,将国内市场上不能售出的"剩余货物",以倾销方式在国外市场抛售。由于时间短暂,进口国较少采用反倾销措施。② 间歇性或掠夺性倾销,即以低于国内价格甚至低于成本的价格,在某一国外市场上倾销商品,在打垮或摧毁所有或大部分竞争对手,实现市场垄断之后,再提高价格。这种倾销的目的是占领、垄断和掠夺国外市场,获取高额利润。这严重损害了进口国家的利益,必招致反倾销税措施的报复。③ 长期性倾销,即长期以低于国内的价格在国外市场出售商品。这种倾销往往因"规模经济"或政府的出口补贴而进行。大企业利用商品倾销争夺国外市场,加剧了国与国之间的贸易战。

(五) 外汇倾销(Exchange Dumping)

外汇倾销是出口企业利用本国货币对外贬值的机会争夺国外市场的一种特殊手段。当一国货币贬值后,一方面,出口商品以外国货币表示的价格降低,提高了该商品的竞争能力,从而扩大了出口;另一方面,使进口商品以本国货币表示的价格上涨削弱了进口商品的竞争力,由此起到促进出口和限制进口的双重作用。

外汇倾销的条件是货币贬值的幅度大于国内物价上涨的幅度;其次是其他国家不同时实行同等程度的货币贬值和采取其他报复性措施。

(六) 设立出口行政组织措施(Measure of Establishing Export Administrative Organization)

为了扩大出口,许多国家还采取各种行政方面措施。如设立专门组织,建立商业情报网,组织贸易中心和贸易展览会,组织贸易代表团出访,并接待来访,组织出口商的评奖活动等。

二、经济特区措施

经济特区是指一个国家在其关境之外划出一定的范围,建筑或扩建码头、仓库、厂房等基础设施,实施特殊的开放政策,吸引外国企业从事贸易和出口加工等业务活动的区域。设立经济特区的目的,是为了促进对外贸易发展,鼓励转口贸易和出口加工贸易,繁荣本地区和邻近地区的经济,增加外汇收入。

经济特区措施是发展外向型经济独特的区域策略。实践证明,这些措施对于推动国际贸易发展,繁荣经济富有成效。

世界各国设置的经济特区名称繁杂,种类不一,可分为以下几种类型:

(一) 自由港或自由贸易区(Free Port,Free Zone)

自由港或自由贸易区是划在关境之外、允许全部或大部分外国商品豁免关税、自由进出的区域。自由贸易区一般设在邻近港口的地区。自由贸易区可以是港口或设区所在的整个城市,比如中国香港,也可以是港口或设区所在城市的一部分,如汉堡自由贸易区,由属于汉堡市的两部分地区组成。

各国对自由港或自由贸易区的规定大同小异。允许进出自由港或自由贸易区的外国商品，不必办理报关手续，免征关税，如再转运到国内市场销售则需办理报关手续、交纳进口税。对在港内或区内进行加工的外国商品往往有特殊规定。美国规定，用美国的零配件和外国的原材料装配或加工的产品，进入美国市场时只对该产品所包含的外国原材料的数量或金额加征关税，对增值部分免征关税。允许进入自由港或自由贸易区的外国商品可以储存、展览、拆散、分类、分级、修理、改装、重新包装、重新贴标签、清洗、整理、加工和制造、销毁、与外国的原材料或所在国原材料混合、再出口或向所在国国内市场销售。但在具体规定方面，各国之间存在差异。另外，武器、弹药、爆炸品、毒品和其他危险品以及国家专卖品如烟草、酒、盐等禁止输入，凭特种进口许可证才能进口。

（二）出口加工区(Export Processing Zone)

出口加工区是一国为制造、加工、装配出口商品而开放的特殊区域，其产品全部或大部分供出口。

区内鼓励外商生产具有国际竞争力的产品，提供各种方便，给予关税等优惠待遇。企业可以免征或减征进口加工制造所需的设备、原料、元件、半制成品和零配件的关税；生产的产品可免税全部出口，有些国家规定部分产品可销往国内市场但须补纳关税。为鼓励在出口加工区进行投资，区内企业课征较低国内捐税，提供收费低廉的水、电、仓储设施及土地使用权。有的国家允许外资企业拥有100%股权，可以不受当地外汇管制的限制，利润可自由汇出国外。

对于在区内投资也有多种限制。例如，投资项目必须符合本国产业政策和对外贸易发展的需要；产品须能赚取外汇，必须全部或大部分外销或规定外销比率；对投资者要求其具有一定的经济实力和管理经验；对于劳资矛盾、雇工问题，也有相应规定。

（三）保税区(Bonded Area)

保税区，指经主权国家海关批准，在其海港、机场或其他地点设立的允许外国货物不办理海关进口手续就可以长期储存的区域。储存期内，进口货物暂不缴纳关税，如再出口，可免关税，但货物离开保税区进入关境，则应照章纳税。对于货物存放期，各国规定有所不同；逾期作放弃货物论，由海关拍卖，所得货款除抵偿关税、仓租和其他费用外，余款发还货主。

运进区内的商品可以进行再包装、分级、挑选、抽样、混合等。保税仓库可以由国家经营或所在区(市)经营，也可由私人经营。设立保税区可以发展转口贸易，增加各项费用收入，同时也为贸易商待机销售提供了便利。

（四）其他类型经济特区

1. 科学工业园区

科学工业园区是一个国家为了实现产业结构调整和高科技产业的发展，而在本国境内划出的、以新兴工业产品的研究与开发及高科技产品的生产为主要内容的区域。1951年，美国斯坦福大学创立第一个科学工业园区，到20世纪90年代，全世界已有600多个科学工业园区，发展势头仍很强劲。

不同于一般经济特区,科学工业园区对设立在园区内的科研机构和企业科技水平有严格规定。区内提供相当优惠的条件,智力资本高度集中,往往形成新产业开发的优势,园区在新经济成长与推动方面发挥着龙头作用。

2. 自由边境区(Free Perimeter)

自由边境区指设在本国边境地区,按照自由贸易区或出口加工区的优惠措施,吸引国外厂商投资,以开发边境地区经济为目的的区域。

在区内使用的机器设备、原材料和消费品可以减免关税,但从区内运往海关管辖区则必须照章纳税。世界上的一些自由边境区都把发展出口加工业当作重要目的,同时对于优惠待遇规定一定期限,边境区经济发展后,逐步取消乃至最后废除。自由边境区对于开发边境地区有独特作用。

3. 过境区(Transit Zone)

过境区是某些国家为了方便邻近国家进出口货运,开辟一些海港、河港或某些城市作为过境货物的中转区。对于过境货物,简化海关手续、不征关税或只征小额过境费用。货物可以在区内短期储存,重新包装,但不可以加工制造。

三、出口管制方面的措施

世界各国的对外贸易政策,以限制进口和鼓励出口为主,但是在某些特殊情况下,为了特殊的目的,一些国家对出口也进行一定程度的限制。

(一) 出口管制的目的

1. 国家之间的敌对与歧视

发达国家经常通过出口禁运给敌对国政府施加压力,迫使其改变立场,或者通过封锁与孤立,恶化其内外环境。此时,出口管制充当政治与外交的工具和手段。

2. 保持军事与科技的优势

发达国家对于战略物资、高科技产品及信息出口均有严格控制,以保持自己在军事、科技方面的优势,延续生产技术方面的垄断地位,获取垄断利润。

3. 保护本国工业与国内市场

通过对国内工业生产所需的稀缺原材料、半成品出口加以限制,保证国内工业发展条件。对于有关国计民生的重要产品,在供不应求时,也会限制出口,以保证国内供应。

4. 稳定出口商品价格

对于本国在国际市场上占较大份额的出口商品,通过控制可以避免自相压价而减少收益，以达到出口数量与效益的平衡。一些主要出口国联手限制出口量可以稳定甚至操纵国际市场价格，维持利益的均衡。

5. 增加财政收入

一些发展中国家把出口税当作财政收入的重要来源。同时，出口市场被国外跨国公司控制的国家，通过出口税可以分享跨国公司的垄断利润。

6. “自愿”出口配额

出口管制中还有一种情况是在进口国的压力下，自动对出口商品实行配额限制。这是非关税壁垒中的一种。

另外，许多国家对金、银贵金属和重要文物都有严格的出口限制。

（二）出口管制的措施

出口管制的措施包括以下几种：

第一，出口税，即海关对某些出口商品向本国出口商征收关税。

第二，出口工业的产业税，即对某些资源密集型的产业征收产业税，这些产业往往是出口产业，产业税起限制出口的作用。

第三，出口配额，即出口国政府在一定时期内规定某种商品出口的数量或金额，超过则不允许出口。出口配额中的总配额指本国出口总量，国别配额则体现差别政策或在某些进口国要求下“自愿”控制对这些国家出口的数量。

第四，出口许可证制，即一国对出口商品实行全面管制的措施。

第五，出口禁运，即贸易制裁，指出口国为迫使被制裁国作某种让步而禁止向该国出口商品。

第六，出口卡特尔，即某些商品的出口国组成国际垄断组织联合行动，主宰国际市场价格。

（三）出口管制的形式

出口管制的形式分为单方面出口管制和多边出口管制。

单方面出口管制指一国根据本国的出口管制法案，设立专门的执行机构对本国某些商品出口进行审批或颁发出口许可证，实行出口管制。比如，美国国会于1917年通过《1917年与敌对国家贸易法案》、1949年通过《出口管制法案》以及1969年、1979年和1985年公布新的出口管制法案，美国依据本国的出口法案实施出口管制。

多边出口管制指几个国家政府通过一定的方式建立国际性多边出口管制机构，商讨和编制多边出口管制货单和出口管制国别，规定出口管制的办法，以协调彼此的出口管制政策，达到共同的政治和经济目的。于1949年11月成立的巴黎统筹委员会就是这种国际性的多边出口管制机构，它的目的是共同实施对当时社会主义国家出口的管制。

本章核心概念

关税	反倾销税	反补贴税	有效保护率
非关税壁垒	进口配额	绝对配额	关税配额
进口许可证	自愿出口限制	外汇管制	歧视性政府采购
进口押金制度	技术贸易壁垒	出口信贷	买方信贷
卖方信贷	经济特区		

复习思考题

1. 什么是关税？其作用是什么？
2. 什么是海关税则？海关税则是如何构成的？
3. 作图分析关税的局部均衡经济效应。
4. 关税的福利损失是如何产生的？什么是生产性净损失？什么是消费性净损失？
5. 什么是非关税壁垒？与关税相比，非关税壁垒有哪些特点？
6. 什么是技术性贸易壁垒？为什么它日益盛行？
7. 作图分析进口配额的局部均衡效应。

贸易实践篇

第七章

区域经济一体化

本章主要内容

区域经济一体化的成因；区域经济一体化的形式；关税同盟理论、大市场理论和协议性国际分工理论；区域经济一体化对国际贸易的影响

第一节　区域经济一体化的含义及形式

一、区域经济一体化的含义

区域经济一体化(Regional Economic Integration)是指两个或两个以上的国家或地区通过条约的形式组成经济性质的集团和组织，消除区域内各成员国之间阻碍经济贸易发展的障碍，实现成员国的产品乃至生产要素在区域内的自由流动，并建立超国家的组织机构，通过制定统一的对内、对外经济政策、财政和金融政策等，实现区域内互利互惠、协调发展和资源优化配置，最终形成高度协调统一的有机体的过程。区域经济一体化一般是以区域经济合作为其核心内容，逐步扩展到其他领域的合作过程。

二、区域经济一体化的成因

区域经济一体化是当前国际经济领域的发展潮流，是各国进行国际经济合作的重要形式，也是当前国际经贸发展的一个主要特征。其产生和发展有着深远的历史与现实根源。

(一) 人类谋求和平与发展的愿望

第二次世界大战后，西方国际政治学家和经济学家对两次大战爆发的原因进行了反思，许多有识之士认为经济民族主义是导致大战爆发的主要原因之一。二战期间，欧洲国家的经济遭到毁灭性的破坏，各国的生产设备大都被摧毁。人们在战争废墟上进行深刻的反思，和平是一个最迫切的渴望。因此，谋求和平共处，加强经济合作，促进各国的共同发展与繁荣就成为他们必然的选择，而建立经济一体化组织就是实现这种选择的最恰当的方法。经过一段时间的酝酿，1957 年西欧在比利时、卢森堡及荷兰的经济一体化组织的基础上再加上法国、西德和意大利，一共 6 个国家，共同签订《罗马条约》，1958 年 1 月 1 日起正式成立了欧洲经济共同体。随后，英国、丹麦、挪威、葡萄牙、瑞典、瑞士和奥地利于 1959 年签订了《斯德哥尔摩条约》，由 1960 年 5 月起建立了欧洲自由贸易协会。

（二）维护民族经济权益与发展的需要

第二次世界大战后，殖民地体系瓦解，原殖民地国家纷纷争得了政治上的独立。但是，这些国家在经济上仍然受到发达国家垄断组织的全面控制，许多国家从国内生产到对外贸易以及进出口的商品运输的经营，都由外国垄断公司包揽。加上许多发展中国家产业结构单一，国内市场狭窄，物质和技术能力薄弱，资金不足，难以靠一国的力量建立起足以获得规模经济效益的工业体系，这种状况迫使这些国家努力加强彼此之间的经济合作，走经济一体化的道路，进行集体的自力更生。因此，拉美、东南亚、中东、非洲等地区已有 80 多个发展中国家参加了经济一体化组织。

（三）取得更多经济利益的有效方式

建成经济一体化组织后，市场的扩大，国际分工的深化，导致贸易与生产规模的不断扩大。同时，各成员国之间的信息交流及科技合作日益加强，对生产力水平的提高起到了巨大的推动作用。在目前的多边贸易体制下，更多的经济利益可以通过这种方式得以实现。因此，走上经济一体化道路对各国都有着强大的吸引力。

（四）提高国际地位的手段

经济一体化组织各成员国的利益联系在一起，在国际舞台上发挥集体力量，大大加强了为争取自身利益和地位的谈判力量，使那些未参加经济一体化组织的国家的地位日益被削弱。在世界经济活动中，经济一体化组织之间的对抗与竞争正在取代国家之间的对抗与竞争，并将形成各经济一体化组织划分世界势力范围的新格局。

三、区域经济一体化的形式

目前存在的区域经济一体化组织，无论从内容还是层次来看差异都很大，从不同角度考虑可以分为不同的类型。

（一）按一体化的程度划分

1. 优惠贸易安排

优惠贸易安排(Preferential Trade Arrangement)是区域经济一体化中最低级、最松散的一种组织形式。在优惠贸易安排下，采取协定或其他形式，在成员内部对全部或部分商品规定特别的关税优惠，但成员仍保留各自对非成员国原有的关税制度与结构。

2. 自由贸易区

自由贸易区(Free Trade Area)通常指签订有自由贸易协定的国家组成的经济贸易集

团，在成员国之间废除关税与数量限制，使区域内各成员国的商品完全自由移动，但每个成员国仍保持对非成员国的贸易壁垒。

3. 关税同盟

关税同盟(Customs Union)指两个或两个以上的国家完全取消关税或其他壁垒，并对非同盟国家实行统一的关税税率而缔结的同盟。

4. 共同市场

共同市场(Common Market)指除了共同市场成员国间完全废除关税与数量限制，建立对非成员国的共同关税外，共同市场成员国间的生产要素也可自由移动。

5. 经济同盟

经济同盟(Economic Union)指成员国之间不但商品与生产要素可以完全自由移动，建立对外共同关税，而且要求成员国制定和执行某些共同经济政策和社会政策，逐步废除政策方面的差异，使一体化的程度从商品交换扩展到生产、分配乃至整个国民经济，形成一个有机的经济实体。

6. 完全经济一体化

完全经济一体化(Complete Economic Integration)指区域内各国在经济、金融、财政等政策上完全统一，在成员国间完全消除商品、资金、劳动力、服务等自由流动的人为障碍。

(二) 按一体化的范围划分

1. 部门一体化

部门一体化(Sectoral Integration)指区域内各成员国的一种或几种产业(或商品)的一体化，如 1952 年建立的欧洲煤钢共同体和 1958 年建立的欧洲原子能共同体。

2. 全盘一体化

全盘一体化(Overall Integration)指区域内各成员国的所有经济部门一体化，如欧洲联盟。

(三) 按参加国的经济发展水平划分

1. 水平一体化

水平一体化(Horizontal Integration)又称横向一体化，它是由经济发展水平相同或接近的国家所形成的经济一体化形式。现存的经济一体化大多属于这种，例如，欧洲联盟、中美洲共同市场、东南亚国家联盟等。

2. 垂直一体化

垂直一体化(Vertical Integration)又称纵向一体化,它是由经济发展水平不同的国家形成的一体化。例如,1994 年 1 月 1 日成立的北美自由贸易区,将经济发展水平不同的发达国家美国、加拿大和发展中国家墨西哥联系在一起。

第二节　区域经济一体化的理论

一、关税同盟理论

系统提出关税同盟理论的是经济学家范纳(J.Viner)和李普西(K.G.Lipsey)。按照范纳的观点,完全形态的关税同盟应具备三个条件:完全取消成员国间的关税;对来自非成员国或地区的进口设置统一的关税;通过协商方式在成员国之间分配关税收入。关税同盟理论认为,关税同盟具有静态效应和动态效应。静态效应是指在经济资源总量不变、技术条件没有改进的情况下关税同盟对区域内国家贸易、经济发展及物质福利的影响。动态效应是指关税同盟对成员国贸易及经济增长的间接推动作用。

(一) 关税同盟的静态效果

1. 贸易效果

(1) 贸易创造效果(Trade Creating Effect)。成立关税同盟后,由于成员国之间的关税取消,某成员国的一些国内生产的产品,被生产成本最低的成员国的出口产品所取代。结果,从世界角度来看,高效率的生产取代了低效率的生产,获得了生产利益;从进口成员国的角度来看,产品的价格降低了,获得了消费利益。

(2) 贸易转移效果(Trade Diverting Effect)。成立关税同盟后,某成员国原先某些从低成本非成员国进口的产品被成本较高的成员国的出口产品所取代。结果,从世界的角度讲,低效率的生产取代了高效率的生产,损失了生产利益。

(3) 贸易扩大效果(Trade Expansion Effect)。结成关税同盟后,取消关税使成员国某些商品的进口价格下降,促进进口增加。

贸易创造效果和贸易转移效果是从生产方面考察关税同盟对贸易的影响,而贸易扩大效果则是从需求方面分析的。关税同盟无论是在贸易创造,还是在贸易转移的情况下,都会导致贸易量的增加。因而,从这个意义上讲,关税同盟可以促进贸易的扩大,增加经济福利。

当成员国的生产结构较具竞争性时,关税同盟的贸易创造效果就较大;当成员国的生产结构较具互补性时,关税同盟的贸易转移效果就较大;组成关税同盟的成员国越多,形成的统一市场越大,成员国之间的距离越近,都会使关税同盟的贸易扩大效果越大。

2. 减少海关行政开支

由于取消了成员国之间的海关,可以减少对海关设施及人员的开支,并且减少了对社会造成不良影响的走私行为。

3. 改善贸易条件

形成关税同盟后,一般会减少同盟内成员国对外部的出口供给以及进口需求,导致关税同盟整体与外部世界的贸易条件向有利于关税同盟的方向变化。

4. 增强集团集体谈判力量

关税同盟建立后,集体整体经济实力大大增强,统一对外进行经贸谈判,有利于同盟成员国地位的提高和谈判力量的增强。如欧盟在世界的各种经贸谈判中都是以一票代表其成员国,使其足以与美国拥有同等的谈判地位。

(二) 关税同盟的动态效果

1. 获得规模经济利益

组成关税同盟后,形成了统一的大市场,使各国的生产规模得以增加,从而获得规模经济利益。但是,也有人指出,许多发达国家的企业无须关税,同盟也可以通过国际市场出口而获得生产规模的扩大。如荷兰与比利时等一些小国,在加入欧共体前已经存在许多生产规模可与美国的大企业相抗衡的企业。再者,对于那些已经达到最优规模的产业或企业,继续刺激其规模的扩大,反而会使平均成本上升。

2. 加剧竞争市场

市场扩大后,国内的垄断生产者会面临更多国外企业的竞争,从而增加了他们改进技术与管理,提高效率的动力。但是,如果各国生产垄断者逐渐通过扩张、合并、协议等方式形成更大的垄断势力,将会对整个关税同盟经济造成更大的危害。

3. 刺激投资

由于市场扩大,需求增加,各成员国企业会增加投资。另外,竞争的加剧也会促使企业在更新设备,提高生产技术与效率方面增加投资。当然,新增加的投资会更多地投向成员国之间交界的地区,而在关税同盟与外部交界的地区,就会面临资金外流,成为边远落后地区的困境。

4. 吸引外资

成立关税同盟后,无疑对外部产品的进入会有不利影响。因此,外部企业为了绕过贸易壁垒,会转向关税同盟内部投资。例如,美国和日本随着欧共体的日益统一,不断增加向这一“欧洲壁垒”内部的投资,以保住它们的市场份额。

另外,关税同盟的形成加剧了竞争,必然推动了技术进步,促进了要素的流动,使资源得到更合理的配置，最终会加速各国经济增长。

二、大市场理论

共同市场与关税同盟相比较，其一体化范围较之关税同盟又进了一步。共同市场的目标是消除保护主义的障碍，把被保护主义分割的单个国家的国内市场统一成为一个大市场，通过大市场内的激烈竞争，实现专业化、批量化生产等方面的利益。对共同市场的理论分析形成了大市场理论。大市场理论的代表人物是西托夫斯基(T. Scitovsky)和德纽(J. F. Deeniau)。他们认为：在形成共同市场之前，各国之间推行狭隘的只顾本国利益的贸易保护政策，把市场分割得狭小而又缺乏适度的弹性，这样只能为本国生产厂商提供狭窄的市场，无法实现规模经济和大批量生产的利益。大市场理论的核心：一是通过国内市场向统一的大市场延伸，扩大市场范围，获取规模经济利益，从而实现技术利益；二是通过市场扩大，创造激烈的竞争环境，进而达到实现规模经济和技术利益的目的。

西托夫斯基提出了西欧国家“高利润率恶性循环”的命题。他认为与美国、日本等国相比，西欧国家陷入了高利润率、低资本周转率、高价格的矛盾之中。生产厂商和企业家们都热衷于狭窄的市场和受保护的缺乏剧烈竞争的市场，市场停滞和阻止新的具有竞争力的企业的进入等，使高利润率长期处于平稳停滞状态。由于价格偏离，很多耐用消费品往往普及率较低，不能进入大众消费市场，因而也就不能进行批量生产。这些原因导致厂商陷入高利润率、高价格、狭窄的市场、低资本周转率这种恶性循环之中。他认为，能打破这种局面的办法就是通过建立共同市场或推行贸易自由化创造良好的竞争环境。通过剧烈的竞争，优胜劣汰，使生产厂商改变过去小规模生产，转向大量生产，并且在大多数产业都实现了规模经济效益时，还能产生外部经济效益。与此同时，随着消费者实际收入的提高，大众的消费能力可承担耐用消费品的消费，并可产生如下良性循环：大市场的产生向大量规模化生产转换(以及其他的合理化)→生产成本下降→大众消费者增加(市场扩大引起的)→竞争进一步激化→大市场产生。

德纽认为，由于大市场化，使机器得到充分利用，大量规模化生产、专业化、最新技术的应用、竞争的恢复，所有这些因素都会使生产成本和销售价格下跌，再加上取消关税也可能使价格下降一部分，这一切都将导致购买力的增强和实际生活水平的提高。随着消费者人数的增加，又可能使这种消费增加和投资进一步增加，这样就会使经济开始其滚雪球式的扩张。消费的扩大引起投资的增加，增加的投资又导致价格下降、工资提高、购买力全面提高。因而，只有市场规模迅速扩大，才能促进和刺激经济扩张。

三、协议性国际分工理论

协议性分工理论是日本学者小岛清教授在其《对外贸易论》一书中提出的。他认为，传统的国际贸易理论只讨论成本递增条件下通过竞争原理达成国际分工，对成本递减的情况却没有涉及。但世界经济的客观现实证明，成本递减是一种普遍现象，经济一体化的目的是要通过大市场来实现规模经济，这实际上也是长期成本递减问题。因此，可以实行协议性国际分工，即一国放弃某种商品的生产并把国内市场提供给另一国，而另一国则放弃另外一种商品的生产并把国内市场提供给对方，即两国达成互相提供市场的协议，专业化分工生产一种或几种货物，使彼此的优势得以发挥，通过规模经济的实行，使生产成本下降，消费者获得利益。协议性分工不能指望通过价格机制自动实现，必须通过当事国的某种协议加以实现，也就是通过经济一体化的制度把协议性分工组织化。但是，要达成协议性国际分工，必须具备以下条件：

(1) 参加协议性分工的国家生产要素禀赋比率没有多大差别，经济发展水平比较接近，协议分工的商品在哪个国家都能生产。否则，两国的比较成本差距很大，按比较优势理论分工更适宜。

(2) 作为分工对象的商品，必须是能够获得规模经济效益的商品。因此，协议分工的商品，在重工业中最多，在轻工业中次之，在农业和采矿业中几乎没有。

(3) 每个国家或地区自己进行专业化生产的产业和让给对方的产业之间没有优劣之分，否则不容易达成协议。这种产业优劣主要取决于规模扩大后的成本降低率和随着分工增加的需求及其增长率。

上述三个条件表明：经济一体化应该在经济发展水平接近的国家之间进行，在不同发展阶段或不同资源禀赋的国家之间不宜进行；收入水平、消费偏好越是相似的国家，分工生产的商品的需求量及其增长率越是接近，分工协议越容易达成；在发达国家之间可以进行分工的商品数量多、范围广，经济一体化容易获得成功。

四、综合发展战略理论

综合发展战略理论是对发展中国家经济一体化现象作阐述的、较有影响的理论。它是由鲍里斯·塞泽尔基在《南南合作的挑战》一书中系统提出来的。

综合发展战略理论认为：经济一体化是发展中国家的一种发展战略，要求有强有力的共同机构和政治意志来保护较不发达国家的优势。所以，有效的政府干预对于经济一体化是很重要的，发展中国家的经济一体化是变革世界经济、建立国际经济新秩序的要素。

(一) 综合发展战略理论的主要内容

第一，经济一体化是发展中国家的一种发展战略，它不限于市场的统一，也不必在一切情况下都寻求尽可能高的其他一体化形式。

第二，两极分化是伴随一体化出现的一种特征，只能通过强有力的共同机构和政治意志制订系统的政策来避免它。

第三，鉴于私营部门在发展中国家一体化进程中是导致其失败的重要原因之一，故有效的政府干预对于经济一体化的成功至关重要。

第四，发展中国家的经济一体化是集体自力更生的手段和按新秩序逐渐改变世界经济的要素。

(二) 影响发展中国家经济一体化的主要因素

1. 经济因素

第一，区域内经济发展水平及各国间的差异；

第二，各国间经济的相互依赖程度；

第三，新建经济区的最优利用情况，特别是资源与生产要素的互补性及其整体发展潜力；

第四，与第三国经济关系的性质，外国经济实体（如跨国公司）在特定经济集团中的地位；

第五，特定集团在一定条件下选择的一体化政策模式和类型的适用性。

2. 政治和机构因素

第一，各国间社会政治制度的差异；

第二，各国间有利于实现一体化的“政治意志”状况及稳定性；

第三，该集团对外政治关系模式；

第四，共同机构的效率及其有利于集团共同利益的创造性活动的可能性。

（三）制定经济一体化政策应注意的问题

第一，各成员国的发展战略和经济政策应有利于经济一体化发展；

第二，生产和基础设施是经济一体化的基本领域，集团内的贸易自由应是这一进程的补充；

第三，在形势允许时，经济一体化应包括尽可能多的经济和社会活动；

第四，应特别重视通过区域工业化来加强相互依存性，并减少发展水平的差异；

第五，通过协商来协调成员国利用外资的政策；

第六，对较不发达成员国给予优惠待遇，以减轻一体化对成员国两极分化的影响。

（四）综合发展战略理论的特点

第一，综合发展战略理论突破了以往经济一体化理论的研究方法，摒弃了用自由贸易和保护贸易理论来研究发展中国家的经济一体化进程，主张用与发展理论紧密联系的跨学科的研究方法，把一体化作为发展中国家的发展战略，不限于市场的统一。

第二，综合发展战略理论充分考虑了发展中国家经济一体化过程中国内外的制约因素，把一体化当作发展中国家集体自力更生的手段和按新秩序变革世界经济的要素。

第三，在制定经济一体化政策时，综合发展战略理论主张综合考虑政治、经济因素，强调经济一体化的基础时生产及基础设施领域，必须有有效的政府干预。

第三节　区域经济一体化对国际贸易的影响

一、促进了经济一体化组织内部贸易的增长

尽管区域经济一体化的层次不同，但贸易自由化都是其寻求的基本目标。通过削减关税或免除关税，取消贸易的数量限制，削减非关税壁垒形成区域性的统一市场，加上国际分

工向纵深发展，致使成员国间的贸易环境比第三国市场好得多，从而促进了区域内成员国间的贸易迅速增长，集团内部贸易在成员国对外贸易总额中的比重明显提高。据估计，在世界贸易中有50%左右的贸易是在各个区域经济集团内部进行的。中国与APEC成员的贸易额占中国国际贸易总额的2/3。

二、促进了集团内部的国际分工和技术合作

经济一体化的建立有助于分工和技术合作，促进区域内的科技一体化。如在欧共体统一机构的组织和推动下，成员国在许多单纯依靠本国力量难以胜任的重大科研项目，如原子能利用、航空、航天技术、大型电子计算机等高精尖技术领域进行合作。1985年6月，欧洲理事会通过了关于“朝着欧洲技术共同目标奋斗”的备忘录，同时制定了内部实行“尤里卡”等一系列科技计划。

三、促进了经济贸易集团内部的投资自由化

区域经济一体化的实现过程也是成员国之间贸易壁垒逐步取消、贸易自由化不断推进的过程，还是取消投资限制的过程。投资自由化后会导致生产要素的自由转移，促进了经贸集团内部投资的发展，同时经济资源的配置也就趋于最优状态。据统计，中国自APEC成员吸收的外商直接投资额已占其吸收外资总额的2/3以上。

四、提高了贸易集团在世界贸易中的地位

由于区域性贸易集团的不断扩大，各贸易集团的成员日益增加和各贸易集团经济一体化的程度不断提高，贸易集团在世界贸易中的地位显著提高。其中，欧盟、北美自由贸易区和亚太经济合作组织在世界经济一体化中正形成三大区域性贸易圈。欧盟和北美自由贸易区成员的货物贸易在世界货物贸易中的比重已占一半以上，且呈上升趋势。与此同时，区域经济一体化的静态效应，会带来国际贸易地区分布的改变。

五、对多边贸易体制的发展方向和权威性形成一定的冲击

虽然区域经济一体化有助于认识国际经济的相互依赖和多边协调的重要性，有利于推动各国多边贸易自由化的程度，但集团组织内部实行贸易自由化，生产要素流动障碍的逐步消除客观上形成了保护性与排他性，这与世界多边贸易体制的基础——非歧视性原则是不相容的。对于WTO而言，区域贸易集团是作为最惠国待遇的一个例外而发展的。当区域一体化组织的数量达到一定程度，量变引起质变，例外就成为规则，可能会改变多边贸易体制的发展方向。另外，在区域经济一体化协议面前，作为多边贸易体制基础的最惠国待遇原则变成了最“低”国待遇原则，一些成员方加强和扩大区域贸易安排势必削弱多边贸易谈判的注意力，一定程度上会损害多边贸易体制的权威，不利于多边贸易体系的改善。

第四节 区域经济一体化的实践

一、欧洲联盟(EU)

《马斯特里赫特条约》于 1993 年 11 月 1 日生效,欧洲联盟(European Union,EU)自其时正式诞生,它是在欧洲经济共同体(EEC)基础上发展而来的。欧共体正式成立于 1958 年,由法国、意大利、原联邦德国、荷兰、比利时和卢森堡六国组成。后经多次扩大,爱尔兰、丹麦、英国、希腊、西班牙、葡萄牙、奥地利、芬兰、瑞典、捷克、斯洛文尼亚、爱沙尼亚、塞浦路斯、拉脱维亚、立陶宛、匈牙利、马耳他、波兰、斯洛伐克、保加利亚、罗马尼亚、克罗地亚等先后加入,欧盟共有 28 个成员国,原成员国英国脱欧后,欧盟成员国变为 27 个。欧盟的宗旨是促进欧洲团结与发展,通过共同贸易政策,建立无内部边界的经济空间,加强经济、社会的协调发展和建立最终实行统一货币的经济货币联盟,促进各成员国经济和社会的均衡和进步,实行最终包括共同防务政策的共同外交和安全政策,在国际舞台上弘扬联盟的个性。

欧洲联盟是目前世界上一体化程度最高的区域一体化组织,是世界上一支重要的经济力量。它的主要活动其一是内部建设,主要包括:① 建立关税同盟和共同外贸政策。对外实行统一关税率,成员国之间取消商品的关税和限额;② 实行共同农业政策。建立共同农业基金,统一农产品市场和价格,对农产品出口予以补贴,并调整农业结构;③ 实行共同渔业政策。主要内容:水域扩大、干预和管理渔业政策、渔业市场的组织、结构变化和研究和外部的关系;④ 建设经济货币联盟。主要内容:在联盟内实现统一的货币、统一的中央银行以及统一的货币政策。1999 年 1 月 1 日欧元正式启动,标志着欧洲经济货币联盟开始运作;⑤ 实施共同外交和安全政策;⑥ 开展司法和内政方面的合作;⑦ 修改《马斯特里赫特条约》的政府间协议。其二是对外关系。欧盟同世界上许多国家和地区建立和发展了关系。

二、北美自由贸易区(NAFTA)

北美自由贸易区的产生和发展可以分成两个阶段。第一阶段:美加自由贸易区。美国和加拿大都是发达国家,语言相通,边界接壤,自由贸易都很有基础。但两国长期以来一直没能像西欧那样朝自由贸易努力,尽管两国曾在 1935 年和 1938 年就降低关税和相互间给予最惠国待遇达成协议,1965 年两国签订了在汽车及其零部件方面实行自由贸易的协议,但全面的自由贸易直到 1988 年才正式达成协议,《美加自由贸易协定》于 1989 年 1 月 1 日正式生效。第二阶段:北美自由贸易区。在《美加自由贸易协定》生效一年以后,美国决定将这一自由贸易区扩展到墨西哥,这主要是因为墨西哥已具备一定的经济基础,且劳动力丰廉,生产成本低,又是美国的近邻,是美国理想的投资场所和产品市场。于是,美国于 1990 年 11 月开始和墨西哥进行磋商,1991 年 2 月加拿大也加入进来,三国开始就建立北美自由贸易区问题举行谈判。经过一年多的协商,三方终于在关税、汽车、农业、能源和服务业等一系列问题上达成一致，于 1992 年 12 月 17 日分别由三国政府首脑签署了《北美自由贸易协定》，该协定后经三国议会批准通过，于 1994 年 1 月 1 日正式生效。这样，一个当时拥有 3.6 亿多人口、国民生产总值达 6 万多亿美元、贸易总额高出欧盟 25%的全球最大的区域性贸易集团终于建成，开创了发达国家和发展中国家贸易集团化的先河，在世界上引起很大反响。北美自由贸易区的建立，不仅对美、加、墨三国的经济发展具有推动作用，而且对世界经济和贸易也产生了很大影响。

《北美自由贸易协定》的目标是废除贸易壁垒，实现公平贸易；保护知识产权，增加各自的投资机会；建立调节三国之间贸易冲突的机制以保证贸易自由化进程的顺利进行。为了实现这些目标，北美自由贸易协定对贸易、服务、投资、知识产权、政府采购等方面都做了规定，在较为棘手的汽车、农产品、纺织品、能源、运输、文化及环境等问题上还专门列了细则加以说明。

北美自由贸易区是典型的南北双方为共同发展与繁荣而组建的区域经济一体化组织，南北合作和大国主导是其最显著的特征：一是南北合作。北美自由贸易区既有经济实力强大的发达国家（如美国、加拿大），也有经济发展水平较低的发展中国家（墨西哥），区内成员国的综合国力和市场成熟程度差距很大，经济上的互补性较强。各成员国在发挥各自比较优势的同时，通过自由的贸易和投资，推动区内产业结构的调整，促进区内发展中国家的经济发展，从而减少与发达国家的差距。二是大国主导。北美自由贸易区是以美国为主导的自由贸易区，美国的经济运行在区域内占据主导和支配地位。由于美国在世界上经济发展水平最高，综合实力最强；加拿大虽是发达国家，但其国民生产总值仅为美国的 7.9%（1996 年数据），经济实力远不如美国；墨西哥是发展中国家，对美国经济的依赖性很强，因此，北美自由贸易区的运行方向与进程在很大程度上体现了美国的意愿。

三、亚太经济合作组织(APEC)

亚太经济合作组织的雏形可追溯到 1980 年成立的太平洋经济会议（PECC），它是由来自中国、日本、韩国、东盟六国、中国台湾以及美国、加拿大、新西兰和澳大利亚等国家和地区的产业界、学术界和政府官员以个人身份参加的民间探讨和协调经贸合作的一个重要论坛。它起着沟通信息、协调看法、通过民间渠道反映政府观点的作用，但作用有限。1989 年 1 月，澳大利亚倡议召开亚太地区部长级会议，讨论加强区内经济合作问题。经过磋商，该会议于 1989 年 11 月在澳大利亚堪培拉首次举行，亚太经济合作组织（APEC）宣告成立。APEC 是亚太地区经济相互依赖性不断增强的产物，自成立后发展快速，几乎每次领导人的非正式会晤都使 APEC 的经济贸易合作迈上新的台阶。截至 2019 年 10 月，亚太经合组织有 21 个成员，它们是中国、澳大利亚、日本、美国、韩国、新西兰、加拿大、菲律宾、泰国、印度尼西亚、马来西亚、新加坡、文莱、越南、俄罗斯、巴布亚新几内亚、中国香港、中国台湾、墨西哥、智利、秘鲁。

实施贸易和投资自由化、贸易和投资便利化及开展经济技术合作是亚太经济合作组织的主要目标。前者的实施能促使本地区经济贸易活动顺利开展，成本下降，从而提高效益，使各成员受益；后者则通过发达成员和发展中成员的经济互补性关系，使本地区各种资源、技术知识、管理经验得到合理的、更有效的利用，实现各成员以及整个地区的共同发展。

亚太经济合作组织经过多年的探索和实践，在尊重亚太地区多样性的共识下，成员间无论大国还是小国、富国还是穷国，在其发展进程的讨论和协商中形成了一些基本行事原则：一是相互尊重，平等相待；二是互利互惠（互利互惠是APEC发展的前提和基础，是其保持发展活力的关键）；三是协商一致和自愿（APEC的生命力在于在发展进程中保持协商一致、自愿参加的论坛性质以及成员经济体认真落实并做出承诺）；四是坚持"开放的区域主义"（APEC内部的贸易投资自由化成果原则上也适用于外部的非成员。APEC不仅减少区域内的贸易投资障碍，而且为减少区域外部的障碍而努力，为推动全球贸易自由化作出贡献）；五是以渐进的方式实施目标（考虑到成员间的经济发展水平差距悬殊，使自由化程度较低的发展中经济成员有充裕的时间来实施自由化目标，并自主确定其重点和顺序）。

区域经济一体化兴起于二战以后，20世纪90年代以来，这一趋势不断加强。据WTO官方统计，截至2017年，向世界贸易组织通报的区域贸易协定已达647个，其后以大致每月一个的速度递增。金融危机后区域一体化安排更是如火如荼地发展。跨大西洋贸易与投资伙伴关系协议（TTIP）、全面与进步跨太平洋伙伴关系协定（CPTPP）、区域全面经济伙伴关系协定（RCEP）、中日韩自贸区的建设等都已成为热门的话题并付诸实践。

本章核心概念

区域经济一体化　　优惠贸易安排　　自由贸易区　　关税同盟
共同市场　　经济同盟　　完全经济一体化　　贸易创造效果
贸易转移效果　　贸易扩大效果

复习思考题

1. 什么是自由贸易区、关税同盟、共同市场、经济同盟？它们之间有何联系及区别？
2. 简述关税同盟理论和协议性国际分工理论。
3. 试述区域经济一体化与经济全球化的关系。
4. 试述区域经济一体化对国际贸易的影响。
5. 欧盟的实践对其他的区域经济一体化组织有何借鉴意义？

第八章

贸易条约与协定和世界贸易组织

本章主要内容

贸易条约和协定的基本内容;关税与贸易总协定概述;世界贸易组织的宗旨、职能与作用;世界贸易组织基本原则;中国与 GATT;中国与 WTO

一国对外贸易政策总是最大限度地代表和体现着本国的贸易利益。但是,如果每个国家都只从自己的利益出发制定和实施贸易政策,世界贸易定将陷入无序和混乱状态,各国贸易利益的获得也将失去基础和来源。从这个意义上说,一项对他国绝对不利的贸易政策很难长期地起到对本国绝对有利的效果,它必然会由于对方国家的报复而停止实施或抵消其所获得的利益。这样,国际贸易的正常发展必然会受到阻碍。由此看来,一项对世界贸易整体有益的贸易政策必须建立在各国互惠互利的基础上,而要真正体现互惠互利,就必须实行贸易政策的国际协调,建立国际贸易规范体制。贸易政策的国际协调主要有两个途径:一是通过谈判签订相应的贸易条约和协定,协调彼此的对外贸易政策;二是通过采取贸易一体化的方式,实施共同的贸易政策措施。本章主要介绍贸易条约和协定的基本内容、多边贸易体制(从 GATT 到 WTO)的基本框架。

第一节 贸易条约与协定

一、贸易条约与协定的含义及内容

(一) 贸易条约与协定的含义

贸易条约与协定(Commercial Treaty and Agreement)是两个或两个以上的主权国家为了确定他们之间在经济贸易方面的权利、义务而缔结的书面协议。贸易条约和协定是国际条约和协定的一种,它是反映和巩固国家之间在国际政治舞台上经济力量、政治力量对比关系的一种法律形式。但贸易条约和协定同其他政治性的国际条约和协定相比,又有一定的特殊性。从其内容上看,贸易条约与协定主要是确定缔约国之间的经济和贸易关系;从国际法角度上看,贸易条约和协定往往引入和遵守某些国际通用的法律条款,如最惠国待遇条款和国民待遇条款等;从国际惯例上看,贸易条约和协定既可在签订正式外交关系的国家之间签订,也可在没有签订正式外交关系的国家之间签订,既可在不同国家的政府间签订,也可在不同国家政府与民间团体之间或双方的民间团体之间签订。但政治性的条约和协定一般只能在建立正式外交关系后,由有关国家政府签订。

(二) 贸易条约与协定的内容

贸易条约和协定一般由序言、正文和结尾三个部分组成。

序言通常说明缔约双方发展经济贸易关系的愿望及缔结条约或协定所遵守的原则。

贸易条约和协定的正文是贸易条约和协定的主要组成部分,它是有关缔约各方权利、义务的具体规定。不同种类的贸易条约和协定,其正文所包括的条款和内容有所不同。

贸易条约和协定的结尾包括贸易条约和协定的生效、有效期、延长或废止的程序、份数、文字等内容,还有签约的地点和签约双方代表的签名。贸易条约和协定一般以缔约各方的文字写成,且两种文本具有同等的效力。

二、贸易条约与协定所适用的主要法律原则

在贸易条约和协定中,通常所适用的法律待遇条款有最惠国待遇条款、国民待遇条款和互惠待遇条款等。

(一) 最惠国待遇条款(Most-favored Nation Treatment)

最惠国待遇条款的基本含义是缔约国一方现在和将来所给予任何第三国的一切特权、优惠和豁免,也同样给予缔约国对方。换言之,即要求一切外国人处于同等地位,享有同样的待遇,不给予歧视待遇。最惠国待遇的方式有两种,即无条件的最惠国待遇与有条件的最惠国待遇。无条件的最惠国待遇是指缔约国一方现在和将来给予任何第三国的一切优惠待遇,应无条件地、无补偿地、自动地适用于对方;有条件的最惠国待遇是指如果一方给予第三国的优惠是有条件的,则另一方必须提供同样的补偿才能享受这种优惠待遇。现在的国际贸易条约与协定一般多采用无条件的最惠国待遇条款。

最惠国待遇条款的适用范围很广,通常包括以下几个方面:有关进口、出口、过境商品的关税及其他各种捐税;有关进口、出口、过境、存仓和转船方面的海关规则、手续和费用;进出口许可证的发放和手续;船舶驶出、驶入和停泊时的各种税收、费用和手续;关于移民、投资、商标、专利及铁路运输方面的待遇。

在贸易条约和协定中,一般都规定有不适用最惠国待遇条款的限制和例外。

(二) 国民待遇条款(National Treatment)

国民待遇条款的基本要求是缔约国的一方根据条约的规定,应将本国公民享有的权利和优惠扩及缔约国对方在本国境内的公民。根据国民待遇原则,缔约国一方的公民在缔约国另一方可以享有与该国公民同样的待遇。

国民待遇条款一般适用于外国公民的私人经济权利、外国产品所应交纳的国内捐税、利

用铁路运输和转口过境的条件、船舶在港口的待遇、商标注册、版权及专利权的保护等。但是，国民待遇条款的适用是有一定范围的，并不包括本国公民所享有的一切权利，例如，沿海航行权、领海捕鱼权、购买土地权等。

（三）互惠待遇条款(Reciprocally Treatment)

互惠待遇条款的基本要求是：缔约国的双方根据协议相互给予对方的法人或自然人以对等的权利和待遇。这项原则不能单独使用，必须与其他特定的权利或制度的内容结合在一起，才能成为独立的单项条款。互惠的法律意义在于基本上可以防止一国及其法人、自然人在另一国单方面享有特权，也可以保证这些组织和个人在外国享有的对等权利不受限制或歧视。

互惠待遇在现代国际贸易中广泛使用，其原因是：互惠待遇可以扩大一国产品的国外市场；可以促进两国的贸易关系，维护两国贸易的平衡；可以表示两国互相尊重的平等精神；并可长期保持经济与贸易关系。

三、贸易条约与协定的种类

贸易条约和协定的种类有多种分法。按签约国家的多少来分，有双边（两个主权国家）贸易条约与协定和多边（两个以上主权国家）贸易条约与协定两种。按内容不同来分，有贸易条约、贸易协定、贸易议定书、支付协定、贸易与支付协定、国际商品协定等。在国际贸易中，常见的贸易条约与协定有以下几种类型：

（一）贸易条约(Commercial Treaty)

狭义的贸易条约又称通商航海条约（Treaty of Commerce and Navigation）是全面规定两国间经济、贸易关系的条约。其内容相当广泛，涉及缔约国经济和贸易关系的各个方面的问题，如关税的征收、海关手续、船舶航行与使用港口的规定、双方公民和企业组织在对方国家所享受的待遇、知识产权的保护、关于进口商品征收国内捐税的规定、关于铁路和过境的规定、关于仲裁的规定，等等；有的通商航海条约还订有关于两国间移民的规定。由于贸易条约的内容关系到国家主权与经济权益，所以这种条约通常由国家首脑特派全权代表签订，签约后还需按缔约国的法律程序完成批准手续，缔约国间互相交换文书后才能生效。贸易条约有效期一般较长。

（二）贸易协定(Trade Agreement)

贸易协定是两国或几国之间调整它们相互的经济贸易关系的一种书面协议。它的特点是与贸易条约相比，所涉及的范围较窄，对缔约国之间的贸易关系往往规定得比较具体，有效期短，签订程序较简单。其内容通常包括贸易额、双方出口货单、作价办法、使用的货币、支付方式、关税优惠等。

（三）贸易议定书(Trade Protocol)

贸易议定书是缔约国就发展贸易关系中某项具体问题所达成的书面协议。这种议定书往往是作为贸易协定的补充、解释或修改而签订的。贸易议定书有的是作为贸易协定的附件而存在,有的则是独立文件,具有与贸易条约、协定相同的法律效力。

(四) 支付协定(Payment Agreement)

支付协定是两国间关于贸易和其他方面债权债务结算方法的书面协议。支付协定是外汇管制的产物。在实行外汇管制的条件下,一种货币不能兑换另一种货币,对一国所保有的债权不能用来抵偿第三国的债务,结算只有在双边基础上进行,因此,就需要通过缔结支付协定的办法来解决两国间的债权债务。

支付协定的主要内容包括清算机构的规定、清算账户的设立、清算时使用的记账货币、账户清算的项目和范围、双方债权债务抵偿后差额清算的办法,等等。

(五) 国际商品协定(International Commodity Agreement)

国际商品协定是某项商品的主要出口国和进口国就这项商品出口、进口、稳定价格等问题的权利义务,经过谈判达成的政府间多边协议。其主要目的在于稳定该项商品的价格和供销,消除中短期的价格和供给波动。国际商品协定的主要对象是发展中国家所生产的初级产品。国际商品协定主要通过设立缓冲库存、签订多边合同、规定出口限额等办法来稳定价格。

(六) 关税减让与互惠的协定

这类协定的宗旨是通过削减关税和非关税的贸易壁垒,促进贸易自由化,以便充分利用世界资源和扩大商品的生产与交换。如关税与贸易总协定。

第二节 关贸总协定与世界贸易组织

一、关贸总协定概述

关税与贸易总协定(General Agreement of Trade and Tariff,GATT),简称关贸总协定,是在美国策动下由 23 个原始缔约国于 1947 年 10 月 30 日在日内瓦签订并于 1948 年 1 月 1 日正式生效。它是关于调整缔约国对外贸易政策和国际贸易关系方面的相互权利、义务的国际多边协定。

关贸总协定的宗旨是"缔约国各国政府,认为在处理它们的贸易和经济事业的关系方面,应以提高生活水平,保证充分就业,保证实际收入和有效需求的巨大持续增长,扩大世界资源的充分利用以及发展商品生产和交换为目的。企望达成互惠互利的协议,导致大幅度地削减关税和其他贸易障碍,取消国际贸易中的歧视待遇,以对上述的目的作出贡献"。

总协定从 1948 年开始至 1995 年正式结束的 47 年内,其内容及其活动所涉及的范围不断扩大,总协定的正式成员国不断增加。它在国际贸易领域内的作用日益加强,主要表现在以下几个方面：

第一，它对战后国际贸易的发展起到了一定的作用。在总协定主持之下经过历次的多边贸易谈判，关税税率有了较大幅度的下降，这对促进贸易自由化和国际贸易的发展起到了积极的作用。

第二，总协定形成了一套国际贸易政策和措施的规章，在一定程度上成为该协定成员国制定和修改对外贸易政策和措施及从事对外贸易活动的主要法律依据。

第三，暂时缓和成员国之间在国际贸易中的某些矛盾。

第四，总协定的许多条款是维护发达资本主义国家的利益，但对发展中国家维护自身的利益和促进对外贸易发展也逐渐起到一定的作用。

总之，40 多年来，关贸总协定在促进国际商品贸易发展等方面起到了一定的积极作用，但是，由于它的法律地位、职权范围和管辖内容方面的局限性，使它的作用难以进一步扩大。早在乌拉圭回合筹备阶段就广泛地讨论了重新启动《国际贸易组织宪章》的问题，终于在谈判后期达成了《建立世界贸易组织协议》，于 1995 年 1 月 1 日正式建立世界贸易组织，替代了原关贸总协定。

二、世界贸易组织的宗旨与基本原则

世界贸易组织，简称世贸组织（World Trade Organization，WTO），是在关税与贸易总协定的基础上建立起来的。

世界贸易组织是根据关贸总协定乌拉圭回合多边贸易谈判达成的《建立世界贸易组织协定》（Agreement Establishing the World Trade Organization）于 1995 年 1 月 1 日建立，取代原关贸总协定，按乌拉圭回合多边谈判达成的最后文件所形成的一整套协定和协议的条款作为国际法律规则，对各成员国之间经济贸易关系的权利和义务进行监督、管理和履行的正式国际经济组织。世贸组织（WTO）与国际货币基金组织（IMF）、世界银行（WB）一起被称为世界经济发展的三大支柱。

（一）世界贸易组织的宗旨和目标

《建立世界贸易组织的协议》的序言阐述了世界贸易组织的宗旨为："提高世界范围内人民的生活水平，保证充分就业和大幅度稳定提高实际收入和有效需求，扩大货物和服务的生产与贸易，按照持续发展的目的，最优运用世界资源，寻求保护和维持环境，并以符合不同经济发展水平下各自需要的方式，加强和采取各种相应的措施。积极努力确保发展中国家，尤其是最不发达国家在国际贸易增长中的份额与其经济发展需要相称"。其目标是："建立一个完整的、更有活力和持久的多边贸易体系，以包括关税与贸易总协定、以往贸易自由化努力的成果、和乌拉圭回合多边贸易谈判的所有成果"。实现其宗旨与目标的途径是："通过互惠互利的安排，导致关税和其他贸易壁垒的大量减少和国际贸易关系中歧视性待遇的取消"。

（二）世界贸易组织的基本原则

世界贸易组织取代关贸总协定后，继承了关贸总协定的基本原则，并在其管辖的服务贸易、与贸易有关的知识产权以及与贸易有关的投资措施等新的领域中予以适用并加以发展。这些基本原则有：

1. 互惠原则(Reciprocity)

互惠原则，也叫对等原则，是 WTO 最为重要的原则之一，是指两成员方在国际贸易中相互给予对方贸易上的优惠待遇。它明确了成员方在关税与贸易谈判中必须采取的基本立场和相互之间必须建立一种什么样的贸易关系。

世贸组织的互惠原则主要通过以下几种形式体现：

第一，通过举行多边贸易谈判进行关税或非关税措施的削减，对等地向其他成员开放本国市场，以获得本国产品或服务进入其他成员市场的机会，即所谓“投之以桃”、“报之以李”。

第二，当一国或地区申请加入世贸组织时，由于新成员可以享有所有老成员过去已达成的开放市场的优惠待遇，老成员就会一致地要求新成员必须按照世贸组织现行协定、协议的规定缴纳“入门费”——开放申请方商品或服务市场。

第三，互惠贸易是多边贸易谈判及一成员贸易自由化过程中与其他成员实现经贸合作的主要工具。关贸总协定及世贸组织的历史充分说明，多边贸易自由化给某一成员带来的利益要远大于一个国家自身单方面实行贸易自由化的利益。因为一国单方面自主决定进行关税、非关税的货物贸易自由化及服务市场开放时，所获得的利益主要取决于其他贸易伙伴对这种自由化改革的反应，如果反应是良好的，即对等地也给予减让，则获得的利益就大；反之，则较小。相反，在世贸组织体制下，由于一成员的贸易自由化是在获得现有成员开放市场承诺范围内进行的，自然这种贸易自由化改革带来的实际利益有世贸组织机制作保障，而不像单边或双边贸易自由化利益那么不确定。因此，多边贸易自由化要优于单边贸易自由化，尤其像中国这样的发展中大国。

2. 透明度原则(Transparency)

透明度原则是指，WTO 成员方应公布所制定和实施的贸易措施及其变化情况，没有公布的措施不得实施，同时还应将这些贸易措施及其变化情况通知世贸组织。此外，成员方所参加的有关影响国际贸易政策的国际协定，也应及时公布和通知 WTO。

透明度原则是世贸组织的重要原则，它体现在世贸组织的主要协定、协议中。根据该原则，世贸组织成员需公布有效实施的、现行的贸易政策法规有：

(1) 海关法规。即海关对产品的分类、估价方法的规则，海关对进出口货物征收的关税税率和其他费用；

(2) 进出口管理的有关法规和行政规章制度；

(3) 有关进出口商品征收的国内税、法规和规章；

(4) 进出口商品检验、检疫的有关法规和规章；

(5) 有关进出口货物及其支付方面的外汇管理和对外汇管理的一般法规和规章；

(6) 利用外资的立法及规章制度；

(7) 有关知识产权保护的法规和规章；

(8) 有关出口加工区、自由贸易区、边境贸易区、经济特区的法规和规章；

(9) 有关服务贸易的法规和规章;

(10) 有关仲裁的裁决规定;

(11) 成员国政府及其机构所签订的有关影响贸易政策的现行双边或多边协定、协议;

(12) 其他有关影响贸易行为的国内立法或行政规章。

透明度原则规定各成员应公正、合理、统一地实施上述的有关法规、条例、判决和决定。统一性要求在成员领土范围内管理贸易的有关法规不应有差别待遇,即中央政府统一颁布有关政策法规,地方政府颁布的有关上述事项的法规不应与中央政府有任何抵触,但是中央政府授权的特别行政区、地方政府除外。公正性和合理性要求成员对法规的实施履行非歧视原则。

透明度原则还规定,鉴于对海关行政行为进行检查和纠正的必要,要求各成员应保留或尽快建立司法的或仲裁的或行政的机构和程序。这类法庭或程序独立于负责行政实施的机构之外。除进口商在所规定允许的上诉期内可向上级法庭或机构申诉外,其裁决一律由这些机构加以执行。

透明度原则对公平贸易和竞争的实现起到了十分重要的作用。

3. 市场准入原则(Market Access)

世界贸易组织市场准入原则是可见的和不断增长的,它以要求各国开放市场为目的,有计划、有步骤、分阶段地实现最大限度的贸易自由化。市场准入原则的主要内容包括关税保护与减让,取消数量限制和透明度原则。世贸组织倡导最终取消一切贸易壁垒,包括关税和非关税壁垒,虽然关税壁垒仍然是世界贸易组织所允许的合法的保护手段,但是关税的水平必须是不断下降的。

4. 促进公平竞争原则

世界贸易组织不允许缔约国以不公正的贸易手段进行不公平竞争,特别禁止采取倾销和补贴的形式出口商品,对倾销和补贴都做了明确的规定,制定了具体而详细的实施办法,世界贸易组织主张采取公正的贸易手段进行公平的竞争。

5. 经济发展原则

也称鼓励经济发展与经济改革原则,该原则以帮助和促进发展中国家的经济迅速发展为目的,针对发展中国家和经济接轨国家而制定,给予这些国家的特殊优惠待遇,如允许发展中国家在一定范围内实施进口数量限制或是提高关税的“政府对经济发展援助”条款,仅要求发达国家单方面承担义务而发展中国家无偿享有某些特定优惠的“贸易和发展条款”,以及确立了发达国家给予发展中国家和转型国家更长的过渡期待遇和普惠制待遇的合法性。

6. 非歧视性原则

这一原则包括两个方面:一个是最惠国待遇;另一个是国民待遇。成员一般不能在贸易伙伴之间实行歧视;给予一个成员的优惠,也应同样给予其他成员,这就是最惠国待遇。这个原则非常重要，在管理货物贸易的《关税与贸易总协定》中位居第一条，在《服务贸易总协定》中是第二条，在《与贸易有关的知识产权协议》中是第四条。因此，最惠国待遇适用于世贸组织所有三个贸易领域。国民待遇是指对外国的货物、服务以及知识产权应与本地的同等对待。最惠国待遇的根本目的是保证本国以外的其他缔约方能够在本国的市场上与其他国企业在平等的条件下进行公平竞争。非歧视性原则是世界贸易组织的基石，是避免贸易歧视和摩擦的重要手段，是实现各国间平等贸易的重要保证。

最惠国待遇原则：一成员方将在货物贸易、服务贸易和知识产权领域给予任何其他国家的优惠待遇，立即和无条件的给予其他各成员方。其主要特征：(1) 自动性：立即和无条件；(2) 同一性：受惠标的必须相同；(3) 相互性：既是受惠方又是给惠方，承担义务同时享受权利；(4) 普遍性：适用于全部进出口产品、服务贸易和各个部门和所有种类的知识产权所有者和持有者。

最惠国待遇例外情况：以关税同盟和自由贸易区等形式出现的区域经济安排，在这些区域内部实行的比最惠国待遇更优惠的优惠，区域外世界贸易组织成员无权享受；对发展中成员方实行的特殊和差别待遇，如普遍优惠制；在边境贸易中对毗邻国家给予更多的贸易便利；在知识产权领域允许成员方就一般司法协助国际协定中享有的权利等方面保留例外。

国民待遇原则：对其他成员方的产品、服务和服务提供者及知识产权所有者和持有者所提供的待遇，不低于本国同类产品、服务和服务提供者及知识产权所有者和持有者所享有的待遇。其主要特征：(1) 适用的对象是产品、服务和服务提供者及知识产权所有者和持有者，但因这些领域具体受惠对象不同，国民待遇条款的适用范围、具体规则和重要性有所不同；(2) 只涉及其他成员方的产品、服务和服务提供者及知识产权所有者和持有者，在进口成员方境内所享有的待遇；(3) 定义中“不低于”一词的含义是指，其他成员方的产品、服务和服务提供者及知识产权所有者和持有者应与进口成员方同类产品、相同服务和服务提供者及知识产权所有者和持有者享有同等待遇，若进口成员方给予前者更高的待遇，并不违反国民待遇原则。

三、世界贸易组织的范围、职能与作用

(一) 世界贸易组织的范围

根据《建立世界贸易组织协议》，世界贸易组织涉及的范围为关贸总协定乌拉圭回合多边贸易谈判达成的协议、协定以及历次谈判达成的协议。具体包括：多边货物贸易协议、服务贸易总协定、与贸易有关的知识产权协议、争端解决规则和程序谅解、贸易政策审评机制、多方贸易协议、马拉喀什会议上的部长决定和宣言、1994 年关贸总协定等。

(二) 世界贸易组织的职能

世界贸易组织的基本职能是制定、监督、管理和执行共同构成世贸组织的多边及诸边贸易协定；作为多边贸易谈判的讲坛；寻求解决贸易争端；监督各成员贸易政策，并与其他制定全球经济政策有关的国际机构进行合作。具体行使以下职能：

1. 管理职能

世界贸易组织负责对各成员国的贸易政策和法规进行监督和管理，定期评审，以保证其合法性。

2. 组织职能

为实现各项协定和协议的既定目标，世界贸易组织有权组织实施其管辖的各项贸易协定和协议，并积极采取各种有效措施。

3. 协调职能

世界贸易组织协调其与国际货币基金组织和世界银行等国际组织和机构的关系，以保障全球经济决策的一致性和凝聚力。

4. 调节职能

当成员国之间发生争执和冲突时，世界贸易组织负责协调解决。

5. 提供职能

世界贸易组织为其成员国提供处理各项协定和协议有关事务的谈判场所，并向发展中国家提供必要的技术援助，以帮助其发展。

（三）世界贸易组织的地位

《建立世界贸易组织协议》规定，世界贸易组织具有如下的地位：

(1) 世界贸易组织具有法人资格；

(2) 世界贸易组织每个成员方向世界贸易组织提供其履行职责时所必需的特权与豁免权；

(3) 世界贸易组织官员和各成员方代表在其独立执行与世界贸易组织相关的职能时，享有每个成员方提供的所必需的特权与豁免权；

(4) 每个成员给予世界贸易组织的官员、成员方代表的特权与豁免权等同于联合国大会于 1947 年 11 月 21 日通过的特殊机构的特权豁免权公约所规定的特权与豁免权。

（四）世界贸易组织的作用

1. 促进世界范围的贸易自由化和经济全球化

通过关税与贸易协定使全世界的关税水平大幅度下降，极大地促进了世界范围的贸易自由化。1999 年，发达国家成员的关税从 6.3%削减到 3.9%，免税进口的制成品从 20%提高到 43%。此外，世贸组织还在农业、纺织品贸易、安全保障措施、反倾销与反补贴、投资、服务贸易、知识产权以及运作机制等方面都做出了有利于贸易发展的规定。所有这些协定和协议都会改善世贸组织各成员方市场准入的条件，极大地促进世界贸易自由化和全球经济一体化，使世界性的分工向广度与深度发展，为国际贸易的发展奠定稳定的基础，使对外贸易在各国经济发展中的作用更为显著。

2. 使传统的贸易政策措施得到改观

世界贸易组织的建立将世界贸易制度带入协商管理贸易时代，各国的贸易政策将建立在"双赢"的基础上，"贸易保护"和"贸易制裁"的作用与含义都发生了很大的变化。世贸组织不是一个纯"自由贸易"组织，而是一个致力于"开放、公平、无扭曲竞争"的国际贸易组织。它致力于扩大货物贸易、服务贸易和与贸易有关的投资措施的自由化，同时又致力于加强与贸易有关的知识产权的保护并允许各成员方对贸易予以必要的保护。而且，出于竞争的需要，保护措施可以向世贸组织未列入的措施领域发展，如生态环境、社会条款、技术、文化等方面。

3. 使世界市场的竞争方式与竞争手段改变

在世贸组织的推动下，世界市场的竞争会更加激烈，国际大市场上价值规律会更充分地发挥作用。成员方竞争的基础是其综合能力，包括生产条件、需求条件、出口产业产品结构的健全、企业开拓国内外市场的战略，以及机遇的运用与政府的管理决策。单一式的竞争让位于综合式的竞争，即在竞争中把货物贸易、服务贸易、投资、知识产权有机地结合起来；粗放式的竞争让位于集约式的竞争，即依靠拼价格、拼数量、拼优惠条件的竞争让位于非价格的优良的投资环境、注意知识产权保护的竞争；企业金字塔式的组织机构让位于矩阵式灵活实用的组织机构；规模经济让位于规范经济。这些都将在世贸组织的运作之下进一步发展。

四、世界贸易组织的结构与决策

(一) 世贸组织的结构

1. 部长级会议

部长级会议是世贸组织的最高决策权力机构，由所有成员国主管外经贸的部长、副部长级官员或其全权代表组成，一般两年举行一次会议，讨论和决定涉及世贸组织职能的所有重要问题，并采取行动。

第一次会议于 1996 年 12 月在新加坡举行。会议主要审议了世界贸易组织成立以来的工作及上一轮多边贸易谈判即"乌拉圭回合"协议的执行情况，并决定成立贸易与投资、贸易与竞争、政府采购透明度 3 个工作组，同时将贸易便利化纳入货物理事会的职责范围。会议最后通过了《新加坡宣言》。

第二次会议于 1998 年 5 月在瑞士日内瓦举行。会议主要讨论了已达成的贸易协议的执行情况、既定日程和未来谈判日程等问题以及第三次部长级会议举行的时间和地点。会议的主要目的是为第三次部长级会议启动新一轮多边贸易谈判做准备。

第三次会议于 1999 年 11 月 30 日至 12 月 3 日在美国西雅图举行。由于非政府组织的示威游行和干扰所产生的压力以及成员国在一系列重大问题上的意见分歧，会议未能启动拟议中的新一轮多边贸易谈判，最终以失败告终。

第四次会议于2001年11月在卡塔尔首都多哈举行。会议启动了被称为“多哈发展议程”即所谓“多哈回合”的新一轮多边贸易谈判。多哈回合涵盖大约20个议题。其中，农业和非农产品市场准入被认为是最关键也是世贸组织成员分歧最集中的两个议题。这两个议题不解决，其他议题的谈判便无法取得进展。会议的另一个重要成果是批准中国加入世贸组织。

第五次会议于2003年9月在墨西哥坎昆举行。会议对世贸组织新一轮谈判进行了中期评估，同意接纳柬埔寨和尼泊尔两国为世贸组织正式成员，发表了《部长会议声明》。由于各方对《部长宣言草案》存在巨大分歧，大会未取得实质性成果，这是世贸组织成立8年来无果而终的第二次部长级会议。

第六次会议于2005年12月在中国香港举行。会议通过了《部长宣言》，规定发达成员和部分发展中成员2008年前向最不发达国家所有产品提供免关税、免配额的市场准入；发达成员2006年取消棉花的出口补贴，2013年年底前取消所有形式农产品的出口补贴。

第七次会议于2009年11月30日至12月2日在瑞士日内瓦举行。会议的主题是“WTO，多边贸易体制和当今全球经济环境”，会议回顾了自2005年中国香港部长级会议以来，WTO各项工作包括多哈回合谈判的进展情况，同时讨论WTO对世界经济复苏和增长的贡献。

第八次会议于2011年12月15日至17日在瑞士日内瓦举行。会议将讨论的重点放在发展问题上，以认真务实的态度研究对最不发达国家经济体进行贸易援助等具体问题。

部长级会议的主要职能是：任命世贸组织总干事并制定有关规则；确定总干事的权力、职责、任职条件和任期以及秘书处工作人员的职责及任职条件；对世贸组织协定和多边贸易协定做出解释；豁免某成员对世贸组织协定和其他多边贸易协定所承担的义务；审议其成员对世贸组织协定或多边贸易协定提出修改的动议；决定是否接纳申请加入世贸组织的国家或地区为世贸组织成员；决定世贸组织协定及多边贸易协定生效的日期等。下设总理事会和秘书处，负责世贸组织日常会议和工作。世贸组织成员资格有创始成员和新加入成员之分，创始成员必须是关贸总协定的缔约方，新成员必须由其决策机构——部长会议以三分之二多数票通过，方可加入。

2. 总理事会

在部长级会议休会期间，其职能由总理事会行使，总理事会也由全体成员组成。总理事会可视情况需要随时开会，自行拟订议事规则及议程。同时，总理事会还必须履行其解决贸易争端和审议各成员贸易政策的职责。

总理事会下设货物贸易理事会、服务贸易理事会、知识产权理事会。这些理事会可视情况自行拟订议事规则，经总理事会批准后执行。所有成员均可参加各理事会。

3. 各专门委员会

各专门委员会部长会议下设立专门委员会，以处理特定的贸易及其他有关事宜。已设立贸易与发展委员会；国际收支限制委员会；预算、财务与行政委员会；贸易与环境委员会等10多个专门委员会。

4. 秘书处与总干事

由部长级会议任命的总干事领导的世界贸易组织秘书处(下称秘书处),设在瑞士日内瓦,大约有500人。秘书处工作人员由总干事指派,并按部长会议通过的规则决定他们的职责和服务条件。部长会议明确了总干事的权力、职责、服务条件及任期规则。世贸组织总干事主要有以下职责:可以最大限度地向各成员施加影响,要求它们遵守世贸组织规则;总干事要考虑和预见世贸组织的最佳发展方针;帮助各成员解决它们之间所发生的争议;负责秘书处的工作,管理预算和所有成员有关的行政事务;主持协商和非正式谈判,避免争议。

截至1999年5月,世贸组织共有30多个理事会和常设委员会。

(二) 世贸组织成员资格

世界贸易组织的成员资格有两种:

1. 世界贸易组织的创始成员

根据协议规定,凡具备以下条件,即可成为该组织的创始成员:第一,世界贸易组织协议生效时,已是关贸总协定的缔约国;第二,签署参加、一揽子接受乌拉圭回合所有协议;第三,在乌拉圭回合中做出关税和非关税减让以及服务贸易的减让。

2. 新加入世界贸易组织的成员

凡在世界贸易组织协议生效后,任何国家或在对外商业关系上拥有充分自主权的单独关税区,可以向世界贸易组织提出申请加入,进行全面谈判,按谈妥的条件加入该组织,成为一般成员。

世界贸易组织允许单独关税区与国家一样,独立自行申请加入,这在国际法上是个先例。在关贸总协定中,单独关税区本无权自行行事,必须经有关主权国家同意和推荐,方可成为成员方。

任何成员方可以退出世界贸易组织。

(三) 世贸组织的决策

世界贸易组织继续实行1947年关贸总协定合意决策的做法,即在做出决定的会议上,如果任何一个与会的成员方对拟通过的决议不正式提出反对,就算达成合意。

如通过合意未达成决定时,以投票决定。在部长会议和总理事会上,世贸组织成员方均有一票投票权,除非另有规定,通常以多数票为准。

部长会议和总理事会拥有对世贸组织各项协议的解释权,运用解释做出的决定以成员方四分之三投票为准。

如要免除成员方义务,须部长会议以四分之三投票方式表决。超过一年的免除决定,要定期接受部长会议审评,直到免除终止。

(四) 加入世贸组织的程序

第一阶段,申请方政府向世贸组织提交备忘录。备忘录涉及与世贸组织协议有关的所有方面,备忘录是工作组审查申请国加入申请的基础;

第二阶段，申请方政府与有兴趣的成员国政府进行双边谈判，以达成其在货物贸易及服务贸易方面的承诺。这一双边过程以及其他一些事项确立了申请方加入时给予世贸组织成员的具体利益。谈判完成后，工作组起草申请国加入的基本条件文件。

第三阶段，工作组提出最终报告，其内容包括加入议定书草案以及双边谈判达成的承诺表，提交给总理事会或部长会议以备通过。如世贸组织成员以三分之二多数票赞成，申请方便可签署议定书，正式加入世贸组织。

五、世界贸易组织的协议内容

世界贸易组织负责实施和管理的协议与协定包括了大约 29 个独立的法律文件，范围包括从农业到纺织品服装，从服务到政府采购，从原产地规则到知识产权的各项内容，除此之外，还有 25 个附加的部长宣言、决定和谅解，这些构成了世界贸易组织成员的义务和承诺。协议分为多边协议与协定及诸边协议。多边贸易协议与协定要求成员“一揽子”接受；而诸边协议可分别接受，只在接受成员间生效。

（一）多边贸易协议与协定

1. 1994 年关税与贸易总协定（General Agreement on Tariffs and Trade，1994）
2. 农产品协议（Agreement on Agriculture）
3. 卫生和植物检疫措施实施协议（Agreement on the Application of Sanitary and Phyto-sanitary Measures）
4. 贸易技术壁垒协议（Agreement on Technical Barriers to Trade）
5. 与贸易有关的投资措施协议（Agreement on Trade Related Investment Measures）
6. 反倾销协议（Agreement on Anti-dumping）
7. 海关估价协议（Agreement on Customs Valuation）
8. 装运前检验协议（Agreement on Pre-shipment Inspection）
9. 原产地规则协议（Agreement on Rules of Origin）
10. 进口许可证程序协议（Agreement on Import Licensing Measures）
11. 补贴和反补贴措施协议（Agreement on Subsidies and Countervailing Measures）
12. 保障措施协议（Agreement on Safeguards）
13. 服务贸易协议（General Agreement on Trade in Services）
14. 与贸易有关的知识产权协议（Agreement on TRIPs）

（二）诸边贸易协议

1. 民航设备贸易协议（Agreement on Trade on Civil Aircraft）
2. 政府采购协议（Agreement on Government Procurement）
3. 国际奶制品协议（International Dairy Agreement）
4. 国际牛肉协议（International Bovine Meat Agreement）
5. 信息技术协议（Agreement on Information Technology）

六、世界贸易组织的权利义务

(一) 基本权利

(1) 能使产品和服务及知识产权在159个成员中享受无条件、多边、永久和稳定的最惠国待遇以及国民待遇；

(2) 对大多数发达国家出口的工业品及半制成品享受普惠制待遇；

(3) 享受发展中国家成员的大多数优惠或过渡期安排；

(4) 享受其他世贸组织成员开放或扩大货物、服务市场准入的利益；

(5) 利用世贸组织的争端解决机制，公平、客观、合理地解决与其他国家的经贸摩擦，营造良好的经贸发展环境；

(6) 参加多边贸易体制的活动获得国际经贸规则的决策权；

(7) 享受世贸组织成员利用各项规则、采取例外、保证措施等促进本国经贸发展的权利。

(二) 基本义务

(1) 在货物、服务、知识产权等方面，依世贸组织规定，给予其他成员最惠国待遇、国民待遇；

(2) 依世贸组织相关协议规定，扩大货物、服务的市场准入程度，即具体要求降低关税和规范非关税措施，逐步扩大服务贸易市场开放；

(3) 按《知识产权协定》规定进一步规范知识产权保护；

(4) 按争端解决机制与其他成员公正地解决贸易摩擦，不能搞单边报复；

(5) 增加贸易政策、法规的透明度；

(6) 规范货物贸易中对外资的投资措施；

(7) 按在世界出口中所占比例缴纳一定会费。

七、世界贸易组织的争端解决机制

(一) 世界贸易组织争端解决机制的作用

“关于争端解决的规则与程序的谅解”指出：世界贸易组织的争端解决机制是保障多边贸易体制的可靠性和可预见性的核心因素。世贸组织成员承诺，不应采取单边行动以对抗其发现的违反贸易规则的事件，而应在多边争端解决机制下寻求救济，并遵守其规则与裁决。

世贸组织总理事会作为争端解决机构召集会议，以处理根据乌拉圭回合最后文件中的任何协议的争端。这样，争端解决机构具有独特的权利建立专家小组，通过专家小组做出上诉报告，保持对裁决和建议的执行的监督，在建议得不到执行时授权采取报复措施。

争端的迅速解决是世贸组织有效运作的基本要求。因此，“谅解”非常详细地规定了解决争端所应遵循的程序和时间表。世贸组织争端解决机制的目的在于“为争端寻求积极的解决办法”。因此，对于成员之间的问题，它鼓励寻求与世贸组织规定相一致的、各方均可接受的解决办法。通过有关政府之间的多边磋商，找到解决办法。因此，争端解决的第一阶段要求进行这样的磋商。如果磋商失败了，经双方同意，在这个阶段的案件可以提交给世贸组织的争端解决机构。

（二）世贸组织争端解决程序

1. 第一阶段：磋商

在采取任何行动之前，争端国家都必须进行磋商，以寻求自行解决彼此之间的分歧。如果磋商失败，他们也可以要求 WTO 总干事进行调解，或以其他任何方式提供帮助。磋商时间最长可达 60 天。

2. 第二阶段：专家组

如果磋商失败，申请国可以要求任命专家组。在“被告席”上的国家可以阻挠专家组的成立，但只能一次。在争端机构召开第二次会议时，任命就不能再被阻挠，除非各方协商一致反对任命专家组。

专家组帮助争端解决机构作出裁决或提出建议，专家组的报告只能在协商一致的情况下才能在争端解决机构中被否决，因此，其结论是很难被推翻的。专家组的报告通常应在 6 个月内提交争端各方。在紧急案件中，期限缩短为 3 个月。

3. 第三阶段：上诉

任何一方均可就专家组的裁决提出上诉。上诉应根据法律，而不可重新审查现有证据或审查新的证据。上诉可以确认、修改或推翻专家组的法律调查结果和结论。一般情况下，上诉不应超过 60 天，最长绝对不能超过 90 天。争端解决机构必须在 30 天内接受或否决上诉报告，而否决只能是协商一致。

4. 第四阶段：专家报告的执行

争端解决程序规定贸易争端各方可以三种方式执行专家报告：履行；提供补偿；授权报复。

第三节　世界贸易组织与中国

一、中国与关贸总协定

（一）中国与关贸总协定的关系

中国是 1947 年关贸总协定的 23 个原始缔约国之一。1950 年 3 月台湾当局越权宣布退出，中国从此失去了在关贸总协定中的席位，中断了同关贸总协定的联系。虽然台湾地区在

1965 年取得了观察员资格，但又于 1971 年 11 月被取消。

中华人民共和国政府不承认台湾当局退出关贸总协定的合法性，但在中华人民共和国成立之后的 30 多年里，由于种种原因，一直没有参加关贸总协定的活动。进入 20 世纪 80 年代，中国认识到了与关贸总协定建立关系的重要性，恢复了同关贸总协定的联系。1983 年，我国获得观察员资格，1984 年又获得特别观察员地位，并正式签署第三个《国际纺织品协定》，成为关贸总协定纺织品委员会的正式成员。同年 11 月，我国又申请并获资格列席关贸总协定理事会及其下属机构会议，参加各项活动，并全面参加了 1986 年开始的乌拉圭回合多边贸易谈判。

出于对内改革、对外开放、发展社会生产力、建立社会主义市场经济体制和与国际市场接轨的需要，中国于 1986 年 7 月 10 日正式向关贸总协定秘书处提出恢复关贸总协定缔约国席位的申请，并于 1987 年 2 月 13 日向关贸总协定递交了《中国对外贸易制度备忘录》。1987 年 3 月，关贸总协定成立了中国工作组，负责审议中国“复关”问题。在此后的 9 年中，中国的复关谈判经历了以下四个阶段：

第一阶段：(1986 年 7 月——1988 年 1 月)申请答辩阶段。在中国提出申请和递交其对外贸易制度备忘录后，关贸总协定中国工作组邀请所有缔约国就中国的外贸体制提出问题，中国进行答疑，然后做出综合评估。

第二阶段：(1988 年 2 月——1989 年 5 月)接受审议阶段。以 1988 年 2 月中国工作组召开首次会议为标志，中国与关贸总协定主要缔约方进行了十几次双边磋商，中国工作组也召开了 7 次会议。当时，各方就中国复关中的一些核心问题基本达成了谅解和共识，中国复关议定书框架草案跃然纸上，可望 1989 年底结束复关谈判。

第三阶段：(1989 年 6 月——1992 年 2 月)谈判停顿阶段。1989 年夏天，复关谈判受阻。以美国为首的西方国家对华进行经济制裁，把暂时不让中国复关作为其经济制裁的一项重要内容。此后的两年半期间，中国工作组的谈判处于停顿状态。

第四阶段：(1992 年 2 月——1994 年 12 月)形势好转，进入实质性谈判阶段。在 1992 年 2 月举行的第 10 次中国工作组会议上，中国的复关谈判出现转机，谈判在重新启动后便进入到权利与义务如何平衡的深化谈判上。但因主要缔约方与中国的谈判衔接点差距过大，在 1994 年的第 19 次谈判中，中国未能恢复在关贸总协定缔约方地位并成为关贸总协定的继承组织——世界贸易组织的创始成员。

(二) 中国恢复关贸总协定缔约国地位的原则和要求

1. 中国恢复关贸总协定缔约国地位的原则

第一，中国进入关贸总协定是恢复缔约国席位，而不是加入或重新加入；
第二，中国恢复缔约国席位是以减让关税为基础，而不是以承担进口增长为条件；
第三，中国是发展中国家，应享受关贸总协定关于发展中国家的特殊待遇。

2. 中国恢复关贸总协定缔约国席位的要求

第一，按关贸总协定原则，美国应给予中国多边无条件的最惠国待遇；

第二，根据关贸总协定第四部分和“东京回合”的“授权条款”所确立的法律基础，中国应在发达缔约方国家中享受普惠制待遇；

第三，依照关贸总协定有关规定，欧共体应取消对中国的歧视限制。

二、中国与世界贸易组织

世界贸易组织成立后，中国的“复关”谈判转为“入世”的谈判。1995 年 1 月，应中国政府的要求，中国“复关”谈判工作组更名为中国“入世”谈判工作组。1995 年 7 月，中国成为世界贸易组织的观察员国家。1996 年 3 月，开始正式“入世”谈判。自 1987 年 7 月 10 日至 2001 年 12 月 10 日，历经 10 多年谈判，中国成为世界贸易组织第 143 个成员。在履行加入世界贸易组织的承诺过程中，中国深化外贸体制改革，完善外贸法律法规体系，减少贸易壁垒和行政干预，理顺政府在外贸管理中的职责，促进政府行为更加公开、公正和透明，推动开放型经济进入一个全新的发展阶段。

（一）中国与世界贸易组织相互需要

在从“复关”到“入世”的谈判进程中，中国政府一贯持积极态度，并明确表示在乌拉圭回合协议的基础上，根据中国的经济发展水平和按照权利与义务平衡的原则，本着灵活务实的态度，与各成员方进行认真的谈判，以期早日加入世贸组织。因为“入世”不仅仅是中国对外开放的需要，也是中国进行经济体制改革和建立社会主义市场经济体制的需要。中国需要世界贸易组织，世界贸易组织同样需要中国。

截至 2010 年，中国加入世界贸易组织的所有承诺全部履行完毕。中国认真履行承诺的实际行动得到了世界贸易组织大多数成员的肯定。世界贸易组织所倡导的非歧视、透明度、公平竞争等基本原则已经融入中国的法律法规和有关制度。市场意识、开放意识、公平竞争意识、法治精神和知识产权观念等在中国更加深入人心，推动了中国经济进一步开放和市场经济体制进一步完善。

加入世界贸易组织后，中国集中清理了 2 300 多部法律法规和部门规章。新修订的法律法规减少和规范了行政许可程序，建立健全了贸易促进、贸易救济法律体系。根据世界贸易组织《与贸易有关的知识产权协议》，中国对与知识产权相关的法律法规和司法解释进行了修改，基本形成了体系完整、符合中国国情、与国际惯例接轨的保护知识产权法律法规体系。

中国进一步降低关税，外贸经营权全面放开。中国进口商品关税总水平从 2001 年的 15.3%降低到 2010 年的 9.8%。自 2004 年 7 月起，中国政府取消外贸经营权审批，促进了国有企业、外商投资企业和民营企业多元化外贸经营格局的形成。2010 年，国有企业、外商投资企业和民营企业进出口分别占中国进出口总额的 20.9%、53.8%和 25.3%。

进一步扩大服务市场开放。在世界贸易组织服务贸易分类的 160 个分部门中，中国开放了 100 个，开放范围已经接近发达国家的平均水平。2010 年，中国服务业新设立外商投资企业 13 905 家，实际利用外资 487 亿美元，占全国非金融领域新设立外商投资企业和实际利用外资的比重分别为 50.7%和 46.1%。

（二）中国在世界贸易组织发挥的作用

1. 在WTO中，中国成为不可或缺的力量

中国加入WTO是50年来全球最重大事件之一。在过去50年中，世界发生的最重大事件是柏林墙倒塌和中国加入WTO(帕斯卡尔·拉米，2013)。中国加入WTO极大地促进了中国经济的发展，也影响了全球经济的结构和模式。2001年中国加入WTO，这是中国经济开放中重要的历史时刻，这是一个对中国的增长和发展非常关键的决定，这个决定使得中国经济实现了迅速的发展。看一下贸易数据，10多年的时间，中国已经是世界上最大的贸易国之一，不仅出口方面，进口方面也是如此。目前，中国是世界经济中不断增长的一部分，增速仍然比世界平均水平高得多。显然，中国的经济非常有竞争力，而且在国际贸易中也扮演了重要角色。

2. 新格局中，WTO成员的新责任是融合

WTO的核心任务就是促进贸易开放。开放贸易，减少障碍，无论在过去、现在还是将来，对于推动增长与发展都必不可少。通过开放贸易来制造更多的就业机会，这里的关键词就是融合。首先是要有贸易协定和多边贸易体制的融合；其次是要有贸易政策和国内贸易政策的融合。WTO和其他国际组织之间要更好地协调，因为我们在一个新的世界框架之中，WTO成员有了新的责任和权利，尽管有这样那样的困难，但是只有融合才能使未来变得更加可持续。

3. 全球治理，中国应成为积极主动的参与者

2024年中国的货物贸易进出口总额达到43.85万亿元，同比增长5%，规模再创历史新高。中国应成为全球治理积极主动的参与者。中国有14亿人口，它遵循着全球的商业标准，在融入全球经济。中国公司在国外进行着越来越多的投资，而且中国也真的成为一个在出口方面的大国，同时也是生产设施方面的大国。这会进一步促进世界经济的融合，同时中国也会面临巨大的国内外挑战：收入鸿沟、房价飞涨、污染等问题，以及服务业发展不足。

首先，中国要进一步开放服务领域。服务业在当今有非常重要的地位，更加开放和有竞争力的服务业将给我们带来更多就业，也有利于促进中国制造业的升级；第二，多边的投资协议也会有助于中国的发展。透明的、有规则的全球投资管理体制将有助于促进中国对外投资的发展；第三，中国是新兴国家和发达经济体之间的桥梁。

本章核心概念

关税与贸易总协定　　世界贸易组织　　乌拉圭回合　　最惠国待遇
国民待遇　　非歧视原则

复习思考题

1. 签订贸易条约与协定所依据的法律原则有哪些?
2. 常见的贸易条约与协定主要有哪几种类型?
3. GATT 对国际贸易的发展起到了哪些方面的作用?
4. 简述 WTO 的宗旨与基本原则。
5. 简述世界贸易组织在国际贸易中的职能和作用。
6. 简述中国从“复关”到“入世”的主要时间节点。
7. 简述中国从“复关”到“入世”过程中坚持的原则及其理由。

第九章

国际服务贸易与国际技术贸易

本章主要内容

服务、服务业、国际服务贸易的含义；当代国际服务贸易发展的特点；服务贸易政策的演变；中国服务贸易的发展；国际技术贸易的含义、特点；国际技术贸易迅速发展的原因；国际技术贸易的主要内容。

第一节 国际服务贸易概述

一、服务

(一) 服务的含义

在经济学上，我们把满足人类需要的物品分为经济物品和非经济物品，非实物形态的经济物品被称作服务。马克思界定服务为："服务这个名词，一般地说，不过是指这种劳动所提供的特殊使用价值，在这里取得了'服务'这个特殊名称，是因为劳动不是作为物，而是作为活动提供服务。"经济学家希尔认为，服务是指人或隶属于某经济单位的物在该人或该经济单位事先与其他经济单位进行约定的情况下，因其他经济单位的活动所引起的自身状况的变化。经济学家克拉克使用剩余法将服务界定为：服务是除第一产业和第二产业以外的一切活动。

一般认为，服务是对其他经济单位的个人、商品或服务增加价值，并主要以活动形式表现的使用价值或效用。服务的基本要素包含资本、劳动力、知识与技术、信息等。

(二) 服务的基本特征

1. 无形性或不可感知性

商品的空间形态是明确的、可视的、有形的，可以根据其空间形态直接判读它的价值或价格。服务的空间形态基本上是不固定的：首先，服务的特质及组成服务的元素，很多时候是无形的；其次，服务消费者在享受服务之前，无法感知服务的作用与质量。但是加拿大经济学家 H.格鲁伯等提出的物化服务概念部分修改了上述常规认识，例如唱片、软盘等作为服务的载体,“物化服务”即是在服务生产活动者改变了一些人或他们所拥有的商品状态以后,服务被认为是“物化”了。

2. 服务的不可分离性

服务的生产和消费通常是同时发生的。协调服务供求关系并使之保持一致的只能是时间调节;而商品的供求关系是通过库存变动来调节的。服务消费者只有加入服务的生产过程中才能最终消费到服务。物化服务下服务的生产和消费可以不同时发生。

3. 服务的差异性

差异性是指服务的构成成分及其质量水平经常变化,很难统一界定。

服务的差异性来自服务生产者的技术水平和服务态度不同;其次来自服务消费者自身的特殊要求。

4. 服务的难以储存性

储存是指一件商品从生产领域制造出来以后,在进入消费领域之前所存在的暂时状态。服务不易储存不是由于其短暂性而是由于其包含变化,不易储存不是物理性质方面的不可能,而是逻辑上的不可能。这主要表现在时空上难以存储。

二、服务业

(一) 服务业的含义及分类

1. 含义

服务业是生产或提供各种服务的经济部门或企业的集合。它拥有行业和参与者数量大,门类十分繁杂,各行业间的技术差异大。服务劳动发展高度职业化,服务部门独立化和服务部门门类多样化同时发展。

2. 分类

省略政府职能的经济体系所提供的服务,服务业产品的“服务”依据经济学的逻辑可分为:(1) 消费者服务,即消费者在市场上购买的服务;(2) 生产者服务,即生产者在市场上购买的被企业用作商品与其他服务的进一步生产的中间服务,典型的生产者服务又被称为企业服务;(3) 分配服务,即消费者和生产者为获得商品或供应商品而必须购买的服务。

联合国经合组织和世界银行对三大产业的划分:第一产业:农业、林业、畜牧业、渔业、狩猎业;第二产业:制造业、建筑业、自来水、电力和煤气生产、采掘业、矿业;第三产业:商业、餐饮业、仓储业、运输业、交通业、邮政业、电信业、金融业、保险业、房地产、租赁业、技术服务业、职业介绍、咨询业、广告业、会计事务、律师事务、旅游业、装修业、娱乐业、美容业、修理业、洗染业、家庭服务业、文化、艺术、教育研究、新闻传媒、出版、体育、医疗卫生、环境卫生、环境保护、宗教、慈善事业、政府机构、军队、警察等。

从部门角度，世界贸易组织（World Trade Organization，WTO）在1995年列出的服务行业多达150个，这些服务行业划分为12个部门（商业服务、通信服务、建筑及有关工程服务、销售服务、教育服务、环境服务、金融服务、健康与社会服务、与旅游有关的服务、娱乐、文化与体育服务、运输服务和其他），每个部门下有行业，每个行业再有子行业。

（二）服务业与第三产业的关系

流行的观点是将服务业等同于第三产业，实际上服务业和第三产业这两个概念在划分的思想方法上是存在一些差别的。

两者包含的行业基本相同，但是两者存在明显的区别：首先，第三产业的界定采用的是剩余法，而服务业的界定是以能否提供或生产各种类型服务为标准；其次，三次产业划分思想的出发点是经济体系的供给分类，而服务业与其他产业的区分是以经济系统的需求分类为思想基础；最后，一般认为第三产业概念的经济结构含义主要相对国内经济，而服务业概念的经济结构含义则是面向国内和国际两个市场。

三、国际服务贸易

（一）国际服务贸易定义

“服务贸易”一词最早是在1971年，由经济合作与发展组织在《高级专家对贸易和有关问题报告》中提出。国际服务贸易指的是不同国家之间所发生的服务买卖与交易活动。由于服务本源的复杂性，人们对服务贸易的认识各有千秋，理论界对国际服务贸易的定义也有不同的表述形式。《美国和加拿大自由贸易协定》（FTA）是世界上第一个在国家间贸易协议上正式定义服务贸易的法律文件。服务贸易是指由或代表其他缔约方的一个人，在其境内或进入一缔约方提供所指定的一项服务。GATS采用列举式定义，确定了服务贸易的适用范围。GATS对服务贸易的定义：

（1）跨境提供——从一缔约方境内向任何其他缔约方境内提供服务；

（2）境外消费——在一缔约方境内向任何其他缔约方的服务消费者提供服务；

（3）商业存在——一缔约方在其他缔约方境内通过提供服务的实体性介入而提供服务；

（4）自然人流动——一缔约方的自然人在其他任何缔约方境内提供服务。

服务贸易与商品贸易的区别主要表现在服务的生产、交易、消费三位一体，具有直接的同一性，同时进行，不用储存；其次，两者的监管手段不同，商品贸易主要是关税、许可证、配额等，而服务贸易主要是国家的政策、法规、条例。

服务贸易与技术贸易的也存在着明显区别：两者都是无形贸易，但技术贸易往往只是使用权的交易，而服务贸易既是使用权的交易，又是所有权的交易；技术的交付往往是双方关系的开始，而服务的交付则是双方关系的了结；服务贸易一次收回成本和预期利润，而技术贸易可以多次出售，成本可以多次分摊。

无形贸易比服务贸易范围更广，它包含服务贸易所有项目，还包括捐赠、侨汇、无偿转让、国际直接投资、赔款等。目前，不合法的无形贸易不在服务贸易规范范围内，例如跨境人体新药实验等。

（二）国际服务贸易特点

第一，贸易标的一般具有无形性。

第二，交易过程与生产和消费过程的国际性。大多数国际服务贸易的交易过程是与服务的生产和消费过程分不开的，而且往往是同步进行的。

第三，贸易主体地位的多重性。服务的卖方往往就是服务生产者，并作为服务消费过程中的物质要素直接加入服务的消费过程，服务的买方则往往就是服务的消费者，并作为服务生产者的劳动对象直接参与服务产品的生产过程。

第四，服务贸易市场具有高度垄断性。由于国际服务贸易在发达国家和发展中国家的发展严重不平衡，加上服务市场的开放涉及一些诸如跨国银行、通信工程、航空运输、教育、自然人跨国界流动等直接关系到输入国主权、安全、伦理道德等极其敏感的领域和问题。因此，国际服务贸易市场的垄断性很强。

第五，贸易保护方式更具刚性和隐蔽性。由于服务贸易标的的特点，各国政府对本国服务业的保护常常无法采取关税壁垒的形式，而只能采取在市场准入方面予以限制或进入市场后不给予国民待遇等非关税壁垒的形式，这种保护常以国内立法的形式加以施行。

第六，服务贸易惯例和约束方式具有相对灵活性。GATS是世贸组织处理服务贸易的多边原则和规则的框架性文件。

第七，对服务贸易的管理具有更大的难度和复杂性。国际服务营销管理无论在国家的宏观管理方面，还是在企业的微观经营方面，都比商品的营销管理具有更大的难度和复杂性。

第八，国际服务贸易统计额小于实际发生额。服务贸易的统计对于国际服务贸易的发展具有重要意义，但由于服务贸易产业本身存在着定义统一的困难，时至今日，世界上仍没有一套被各国所公认并遵守的服务贸易统计体系。很少国家按照GATS的四个类型提供统计国际服务贸易规模，导致各种服务贸易统计额远小于实际发生额。

第二节　当代国际服务贸易发展概况

一、当代国际服务贸易发展的特点

（一）国际服务贸易持续快速发展

20世纪60年代以来，由于全球产业调整加快和技术更新及转移攀升，国际服务贸易迅速发展。国际服务贸易额从2001年的2.95万亿美元增加到2018年的10.8万亿美元，占同期占商品贸易总额的比重约1/5左右。世界服务出口和世界货物出口的增长率存在着一定差异,但总体走势基本一致。多数年份中,服务出口增速略低于货物出口增速。

(二) 发达国家在国际服务贸易中仍占有主导地位

从1990年以来,发达国家的服务贸易额占全球服务贸易的70%以上,高于同期其占世界货物贸易的比重,发达国家的服务贸易整体体现为顺差,主要服务贸易竞争力强国是美国、英国、德国、法国、日本。

(三) 其他商业服务规模最大、增速最快

服务贸易结构继续向知识、技术密集化方向发展。在国际服务贸易出口中,占第一位是其他服务项目,经常占40%以上,大量集中在知识产权使用费、金融等知识技术密集的产业;占第二位是旅游服务;占第三位是运输。

(四) 全球外国直接投资的重点转向服务业,通过商业存在

根据WTO的估算,全球服务贸易的提供方式近50%属于商业存在,主要通过FDI实现。

(五) 服务外包发展迅速,前景广阔

随着生产链、价值链的全球扩张和转移,由业务流程外包(BPO)和信息技术外包(ITO)组成的服务外包逐渐成为服务贸易的重要形式。美国、欧盟、日本发达国家是服务外包的重要输出地,发展中国家特别是亚洲发展中国家是承接地。

(六) 国际服务贸易全球化、自由化与贸易壁垒并存

进入21世纪以来,各国产业的升级加速,资本、技术和信息等国际间移动频繁,大大推动国际服务贸易全球化、自由化发展趋势;与此同时,WTO的GATS谈判推进和区域一体化的不断融合,降低了国际服务贸易全球化、自由化进程中的冲突风险,服务贸易的发展空间、盈利空间巨大。

由于发达国家和发展中国家在服务贸易领域的发展水平不同,在国际分工的地位不同,从服务贸易全球化中获取的利益不对等,在贸易自由化的进程中追求的目标也差异巨大,必然会设置各种形式的服务贸易限制壁垒,保护国内某些弱势服务产业。近年来,在多边贸易体制的推动下,各种类型的国家的服务贸易壁垒都有所降低,各个WTO成员方内部服务贸易市场的开放均应该以其服务贸易减让承诺表执行,服务贸易壁垒的滥用和新创受到部分约束。

(七) 发展中国家在国际服务贸易中地位不断上升,新兴工业化国家增长突出

21世纪以来,发展中国家在国际服务贸易中比重不断增长,稳定在20%以上,但是整体上处于服务贸易逆差状态。特别是"金砖五国"的国际服务贸易额增长速度明显高于同期的发达国家在国际服务贸易额增长速度,其中印度最近几年服务贸易额持续顺差,2017年顺差额高达299亿美元,占其服务贸易出口额的16%,在信息、计算机、药品仿制等知识密集型

服务方面竞争力表现突出。

现代国际服务贸易的迅速发展是诸多因素共同作用的结果。世界各国经济发展不平衡造成了服务业在国际间梯度转移的结果,各国产业结构主动调整的策略推动了国际服务产业链的形成,科学技术的进步拉动了服务贸易的繁荣,世界经济一体化进程的加快促进了生产性国际服务贸易的快速扩张,绝大部分国家在金融、税收、法律方面的优惠和保障措施的实施,直接推动了本国对外来服务贸易的需求。

二、国际服务贸易政策

(一) 服务贸易政策的演变

1. 演变过程

国际贸易政策不会早于国际贸易,只会与之同时或稍晚一些。各国制定国际服务贸易政策时,也是借鉴国际货物贸易政策的常见做法,考虑其对本国政治、经济等诸方面的影响以及伙伴国的态度。不同时期、不同国家的国际服务贸易政策往往是极不相同的。服务贸易政策简单分为自由化政策和保护主义政策两类。

早期的服务贸易政策限制较少,再加上当时的世界政治经济体系主要由少数几个工业发达国家所操纵,所以,在全球范围内基本上采取的是服务贸易自由化政策。

二战后至20世纪60年代前,发达国家总体上服务贸易壁垒较少,但发展中国家对服务贸易表现并不积极,相反却设置了重重障碍,限制境外服务的输入。

60年代以后,货物贸易和服务贸易经济迅速发展,大家普遍意识到服务外汇收入是一项不可忽视的外汇来源。同时,基于国家安全、领土完整、民族文化与信仰、社会稳定等政治、文化及军事目标,各国均对服务的输出入制定了各种政策和措施,其中不乏有鼓励性质的,但更多的是限制性的,再加上传统的限制性商业惯例,从而极大地限制了国际服务贸易的发展。

由于服务贸易项目繁杂,方式多样,因此,规范它的政策和法规也就层出不穷,加之各国基于本国的发展水平和具体情况又实施不同的管理手段,所以更加剧了它的复杂性。

2. 当前政策表现

从国家角度来看,发达市场经济国家因其国内服务业竞争力较强,一般主张服务贸易的自由化,政府在对外贸易中,通过立法和国际协议,对服务和与服务有关的人、资本、信息等在国家间的流动,逐渐减少政府的行政干预,放松对外贸易管制的过程。服务贸易自由化本应囊括所有服务贸易形式,但以美国为首的发达国家最为关心的,则是国际服务贸易中增长最快的领域——生产者服务贸易的自由化,如银行、保险、电讯、咨询、会计、计算机软件和数据处理,以及其他专业性服务的贸易自由化。

服务业比较落后和在某些服务部门不具备优势的发展中国家则不得不进行保护,本国政府对国外生产的服务销售和移动设置阻碍性的政策措施。但有时为了引进外资和先进的服务,发展中国家也会鼓励外国的服务业进入本国市场。

各国专注于服务贸易自由化的领域或行业就是其认为具有较强竞争实力的领域或行业。因而,在国际服务贸易领域就形成了这样的一种局面,即各国都对其强势服务部门实行自由化政策,对弱势服务部门则实施保护。由于各国服务业的发展水平不一,各国的政策偏好相左,所以很难找到一个"服务贸易自由化"的"交集",使之同时满足于发达国家和发展中国家,于是一场旷日持久的有关服务贸易自由化的谈判就不可避免了。当前,发展中国家逐步转换对服务贸易自由化原来持有的消极态度,因为一些新兴的发展中国家在某些服务行业已经取得相当的优势,全球贸易自由化的发展趋势不可逆转,区域贸易内部自由化进程加快,GATS 的原则体现了对发展中国家利益的考虑。

(二) 服务贸易自由化

无论对发达国家还是对发展中国家,服务贸易都是一把双刃剑,它既可能危及国家安全和主权,也可能因为能够提高国家竞争力而又最终维护国家安全。

国家安全涉及五种基本的国家利益,即政治利益、经济利益、军事利益、外交利益和文化利益。服务贸易比商品贸易更多地涉及国家安全问题。

对于发达国家,服务贸易自由化可能削弱、动摇或威胁国家现有的技术领先优势,提高竞争对手的国家竞争实力;危害潜在地威胁国家的战略利益,特别是潜在地威胁国家的长远军事利益;可能造成高技术的扩散而给国家安全造成潜在威胁;可能危及本国所在的国际政治与经济联盟的长远利益。

发达国家对发展中国家开放本国服务市场的做法是以"服务换商品",即发展中国家以开放本国服务市场为交换条件要求发达国家开放其商品市场,而对于同等发达国家或地区,则需要相互开放本国服务市场,这就是所谓的"服务贸易补偿论"。发达国家强迫其他国家开放服务市场,以及限制本国涉及敏感性问题的服务出口,都是以它们自身的利益为出发点。

对于广大发展中国家,在扩大进口现代服务贸易时,要考虑到国家可能丧失其对经济政策的自主选择权,对发达国家的经济依赖,丧失执行符合本国利益的国内政策的空间的掌控能力,使发达国家金融机构凭借其在金融服务和国际货币发行领域的优势,削弱发展中国家政府在金融货币管理领域发挥积极的管理作用。发展中国家一旦放弃服务贸易的控制权,它们的新兴服务业如银行、保险、电讯、航运和航空等将直接暴露于发达国家厂商的激烈竞争中;作为最大服务进口者的发展中国家短期内可能以恶化其国际收支,高收入的现代服务领域依赖发达国家,低收入服务部门使用的劳动力就业超规模发展,高收入的发达服务部门就业匮乏,形成以进口服务替代国内服务使进口需求增加的局面。

在服务贸易自由化大趋势下,发展中国家能否从中获利,在很大程度取决于自身的政策取向。混合型、逐步自由化的服务贸易发展战略就成为发展中国家的备选方案。发展中国家在服务贸易自由化进程中,应注意开放的步骤、顺序和领域的正确选择。实现服务贸易完全自由化在理论上是可行的,对于世界福利是最优的,但在现实中难以实现,至少难以被多数国家接受。

（三）服务贸易壁垒

1. 服务贸易壁垒概述

服务贸易壁垒是指一国政府对国外生产的服务销售所设置的有障碍作用的政策措施。凡直接或间接地使外国服务生产者或提供者增加生产成本或销售成本的政策措施，都可能被认为是服务贸易壁垒。服务贸易壁垒主要选用非关税措施。通过对进口的服务设置歧视性的差别待遇，在某些情况下，对外国和本国厂商采取相同的法规，但具有高度的歧视性，这种措施反而应该被视为是服务贸易壁垒，如外汇管制。

但并不是一切限制服务进口的法规都是服务贸易壁垒。比如，一国政府对本国生产者和外国生产者采取不同的规章制度，进行区别管理来实现其某些国内经济目标，达到限制服务进入的目的，这种做法符合 GATS 的有关规定。

本国政府设置服务贸易壁垒主要出于微观经济学相关理由（自然垄断、信息不对称和经济外部性）、本国经济独立性和政治、文化上的考虑。

2. 服务贸易壁垒分类

服务贸易壁垒可以简单地分为直接类和间接类的歧视性壁垒，常见分类方法是同时考虑服务交易模式与影响服务提供和消费的壁垒综合因素，从而将服务贸易壁垒划分为以下种类：

（1）产品移动壁垒

产品移动壁垒包括数量限制、当地成分或本地要求、补贴、政府采购、歧视性技术标准和税收制度，以及落后的知识产权保护体系等。

（2）资本移动壁垒

主要形式有外汇管制、浮动汇率和投资收益汇出的限制等。外汇管制主要是指政府对外汇在本国境内的持有、流通和兑换，以及外汇的出入境所采取的各种控制措施。

（3）人员移动壁垒

种种移民限制和出入境烦琐手续，以及由此造成的长时间等待等，都构成人员移动的壁垒形式。在一些专业服务如管理咨询服务中，能否有效地提供高质量服务通常取决于能否雇佣到技术熟练的人员。

（4）信息移动壁垒

由于信息传递模式涉及国家主权、垄断经营和国家公用电信网、私人秘密等敏感性问题，因此各国普遍存在各种限制，如技术标准、网络进入、价格与设备的供应、数据处理及复制、储存、使用和传送、补贴、税收与外汇控制和政府产业控制政策等限制或歧视性措施。

（5）开业权壁垒

开业权壁垒又称生产者创业壁垒。随着服务贸易自由化的逐步推进，以开业权限制等为表现形式的绝对的进入壁垒正面临越来越大的国际压力，对经营的限制成为国际服务贸易的一种重要的壁垒形式。

（6）政府的直接补贴壁垒

许多国家对本国的一些服务业厂商，给予直接的拨款和税收优惠等帮助，外国同业经营者得不到此类补贴。据有关研究表明，一般地，选择对本国服务产业进行补贴以提高其成本优势的措施，可能比抑制外国竞争者以削弱其成本优势的政策更有利于本国服务厂商的竞争。

在同一时期，国际服务贸易壁垒强度大大超过货物贸易的壁垒，不利于国际贸易自由化进程的进一步壮大，国际服务贸易的多边规范谈判迟迟没有进展，在服务贸易日益成为国际竞争新领域和新焦点的时代，采取直接补贴与各种适时的管制措施相结合的服务贸易保护政策体系，成为各国政府的理性选择，全球自由化步伐放慢，危机世界经济的健康发展。

三、中国服务贸易发展概述

（一）我国服务贸易规模巨大，竞争力水平不高

至 2018 年，中国服务贸易额达到 1 978 亿美元，规模居世界第二位，依据瑞士洛桑国际管理学院发布研究报告，中国服务贸易国际竞争力排名 13 位，远低于同期的我国货物贸易第一的地位。我国服务贸易发展总体水平不高，尤其是金融、信息服务、商务服务、教育和医疗等主要项目占 GDP 比重大幅低于美、日等发达国家，也低于全球。从发展现状来看，我国服务贸易发展起步晚、发展快。近十年来，我国服务贸易规模年均增幅近 10%，远高于美国的 3.9%和日本的 2.1%。

我国服务贸易逆差仍然很大，据 IMF 统计，2018 年我国服务贸易逆差 2 922 亿美元，居世界首位，占全球服务贸易逆差的 41%。从行业看，我国服务贸易优势主要集中在人力资源密集型行业，而知识技术密集型、资本密集型、环境资源密集型，以及与货物贸易紧密相关的服务贸易均呈现逆差。

我国服务贸易出口以商业服务、运输、电信、计算机、建设等为主，进口以旅行、运输、商业服务、知识产权使用费、电信、计算机和信息服务等为主。从差额看，我国服务贸易顺差主要来源于电信、计算机和信息服务、建设；逆差主要来源于旅行（含留学、旅游、就医）、知识产权、运输。旅行（含留学、旅游、就医）是我国服务贸易第一大逆差来源。2018 年，我国对美国旅行收入为 13.1 亿美元，对美旅行逆差 301 亿美元。

据文化和旅游部统计，我国 2018 年出境游 1.5 亿人次，同比增长 15%，外国游客入境游 3 054 万人次。据国家外汇局统计，2018 年旅行项下（含留学、旅游等）总收入 404 亿美元。我国旅游发展与世界其他旅游大国尚有差距，如法国 2018 年入境游游客数量 9 000 万人次，是中国入境游游客的三倍。

知识产权是我国服务贸易第二大逆差来源。我国是全球技术净进口大国，每年大量引进技术付出专利许可费，这是形成服务贸易逆差的重要成因。我国对外支付知识产权使用费从 2001 年的 18.7 亿美元增加至 2018 年的 360 亿美元。其中，2018 年，我国知识产权收支逆差超过 304 亿美元；美国知识产权净收入超过 726 亿美元，我国对外支付知识产权费是美国知识产权顺差的重要来源。2018 年，我国对美知识产权使用费收入 38.2 亿美元，支出 86.8 亿美元，逆差 48.6 亿美元。

知识密集型服务业是我国服务贸易顺差主要来源。2018 年，我国知识密集型服务业（电信、计算机和信息服务等）顺差只有 261 亿美元，远低于欧盟（2 308 亿美元）、美国（1 964

亿美元)、印度(701亿美元)。经验表明,知识密集型服务业将随着去工业化的进程而快速发展。

(二)我国国际服务贸易竞争优势远未发挥出来

首先,与货物贸易紧密相关的运输和保险服务竞争优势未发挥出来。我国有年均近4万亿美元货物进出口规模,但相关的服务贸易竞争力较弱。2008—2018年,我国年均货物贸易顺差3 252亿美元,同期服务贸易逆差累计6 185亿美元;其次,我国入境旅游长期滞后于出境游,逆差逐年扩大,逆差主要来自因私旅游和留学。我国在入境游方面(包括旅游、教育和医疗)有很大改进和提升空间。

新兴服务业发展处于追赶阶段,我国知识、技术、资本、环境密集型服务总体竞争力不足。2017年上述服务贸易逆差达到158亿美元,2018年逆差增至235亿美元。未来随着我国技术实力的增强,技术引进的增长速度会放慢,技术出口会有所加快。

第三节　国际技术贸易概述

国际技术贸易已发展成为国际贸易的重要组成部分,且呈现迅速发展之势。尤其在我国,随着改革开放政策的实行,对外技术贸易得到很快的发展,成为我国对外经济贸易的重要内容。国际技术贸易在一国经济发展中有着重要的地位和作用,首先传播了科学技术并推动了科技进步和科技发展;其次促进了国际经济合作并有效缩短技术现代化进程;再次促进了国际贸易的全面发展。因此,技术贸易在国际贸易中所占比重稳步扩大,各国经济和技术的发展相互影响和依赖的程度也进一步加强。

一、技术的含义

世界知识产权组织在1977年版的《供发展中国家使用的许可证贸易手册》中,给技术下的定义是:"技术是指制造一种产品的系列知识,所采用的一种工艺,或提供一项服务,不论这种知识是否反映在一项发明、一项外形设计、一项实用型或者一种植物的新品种,或者反映在技术情况或技能中,或者反映在专家为设计、安装、开办、维修、管理一个工商企业而提供的服务或协助等方面"。这是迄今为止国际上给技术所下的最为全面和完整的定义。实际上,知识产权组织把世界上所有能带来经济效益的科学知识都定义为技术。

技术的特点表现以下方面:技术属于知识的范畴,是能应用于生产活动的系统知识;是一种无形资产,具有私有性,拥有独特的商品属性;技术是用于生产活动的,技术不等同于科学。

技术的分类依据多种多样,可分为:公开技术、半公开技术和秘密技术;工业产权技术和非工业产权技术;一般技术和核心技术;硬件技术和软件技术;创新技术和改良技术;传统技术、尖端技术和未来技术等。

二、国际技术贸易的含义、特点

(一) 国际技术贸易的含义

国际技术贸易是指不同国家的当事人之间按一般商业条件进行的技术跨越国境的转让或许可行为。有偿的技术转让实际上是一种贸易活动,因此,有偿的国际技术转让也被称为国际技术贸易。

国际技术贸易的标的是技术,而技术是一种无形的商品。但在国际技术贸易的实际运作中,只有发达国家之间的技术贸易才会有单纯的软件贸易,而发展中国家在开展技术贸易时,由于技术落后和应用科学技术的能力较差,往往在进行软件贸易的同时,还伴随着硬件贸易,即引进技术与进口设备相结合。因此,国际技术贸易在国际贸易中的地位日益重要,其实际操作也日益复杂。

(二) 国际技术贸易的特点

科学技术是生产力已被世界各国所普遍认识,为此,国家之间竞相开展国际技术转让活动。国际技术贸易随着技术转让活动的日益增多,国际技术市场的竞争也日趋激烈,这就使当前的国际技术贸易出现了以下特点:

1. 发达国家在国际技术市场上占有统治地位

长期以来,国际技术转让活动集中在发达国家之间,发达国家的技术贸易额占世界技术贸易额的 80%以上,前几位的是美、英、法、日、德少数国家。

2. 软件技术在国际技术贸易中的比重日益提高

21 世纪以来,发达国家间的技术贸易中,软件技术转让已经占其技术贸易额的 80%以上,增速也高于同期的硬件技术转让增速。发展中国家同样重视软件技术的引进。

3. 发达国家的跨国公司控制着国际技术贸易

据统计,发达国家的跨国公司凭借着资金雄厚、技术研发能力强大、专利技术储备数量巨大,控制着本国技术贸易 80%的份额,控制着发展中国家的技术贸易额 90%的份额,谋求国际技术转让活动的超额利益。

4. 国际技术市场上的竞争日趋激烈

由于技术更新周期加快,美、欧、日三方为了保持和扩大其原有技术市场上优势和影响力,同时使用加强本国高科技的出口管制和鼓励传统技术输出双向政策,争夺国外市场份额,参与国际联合开发与研究。

三、现代国际技术贸易迅速发展的原因

20 世纪 80 年代以来，特别是近年来，以信息为主导的新技术革命突飞猛进，全球经济进入了一个全新的发展时期，各国之间的经济竞争归根结底是技术水平、科技竞争力的较量。

科技成果的大量涌现增加了技术贸易增长来源；世界各国重视技术进步，为技术贸易发展提供了广阔的市场；跨国公司在各类国家的迅速扩张，推动技术贸易规模；发展中国家的遵循“技术换市场”政策大大增加国际技术转让的需求；技术贸易的开展有助于减少国际贸易保护壁垒；国际技术贸易环境的大大改善为技术贸易发展提供了良好的外部条件。

四、国际技术贸易与其他业务的关系

（一）国际技术贸易与国际商品贸易的关系

国际技术贸易与国际商品贸易不管在内容上还是在形式都有着很大的不同，其具体表现在贸易的标的不同、当事人关系不同、研制技术和生产商品的目的不同，和技术贸易所涉及的问题复杂且难度亦大。

（二）国际技术贸易与国际投资的关系

一些国家提出“利用外资，引进技术”的战略方针，将利用外国直接投资与国际技术贸易结合起来。国际技术转让是投资的一种方式，两者的投向具有一致性。

外国直接投资带进了新技术、新设备、新管理理念等，形成了技术国际间的扩散效应；获得形成了技术国际间的扩散效应在经营中，必然通过横向和纵向产业链分工，把外国新技术、新标准等转移到其他企业，形成了国内的技术外溢效应；引进外国技术企业，为了当地的新需求变化、生产条件差异等，必须改进发展原有引进技术，推动了国内的技术创新效应。

（三）国际技术贸易与知识产权的关系

世界贸易组织在《与贸易有关的知识产权协定》中，规定知识产权的范围包括：(1) 版权及有关权利（邻接权）；(2) 商标权；(3) 地理标识权；(4) 工业品外观设计权；(5) 专利权；(6) 集成电路布图设计权（拓扑图权）；(7) 未披露信息专有权（商业秘密权）；(8) 与控制许可合同中限制竞争行为有关的权利。

知识产权实际上是一种智力的成果权，它是指对科学、文化、艺术等领域从事智力活动创造的智力成果依法所享有的权利。保护知识产权的国际公约主要依据是《巴黎公约》《专利合作条约》《伯尔尼公约》《商标国际注册马德里协定》《与贸易有关的知识产权协议》相关内容。

国际技术贸易与知识产权的关系十分密切，技术贸易的对象既有知识产权技术，也有非知识产权技术；技术贸易合同必须符合知识产权法律保护原则；加强知识产权法律保护促进国际技术贸易发展；不同的技术对象依据不同的法律保护方法。

五、技术在经济增长中的作用

20世纪70年代的研究表明，技术对于一国经济增长占据主导促进作用，技术进步是生产力发展的直接推动力，引导产业结构的调整，改变经济增长模式，带来国内生活质量的提高，人民满意度提升。

技术在国际间的转移很大程度上影响了世界经济的发展。一方面，技术进步通过促进各国的经济增长对世界经济的增长起到极大的贡献作用；另一方面，技术进步推动着世界经济中心的转移，从而使世界经济格局发生改变。

六、国际技术贸易政策

(一) 国际技术贸易政策的含义

国际技术贸易政策是指一国政府或有关部门对国际间的技术转移活动所做出的宏观的原则性规定。它反映出一国在一定时期内对国际技术贸易的鼓励、限制和禁止的政策内容，并对此制定一系列技术进出口法令、条例、规定等。

(二) 国际技术贸易政策的内容

国际技术贸易政策的内容一般包括：确定国际技术贸易在国家经济和社会发展中的地位和作用，阶段性地选定与本国国情相符的国际技术贸易政策，设置具体的国际技术贸易政策措施。

(三) 国际技术贸易政策的特点

首先，国际技术贸易政策既处理国家间的技术活动，又与其他社会活动相关联，既要符合科学技术本身的发展规律，又要受经济和法律的约束，既受生产力发展水平的影响，又受生产关系性质的制约；其次，国际技术贸易政策不是法律，只起指导性作用；再次，国际技术贸易政策有其历史性，会随国家经济、技术发展总方针、科学技术发展状况、国外环境的变化而调整。

国际技术贸易政策的作用体现在政府对产业发展的管理干预加强，帮助实施国家发展战略目标利益。

第四节　国际技术贸易的主要内容

在各种形式的国际技术转让活动中，许可证贸易是常见的方式。它是指知识产权所有人作为许可方，在一定的条件下，通过与被许可方（技术引进方）签订许可合同，将其所拥有的专利权、商标权、专有技术和计算机软件著作权等授予被许可方，允许被许可方使用该项技术、制造、销售、进口合同产品的技术交易行为。在许可贸易方式下，转让技术的一方被称作许可方,技术受方被称作被许可方。

许可贸易是一项专业性、法律性很强的贸易活动,目前它已经成为国际技术贸易中最主要的方式。

一、专利技术

从法律角度来说,“专利”通常指的是专利权。所谓专利权,是指专利权人在法律规定的期限内,对其发明创造享有的独占权。取得专利权要求符合专有性、地域性、时间性和合法性。

专利一般分为发明专利、实用新型专利和外观设计专利三类,不同类型有长短不一的保护期。不同发展水平的国家依据《专利法》规定不一样。

二、商标技术

商标是指生产经营者为了使人们识别其商品,以区别于其他人所生产或销售的同种或同类的商品而使用的一种特定商业标志。商标通常由文字或图形或两者的组合所组成。商标除用于商品外,还用于服务。服务业使用的商标称为服务商标或服务标记。

商标,是用以区别商品或服务来源的标志。它是根据人类生产、生活实践的需要应运而生,既是一种知识产权,一种脑力劳动成果又是工业产权的一部分,是企业的一种无形财产。

商标不同于厂商名称、商品名称、商品装潢、商标的外观设计、商标的域名等,却是商标权可以行使利用的范围。商标由文字、图形、三维标志、组合要素和新兴要素(气味、全息)构成,按照商标的使用者分类主要有:制造商标,是商品的生产者、制造者在商品上使用的商标;销售商标,是商品的经营者、销售者在自己销售的商品上使用的商标。按照商标的使用对象分类为:商品商标,是指指定使用在商品上标明商品来源的商标;服务商标,是指用于向社会提供的服务项目上的,用以区分服务的提供者的商标。按照商标的所有人分为集体商标(Collective Trademark)和证明商标(Certification Trademark)等。

商标作为产品和服务的专用标记,标明商品的来源,标示商品的质量,可以依法对商品进行广告宣传。其法律保护依据是广义上的商标法和国家参加的国际贸易条约,如《保护工业产权巴黎公约》《商标国际注册马德里规定》等。大多数国家均实行商标自愿注册原则,少数领域实施强制注册方案。

商标权,首先是一种专有权(独占权);其次,商标权与该商标所“核定使用的商品或服务”密不可分;再次,商标权人所享有的专有权只在授予该项权利的国家内受到保护,在其他国家并无法律效力;最后,商标权也像专利权一样受时间的限制,但商标权的保护期可以通过续展无限延长。商标权的主体即享有商标权的人,被称为商标所有人;商标权的客体,是指经国家商标局核准注册受商标法保护的商标,即注册商标。合法的商标权的客体必须具备法定的构成要素,必须具备识别性,用于指定商品上,不含有禁用标志,同时必须与他人已注册的商标或驰名商标不相同。

在我国,只有注册商标才享有商标权,商标权的内容通常包括商标的使用权、禁用权、转让权、许可使用权、商标续展权等权利。

国家技术贸易中驰名商标技术转让有特殊管理待遇，驰名商标一般具有以下两项基本特征：一是具有较高的知名度；二是具有卓越的社会信誉。尽管目前世界各国对驰名商标的认定标准、认定方式以及保护范围规定不尽一致，但对驰名商标实行特殊保护的必要性已基本达成共识。通常是指：一项商标只要被认定为驰名商标，则无论该商标是否已经注册，商标所有人都可依据有关法律取得"跨类保护"的商标专用权。所谓跨类保护，是指不论他人将该驰名商标用于相同或类似商品或服务上，还是用于完全不同的商品或服务上，商标所有人都可以对这种行为提起侵权诉讼，法院都将判决对该商标构成侵权。迄今为止，涉及驰名商标保护的国际知识产权公约主要是《巴黎公约》和 TRIPS。

服务业的迅猛发展使得服务行业在世界范围内的竞争日益激烈。服务商标作为区别不同服务提供商的标志，其法律保护也日益得到广大提供商和消费者的关注。美国是世界上最早将服务商标列入商标法进行保护的国家，而至今世界上已有 100 多个国家和地区对服务商标提供法律保护。

服务商标法保护具体可分为两种情况：(1) 在商标法中，将商品商标的保护规定运用于服务商标。如我国《商标法》第 4 条就规定：本法有关商品商标的规定，适用于服务商标。通常，只要法律没有就商品商标的适用做出特别说明，所有关于商品商标的条款均自动适用于服务商标。(2) "商品商标"（一般简称"商标"）和"服务商标"并称，同时对两者做出规定。

三、专有技术

(一) 专有技术的概念、表现形式

狭义的定义通常把专有技术仅限于工业目的，认为专有技术是指用于工业生产的技术知识，如设计图纸、工艺流程、配方、公式、生产数据等。广义的定义将专有技术的概念扩展到工业、商业和管理三个方面，认为除工业技术外，还包括生产管理和商业经营方面的知识。

专有技术的表现形式主要是文字图形形式，例如图纸、资料、照片、缩微胶卷、磁带、软盘等；实物形式，例如尚未公开技术的关键设备、产品的样品和模型等；口头或操作演示形式，主要是存在于少数专家头脑中或个人笔记中的有关生产管理和操作的经验、技巧以及一些关键的数据、配方等。从技术贸易的角度来看，这种形式的专有技术十分重要，能否掌握它，往往直接关系到技术转让的成败。

(二) 专有技术的基本特征

1. 专有技术的基本特征

(1) 知识性。专有技术是一种不受法律保护的技术知识，是人类智力劳动的产物，具有非物质属性。

(2) 保密性。无论哪一种形式体现的专有技术，其内容一般都是秘密的，而且对生产具有一定的实用价值。专有技术是不公开的，是未经法律授权的秘密技术。

(3) 经济性。专有技术的经济性,也称为实用性,是指可以应用于生产实践并能够产生经济利益的技术知识。

(4) 可传授性。专有技术作为一种技术必须能以言传身教或以图纸、配方、数据等形式传授给他人,而不是依附于个人的天赋条件而存在的技术。正因为专有技术具有这一特征,它才能成为技术贸易的标的。专有技术的可转移性还在于其具有确定性,即通过技术指标、质量标准等参数,能够确定其存在着经济价值。

2. 专有技术与专利之间的比较

(1) 专利是一种工业产权,受到国家专利法的保护。而专有技术因没有申请或不能申请专利而不受专利法保护,其主要受民法、刑法、不正当竞争法的保护;专有技术是事实上的占有,而不是法定的占有。

(2) 专利是公开的,而专有技术是保密的,专有技术则不同,它完全是靠保密来加以保护,一旦公开,法律就不再给予保护。

(3) 专利的保护期限一般在 10—20 年之间;而专有技术的保护期限,全取决于对它的保密状态,只要专有技术所有人能够保密,就可以专有。

(4) 专有技术无任何规定限制其应以何种形式表现,而专利则必须根据专利法的规定,采用专利技术说明书的书面形式。

(5) 专有技术的内容比专利的内容广泛,专有技术的内容除用于工业生产目的的技术之外,还包括商业、管理等有助于工业发展的技术。

与此同时,专有技术与专利技术都是人类创造性思维活动的成果,都是非物质形态的知识;专有技术与专利技术通常共处于实施一项技术所需的知识总体之中,即实施一项技术仅有专利技术是不能完全实施的,必须同时具有专有技术,才能使一项技术得以顺利实施。在技术贸易中,一项技术转让合同往往同时包括专有技术与专利技术许可两项内容,它们相互依存,共同完成一项技术转让交易。

(三) 专有技术的作用及其存在原因

随着现代科学技术的发展和国际技术贸易规模的扩大,专有技术在促进各国科学技术进步和经济发展中的作用越来越重要,甚至在一定程度上超过了专利技术。这种重要作用首先表现为专有技术所包括的内容和应用范围十分广泛,几乎涉及人们经济生活的一切生产方面。

专有技术的重要作用,还可以从其存在的原因方面得到证明。纵观世界各国,各个技术领域内大量存在着专有技术,究其原因,不外乎以下四种情况:技术所有人不能获得专利;技术所有人不愿申请专利;技术所有人在提出专利申请后所获得的技术;作为专有技术的管理技术和商务技术。

(四) 专有技术的保护

专有技术作为国际技术贸易的主要标的,是一种含有巨大经济利益的财产权。这种财产权在现实的商业交易中形成了纷繁复杂的权利义务关系,对传统的知识产权保护制度提出了新挑战,目前对专有技术的保护与专利保护不同,世界各国还没有制定保护专有技术的专门法律，国际上也尚未形成系统的法律保护专有技术。因此，只能援引有关的法律对专有技术进行保护，如合同法、侵权行为法、不正当竞争法和刑法等。

加强对专有技术进行法律保护，可以补充专利保护的不足，有利于激励技术创新，符合社会基本价值观。近年来，有不少国家已开始考虑制定保护专有技术的专门法规，如英国正在拟制《保护秘密权利法》，法国、日本等正在研究制定《专有技术法》。为了加强对专有技术的国际保护，有一些国际组织也提出了有关保护专有技术的保护法草案，如国际商会制定的《有关保护专有技术的草案》，保护工业产权国际协会的《保护专有技术的示范法》等。专有技术将得到更进一步的法律保护。

四、计算机软件

(一) 计算机软件的含义、分类及保护

1. 计算机软件是指计算机程序及其有关文档

计算机程序指为了得到某种结果而可以由计算机等具有信息处理能力的装置执行的代码化指令序列，或者可被自动转换成代码化指令序列的符号化指令序列或者符号化语句序列。文档指用自然语言或者形式化语言所编写的文字资料和图表，用来描述程序的内容、组成、设计、功能规格、开发情况、测试结果及使用方法，如程序设计说明书、流程图、用户手册等。

2. 计算机软件的保护

软件要获得法律的保护，还应具备几个基本条件：原创性、可感知性、可复制性。

世界上大多数国家采用版权法对软件进行保护。目前，世界各国主要通过以下三种情况确立版权对计算机软件的保护：(1) 修订版权法，在其中增加软件保护条款；(2) 颁布单行法规规定；(3) 通过判例加以确定。

将计算机软件纳入版权法的保护范畴有以下几点优越性：一是版权的产生比专利权的产生容易，更适应软件的发展速度。这是因为世界上大多数国家在版权问题上采取的是"无手续主义"，即版权随作品的产生而产生，无需专门的申请审批手续，因而花费少，取得保护方便；二是通过版权保护，软件的国际保护也较易实现。

(二) 计算机软件贸易

1. 计算机软件贸易的性质

现实生活中，软件贸易包含两项具体内容：提供软件使用权和提供软件技术服务。软件贸易是一种版权贸易。软件贸易还包括提供软件技术服务。这是因为软件不同于文学作品之类的普通商品，用户仅获得使用权而不会使用就不能获得软件给他带来的经济价值，不能达到购买该软件所期望达到的功能目的。因此，软件贸易不能仅提供使用权，而必须提供技术指导，确保用户能够使用该软件。软件贸易同时具有版权贸易和技术贸易的双重性质。

2. 软件贸易的形式

第一种方式，软件版权的转让，它根据不同标准可以划分为不同的种类。从转让方式看，可以通过出卖、赠予、质押、赔偿等方式进行转让。

第二种方式，软件版权使用许可，是指软件版权所有人在软件版权保护有效期内授权要求使用其软件的人在合同规定的方式、条件、范围和时间内行使使用权，并通过该授权获得相应的报酬。软件保护条例列举了六种使用方式：复制、展示、发行、修改、翻译与注释。

第三种方式，软件承包开发，是指应一个或几个委托人的专门要求，软件开发者开发一项软件产品的贸易活动。开发者与出版商之间，开发者与最终用户之间都可能存在承包开发的合同关系。

第四种方式，计算机交钥匙合同，指供方为建成整个工厂，向受方提供全部设备、技术、经营管理方法，包括了工程项目的设计、施工、设备的提供与安装，受方人员的培训、试车，直到能开工生产后，才把工厂交给受方。

五、工业品外观设计

工业品外观设计是指运用一个产品上的形状、外形、式样或装饰的特征可以被观察、识别和辨别。制作程序和方法不属于此范畴。工业品外观设计必须是独创和新颖的。

只有同时具有艺术观赏性和工业大生产这两种特性的外观设计，才能称之为工业外观设计，并受工业产权法的保护。

工业品外观设计能够给企业和国家带来经济效益，外观设计保护可以真正维护设计单位、外观设计使用企业和社会公众的利益。工业品外观的保护要向工业品外观设计局提出注册申请后才赋予的，在一切审查通过之后，在外观设计主管部门进行备案登记即可取得法律赋予著作人身权、著作财产权利。

六、商业秘密及保护制度

商业秘密是指不为公众所知悉、能为权利人带来经济利益、具有实用性并经权利人采取保密措施的技术信息和经营信息。商业秘密应具备不为公众所知悉、能为权利人带来经济利益、具有实用性、采取了保密措施四个特点。

各国法律都承认专有技术受法律保护，如果遭到他人的侵害，其所有人可以通过法律途径，取得法律的补救。商业秘密是一种特殊的知识产权，与专利、商标、著作权等传统的知识产权有不同之处，商业秘密必须是秘密的，必须是权利人采取有效措施严加保密的才具有法律保护的价值，才能得到法律的保护。这也正是商业秘密特有的法律特征。

七、技术服务与技术咨询

技术服务是指受托方应委托方的要求，针对某一特定技术课题，运用所掌握的专业技术技能和经验、信息、情报等向委托方所提供的知识性的服务。

技术咨询，是指受托方应委托方的要求，针对解决重大技术课题或特定的技术项目，运用所掌握的理论知识、实践知识和信息，通过调查研究，运用科学的方法和先进手段，进行分析、评价、预测，为委托方提供建议或者几种可供选择的方案。技术服务与技术咨询机构同委托方的关系是买卖关系。

技术服务与技术咨询是相互联系，难以严格区分开的，但是它们之间也存在着很大差别。技术服务与技术咨询适用的范围不同、承担责任不同、适用的知识范围不同、提供成果的形式不同、服务履行的时间期限不同。

八、国际合作生产、合作开发和国际工程承包

国际合作生产是指不同国家的企业之间根据所签订的协议，在某项或几项产品的生产、销售上采取联合行动，即双方共同研究、共同生产、互相提供生产中所需要的零部件，共同进行产品的销售并由双方共负盈亏的方式。

合作生产所涉及的当事人是多方的，应该严格依据合同约束的各方当事人的权利、义务关系，主要表现在交换技术、提供劳务和生产成果上。合作生产是双方生产或多方生产，分别核算。

国际合作开发是指不同国家的两个以上的自然人、法人或其他组织，为完成一定的研究开发工作，如就新技术、新产品、新工艺或者新材料及其系统的研究与开发，由当事人各方共同投资、共同参与研究开发活动、共同承担研究开发风险并共同分享研究开发成果。

国际合作开发的技术成果的归属是指因技术成果所产生的专利申请权、专利权、非专利技术成果的使用权、转让权归谁所有。作为合作开发的技术成果，是由合作开发人共同投资、共同研究开发的，在研究开发过程中，合同各方当事人共同承担开发风险，共享商业价值。

国际工程承包是指通过国际劳务市场上的某一方式，譬如通过投标或直接接受委托等，按照一定的条件，承包某项工程建设的项目。这类项目包括：工程项目的设计、制定工程技术经济指标、编制方案、技术文件、预算；购买设备和材料；承担工程项目的建筑、设备的安装、调整和试车，使工程项目达到设计指标等。

在国际承包工程项目建设过程中，包含有技术转让内容，特别是项目建设的后期，承包公司要培训业主的技术人员，提供所需的技术知识，如专利技术、专有技术等，以保证项目的正常运行。

九、BOT 方式、特许经营和补偿贸易

BOT 是政府吸引非官方资本进行基础设施的一种投资、融资方式。其运行特征是：政府与非官方资本签订项目特许权经营协议，将基础设施项目的建设和投产后的一定时间内的经营权交给非官方资本组建的投资机构，由该投资机构自行筹集资金进行项目建设和经营，在特许经营期内非官方投资机构收回项目建设成本，并取得合理利润，经营期满后将该基础设施无偿移交给政府。

BOT方式之所以受到发展中国家的青睐，是因为它具有以下几个特点：一是BOT方式的一方是政府部门(项目方)，另一方是外国私营部门；二是对于采用BOT方式的政府部门一方来说，该项目具有引进技术与利用外资相结合的特点；三是国际BOT方式与传统意义上的合资、独资等方式有着一定的区别，这种区别还体现在主体经营管理、转让的对象、项目的复杂程度和成交方式上。

特许经营是指由一家已经取得商业成功的企业(特许方)，将其商标、商号名称、专利、专有技术、服务标志和经营模式等授予给另一家企业(被特许方)使用。被特许方用特许方的商业名称经营业务，遵循特许可方制定的方针和程序。同时，特许方有义务不断地对被特许方的经营提供资金、技术、商业秘密、人员培训或管理等方面的援助和支持；而特许方从被特许方处得到连续提成费用或其他形式的补偿，一般称此为特许费。

特许经营是一种新发展起来的贸易方式，它可以适用于商业、服务行业和工业，目前在欧美许多发达国家非常流行。特许方提供的培训和支持水平含有大量的技术转移和培训项目。

补偿贸易是指一方(技术设备出口方)提供机器设备、生产技术、原材料或劳务，在一定时期内，技术设备进口方用出口方提供的设备、技术、原材料或劳务所生产出来的产品，或双方商定的其他商品或劳务分期清偿出口方提供设备和技术等债务货款。实际上是技术设备出口方把设备、技术等以贷款的方式给进口方，而进口方在一定期限内以产品分期偿付货款的一种贸易方式。在补偿贸易中，通常要用引进技术、设备所生产的产品返销对方，进行直接补偿；如果直接补偿不可能，则进行间接补偿。

本章核心概念

服务贸易　　补偿贸易　　技术贸易　　知识产权　　特许经营

复习思考题

1. 服务的含义是什么？其主要特征有哪些？
2. 国际服务贸易的特征是什么？其与无形贸易有区别吗？
3. 当代国际服务贸易发展的特点主要表现在哪些方面？
4. 发达国家对发展中国家提的“服务换商品”政策要求指什么？其目的是什么？
5. 什么是服务贸易壁垒？其主要类型有哪些？
6. 国际技术贸易的含义是什么？其特征有哪些？
7. 国际技术贸易与知识产权、国际投资的关系表现在哪些方面？
8. 国际技术贸易转让中的主要技术内容有哪些？其中所占比例较多的是哪些技术类型？
9. 国家技术贸易中驰名商标技术转让有哪些特殊的管理待遇？

第十章

数字贸易

本章主要内容

数字贸易产生的背景与发展阶段特征；数字贸易的含义与作用；数字贸易与传统贸易的异同。

第一节　数字贸易的产生与发展

一、数字贸易产生的背景

在技术浪潮的推动下，数字经济作为继农业经济、工业经济之后的新型经济形态加速崛起。2024 年，全球数字经济规模突破 50 万亿美元，占全球 GDP 比重超 45%；我国数字经济规模达 65 万亿元，占 GDP 比重提升至 52.1%，已形成以数据要素为核心、数字产业化与产业数字化双轮驱动、平台经济与普惠服务协同发展的鲜明特征。在此背景下，贸易领域的变革尤为深刻，以电子商务、跨境电商为代表的新型贸易模式，凭借对交易成本的压缩、流程的重构、场景的拓展，逐步从“贸易补充”升级为“贸易主力”。2024 年，全球电子商务交易额达 35 万亿美元，占全球贸易总额的 38%；我国跨境电商进出口额达 3.2 万亿元，同比增长 21.3%，占外贸比重提升至 12.7%，成为稳外贸的“压舱石”。

(一) 数字技术创新

1. 5G 通信技术

第五代移动通信技术(5th Generation Wireless Technology)简称 5G 通信技术，作为基础通信技术，具有广泛的应用场景，且对其他数字技术的发展具有推动作用，人工智能、物联网、云计算和大数据技术均在 5G 通信技术的加持下实现快速迭代升级。全球主要国家在数字化战略中都把 5G 通信技术作为优先发展领域，以塑造新的竞争优势，代表性的国家有中国、美国、俄罗斯和日本等。

5G 通信技术具有以下特点：第一，延迟低。低时延意味着 5G 信号覆盖范围内可以实现极短时间内的信息传递，为远程医疗、教育等数字化产品和服务的普及发展提供了肥沃的土壤。第二，速率高。5G 通信技术是对 4G 通信技术的升级，速率的提升是重要的内容之一。

速率的大幅度提升对交易中的数据挖掘、数据分析和数据展示都产生了重要促进作用。第三，功耗低。5G通信技术拥有的低功耗广域网技术，为物联网技术的规模化应用奠定了基础。

5G通信技术作为基础的数字技术之一，凭借其延迟率低、速率高和功耗低的特点加速数字化平台建设并大幅提升了贸易的效率，助推数字贸易时代的到来。

2. 人工智能

人工智能(Artificial Intelligence)是指和人类行为类似的计算机程序。人工智能自1956年首次提出以来，经过几十年的发展，已经从最初的概念阶段蜕变至落地应用阶段，并和贸易活动深度结合，成为推动贸易"智能化"和"智慧化"的重要力量。

人工智能具有以下特点：第一，智能分析。人工智能能够实现从海量数据中快速抓取有效的信息，分析数据并通过可视化的图表进行展示，在贸易数据处理、消费者偏好分析、市场趋势判断等领域具有广泛的应用。第二，智能决策。人工智能能够通过对现有资料的学习实现智能决策，在物流领域的应用尤其丰富。智能分仓技术帮助商家合理分配库存商品，实现成本最小化；智能调度技术基于企业自身的运输网络和运力资源进行车辆和线路安排，实现利用率最大化。第三，智能模拟。人工智能可以实现视觉、听觉、触觉及思维方式的模拟，在此基础上发展而来的人脸识别等技术逐渐成为贸易安全的重要保障技术。基于人脸识别技术发展而成的"刷脸支付"已经成为数字支付的方式之一，既提高了支付的便捷性，也巩固了安全性。

人工智能技术作为具备极强实践意义的数字技术，广泛应用于贸易磋商、贸易谈判、贸易数据分析、贸易运作流程优化等环节，促使贸易"智能化"和"智慧化"的实现，有利于实现实体货物、数字产品和服务、数字化知识和信息的精准交换，催生数字贸易。

3. 物联网

物联网(Internet of things)是指实现任何时间、任何地点、任何物体之间互联的技术。物联网技术以"万物互联"为愿景，以射频识别(RFID)等传感设备为基础，通过将物体和互联网的有效连接，实现物体的自动感知、自动运作和信息传递等功能。

物联网技术具有以下特点：第一，自动性。物联网技术赋予了物体"智慧"，能够根据外界的变化如温度、湿度和亮度等实现在无人干预的情况下自动运作和调节的功能。如冷链物流行业普遍采用温度传感器进行运输全程的温度监控。第二，感知性。凭借无线射频识别、传感器、定位器和二维码等手段随时随地对物体进行信息采集和处理。如部分高端牛奶在包装上嵌入了物联网感应器，消费者用手机扫描后能获取牛奶的生产、分销、物流、零售等全链路的信息。第三，传递性。获取的信息可以进行实时远程传送，实现信息的交互和共享。如商品的"电子身份证"，通过扫描电子身份证即可将商品数据通过互联网传到后台进行真伪鉴别。在5G通信技术的加持下，物联网技术的应用愈加丰富，凭借"万物互联"理念在制造业中的应用，不断推动消费互联网向产业互联网转型，促进数字贸易的产生。

4. 云计算

云计算(Cloud Computing)是一种新兴的共享基础架构的方法，可以将巨大的系统池连接在一起以提供各种 IT 服务。云计算最显著的优势是在极短的时间内处理海量数据，从而为各行业、各领域提供基础计算服务。伴随着数据的价值日益凸显，云计算凭借其在数据挖掘和分析领域出色的表现迎来了黄金发展期，IBM、谷歌、阿里巴巴等科技公司相继布局云计算领域。

云计算技术具有以下特点：第一，规模大。云计算技术需要大量的服务器支撑，才能实现短时间内的海量数据处理。一般而言，企业至少需要具备上百乃至上千台服务器才能提供云计算服务，如知名电子商务平台、云计算供应商亚马逊就拥有超过 10 万台服务器。第二，通用性强。云计算技术服务通过提供基础的计算服务能力，可以为营销领域的广告推荐和消费者分析、物流领域的车辆调度和线路规划以及金融领域的投资决策等提供基础的计算服务支持。第三，可靠性高。云计算服务虽依赖于服务器但并不依赖于单个或少部分服务器，不会因为少部分服务器的故障而影响其计算能力，因此在实际应用中，云计算可靠性高、故障率低。如从云计算衍生而来的云存储为用户提供稳定、安全和长期的存储服务，解决了传统硬盘存储容量有限、安全性差和储存时间短的问题。云计算技术作为应用型的数字技术之一，为数字化平台提供基础的计算服务支撑，推动以数字化平台为载体的新型贸易活动——数字贸易的产生。

5. 大数据

大数据(Big Data)是指在一定时间内难以用常规软件工具对其内容进行抓取、处理、分析和管理的数据集合，大数据能够快速有效处理这些数据。以数据抓取和预处理为基础，以数据存储和分析为手段，以数据可视化为展现形式，广泛应用于营销、物流、生产等领域，并衍生出策略制定、趋势预测、风险管理等多元化的应用场景。

大数据技术具有以下特点：第一，复杂性。大数据技术不仅能处理以数字、字母等简单形式呈现的数据，还能够处理更加复杂的数据。在贸易过程中产生的各种复杂数据通过大数据技术能够得到有效处理并为贸易趋势判断、贸易风险识别提供数据支撑。第二，高价值。随着数字技术和贸易的深度融合，由此产生的海量数据常常能够反映贸易双方的交易特征和偏好等信息。如电子商务平台的推荐系统利用大数据技术分析消费者的性别、性格、学历、爱好等数据并实现精准广告推送和商品推荐，从而提高交易量实现利润最大化。第三，高速率。大数据技术受到政府和企业高度重视的原因之一就是能够快速处理海量数据，凭借大数据技术高速率的优势，在各领域应用广泛。如电子商务平台借助大数据技术能够实现交易数据的实时分析和展示，为企业的决策提供及时的参考。大数据技术强调了数据作为关键生产要素的高价值特征。通过深度挖掘数据背后的价值，提高数据在贸易中的流通效率，大数据技术已然成为推动电子商务向数字贸易转型升级的重要力量之一。

(二) 数字技术对数字贸易的影响

数字技术促进数字贸易的产生和发展，对数字贸易的交易成本、交易标的和交易方式产生了深刻的影响。

1. 数字技术降低数字贸易交易成本

数字贸易的交易成本包括搜索成本、信息成本、合同成本、监督成本和数据存储成本,而随着数字技术的发展这五类成本将进一步降低。第一,降低搜索成本。消费者可通过平台实时查询商品的静态数据如价格、型号和生产日期等,以及动态数据如物流进度、交易状态等;同时,企业可获取目标消费者的历史交易信息。第二,降低信息成本。基于数字技术搭建的信息平台实现了贸易信息的汇总和共享,有效地降低了贸易双方的信息成本。第三,降低监督成本。传统贸易监管需要耗费人力、物力和财力,且往往效果不佳。基于数字技术搭建的监督平台能够实现对贸易交易过程跟踪、监控和反馈,提高监督的高效性和透明度。第四,降低合同成本。传统的合同签署需采用纸质合同且线下完成,而借助区块链技术能够在线上完成合同签署,不仅快捷便利而且安全性高。第五,数据存储成本。数字技术能够实现对数据的云存储,即通过整合存储资源集中存储,实现数据存储成本的降低。

2. 数字技术改变数字贸易交易标的

第一,数字技术实现了部分贸易标的的数字化。如书籍、录像带和杂志等商品在数字技术飞速发展的背景下衍生出电子书、网络视频和电子杂志等产品,实现了实体货物的数字化,并成为可线上交易的贸易标的。第二,数字技术催生了新型的数字化产品和服务。企业借助自身先进的数字技术,提供数字化平台、数字化工具、数字化标准和数字化方案。这些数字化产品和服务逐渐成为企业间或企业和消费者间交易的重要标的,同时也衍生出新的行业和领域,如云计算服务企业通过为客户提供个性化的云计算平台,输出数字化解决方案获取收益。

3. 数字技术重塑数字贸易交易方式

第一,数字技术改变数字贸易的交易场景。随着网络平台技术趋于成熟,企业间或企业和消费者间对交易时效性、便利性和安全性等方面的要求得以满足,部分线下交易转移到线上平台进行,从而改变了交易场景。第二,数字技术改变数字贸易的支付方式。数字支付技术和贸易的深度融合,提高了交易的效率,保障了交易的安全。尤其在 B2C 领域,消费者通过数字支付打破了交易的时间和空间的限制,实现随时随地安全高效的交易。

(三) 数字贸易的产生

数字贸易源于数字经济,是传统贸易在数字经济时代的延伸;数字经济是数字贸易产生和发展的基石,具体体现在以下两个方面。

1. 数字经济促进数字贸易的产生

第一,数据作为数字经济时代的关键生产要素参与流通环节,提升贸易效率和降低贸易成本。传统贸易的流通环节涉及采购、批发、存储、运输、分销、零售等,冗长的流通环节导致流通效率低、流通成本高等问题,而凭借数据可存储、易传输的特点可大幅缩短流通时间,降低流通成本，提高流通环节的效率。

第二，平台化、生态化为数字贸易的产生奠定了基础。数字经济背景下，企业朝着平台化、生态化的方向发展，贸易双方借助数字技术可以在平台上实现精准匹配需求，并提供数字化金融、物流、营销等一揽子数字贸易解决方案。

2. 数字经济推动数字贸易的发展

第一，数字经济促进数字贸易基础设施建设。数字贸易基础设施作为贸易数据的载体，发挥着支撑数字贸易平稳运行的基础作用。随着数字经济的发展，各行业各领域对数字贸易基础设施的需求愈发旺盛，全球主要国家相继加大基础设施建设投入力度。如中国政府提出了“加快新型基础设施建设”重大部署，数字贸易基础设施开始纳入各省新型基础设施建设范畴。

第二，数字经济提升数字贸易规模。全球主要国家相继将数字经济作为战略高地，更多地关注数字贸易的高质量发展，美国、英国和中国等世界主要经济体先后发布了数字经济时代下推动数字贸易发展的政策。此外，数字经济带动数字贸易参与者数量增加。数字经济时代，数字技术、数字产品、数字平台迎来了发展的高峰期，贸易活动更加自由化、便利化，从而促使全球范围内更多中小企业深入参与数字贸易。

二、数字贸易发展的阶段性表现

数字贸易作为传统贸易在数字经济时代的延伸，经历了电子商务萌芽期、电子商务成长期、电子商务成熟期以及数字贸易四个发展阶段。电子商务的产生最早可以追溯到 20 世纪 60 年代末期，当时的人们开始用电报开展商务活动。发展至 20 世纪 90 年代，经历了第三次技术革命之后，全球主要国家的经济蓬勃发展，贸易活动日趋频繁，亟须寻找一种快速便捷且安全的贸易模式以满足日渐复杂的商务活动。电子商务凭借低成本、便捷性和灵活性受到了企业的青睐。电子商务是在传统贸易模式的基础上通过数字技术对贸易全流程中各要素的重组和分配而发展来的，因此，电子商务本质上并没有脱离传统贸易的三要素(买方、卖方和交易)，而是着力于实现贸易全流程电子化以达到降本增效的目标。

(一) 电子商务萌芽期

第二次世界大战结束后，全球经济开始复苏，发展至 20 世纪 60 年代，企业间贸易活动日趋频繁，造成了以纸张为载体的合同、证明和票据等商务文件数量激增，而传统的人工处理方式需要耗费大量的人力、物力和财力，已无法满足此时的贸易需求。此外，传统的贸易模式交易流程复杂、交易手续繁琐、交易时间地点受限，严重限制了贸易规模的进一步增长。1968 年，EDI 技术首次应用成功，电子商务应运而生。电子商务是贸易发展的客观要求，也是技术发展的必然结果。

电子商务萌芽期的特征如下：

第一，数据实现自动交换。得益于 EDI 技术的发展，企业间的数据实现了自动交换的功能，显著提升了交易的效率。EDI 相对于传统的电报和传真具有自动性、便捷性和无纸化的优势，被广泛应用于贸易的询价、报价等环节。

第二，交易仍然依靠线下。交易双方通过 EDI 技术实现数据的自动交换，但仅限于标准格式的商务文件，其他的贸易环节如商品展示、贸易磋商、贸易结算等仍然需要线下进行。商务信息的电子化传递向企业展示了基于电子方式进行商务活动模式的可行性，并能大幅提升交易的效率，为后续电子商务成长期的到来奠定了基础。

第三，应用范围有限。电子商务模式在萌芽期的应用范围受到了设备固定成本的限制，使用这一模式的主要是大型企业。EDI 系统的建立需要较大的固定成本投入，大多数中小企业无力承担，严重限制了基于 EDI 的电子商务模式的应用范围。

（二）电子商务成长期

电子商务萌芽期基于 EDI 的电子商务模式提升了贸易信息交换的效率，越来越多的企业意识到运用电子商务的方式开展实体货物的交易更加高效和便捷。但由于 EDI 的建设费用和使用成本高昂，仅大型企业才有可能使用，因此，中小型企业迫切希望能够建立一种新的成本低、效率高的信息共享系统。20 世纪 90 年代中期，互联网迅速普及，计算机也从实验室走向了千家万户。凭借价格低廉、覆盖面广、功能丰富和使用灵活等优势，互联网迅速替代 EDI 系统成为电子商务企业青睐的对象。电子商务企业借助互联网逐渐实现交易线上化和静态内容展示的功能，并吸引了中小企业的广泛参与。基于互联网的电子商务活动完全摆脱了传统商务活动的时空限制，电子商务进入快速发展的成长期。

电子商务成长期具有如下特征：

第一，交易实现线上结算。和电子商务萌芽期不同，交易线上化是电子商务成长期的里程碑事件。交易结算环节在指定的在线平台完成，相对于传统的支付方式而言，线上支付更高效、更安全、更便利，吸引了更多的企业和消费者选择通过该方式进行交易结算。

第二，静态网页内容展示。企业开始使用静态网页向客户展示产品的参数、价格和图片等信息，方便客户随时随地查看。发展至 1997 年，部分企业开始探索将前端的网页展示和后端的订货系统结合起来，实现商品的交易订单实时查询。为企业提供了向全球展示的窗口，拓宽了传统企业的贸易渠道。

第三，参与主体覆盖面广。一方面，与和 EDI 系统不同，互联网的覆盖范围不断扩大，用户以几何倍数增长。基于互联网的电子商务能够实现远距离、全覆盖、大规模的贸易活动，同时打破了时间和空间的限制，让贸易双方随时随地进行交易；另一方面，互联网的固定成本和变动成本相对 EDI 大幅降低，性价比凸显，成为企业拓宽贸易渠道的绝佳选择。由此大型企业、中小企业、个体工商户和消费者等多种主体相继参与电子商务活动中。

第四，企业兼并趋势凸显。主要表现在以下两个方面：一方面，电子商务企业进入快速成长期后，马太效应逐渐显现，企业呈现两极分化的发展趋势，部分优秀的企业逐渐脱颖而出，无论从市场占有率、用户规模还是营业收入等均处于领先地位，它们往往通过并购的方式快速获取其他企业的优质资产实现优势互补，增强核心竞争力；另一方面，电子商务规模的快速增长所带来的市场机会也吸引了资本的眼球，资本开始大规模进入电子商务领域，撮合电子商务平台间的收购和合并，促进行业进入发展的成熟期。

（三）电子商务成熟期

随着电子商务逐渐成为贸易的重要方式，其业务模式、业务对象和业务需求也愈发复杂，而成长期的电子商务模式过于单一，局限性日益凸显。电子商务成长期主要以 B2B 模式为主，几乎不涉及 B2C、C2C 和 B2B2C 等模式，模式的单一性导致了一系列问题，如用户增长乏力和收入来源受限等，在一定程度上阻碍了电子商务的进一步发展。伴随着数字技术和贸易的深度融合，部分企业一边致力于提质增效、优化体验，一边探索和实践多元化的电子商务模式，实现了营收的稳定增长，并在资本的推动下进行市场整合，提高市场集中度。电子商务进入平稳发展的成熟期。

电子商务成熟期具有以下特征：

第一，提质增效优化体验。电子商务成熟期，B2C 电子商务模式得到了长足的发展，个人消费者对于质量、效率和体验提出了更高的要求。一方面，平台间同质化竞争严重，越来越多的企业开始关注客户黏性，培养忠实用户。由于消费者可选择的电子商务平台增多，转换成本降低，企业必须改变传统的以贸易本身为核心的陈旧思维，转向以客户为中心。如电子商务平台京东制定了“体验为本、技术驱动、效率制胜”的核心经营战略。另一方面，电子商务相关法规的完善，倒逼平台关注质量、效率和体验。电子商务成熟期，行业规模不断扩大，全球主要国家相继颁布了电子商务相关的法律法规，完善市场监管。

第二，市场集中度提高。电子商务行业的供给能力过剩，产品的利润率呈下降趋势，行业内竞争激烈，两极分化趋势凸显。具备规模经济效应的大企业具有资源、人才、品牌等多方面的优势，根据马太效应，即使在投资回报率相同的情况下，大企业仍然能更轻易地获得比中小企业更多的收益，因而部分中小企业逐渐走向衰败或被吞并，市场集中度进一步提高。

第三，多元化发展。电子商务成熟期后期增长逐步放缓，电子商务平台开始探索经营多元化业务，以寻找未来新的利润增长点。具体有两大发展方向：一方面，开拓新业务，电子商务企业在经营稳定好传统电子商务业务的同时，积极探索社交电商、社区团购、直播带货、短视频营销等新业态；另一方面，线上线下相结合发展传统业务。在线上红利逐渐减少的背景下，电子商务平台开始探索线上线下相结合的消费场景，如利用线下引流线上消费的新零售模式。

（四）数字贸易阶段

发展至电子商务成熟期后期，随着人工智能、大数据、云计算等数字技术的发展，贸易数字化进程加速，衍生出了一系列数字化产品与服务，如智慧医疗、智慧政务等。数字化产品与服务的出现和发展为传统电子商务发展注入了新的活力，丰富了交易标的，加速了电子商务与服务贸易的融合，促使电子商务朝着虚拟化、平台化、数字化的方向发展，逐步进入数字贸易阶段。

数字贸易阶段具有以下发展特征：

第一，中间环节大幅减少的趋势日益凸显。从贸易的不同获利方式看，中间商可分为佣金中间商和加价销售中间商。数字贸易能有效减少因佣金中间商对贸易参与主体资质审查所需的征信、审查等中间环节，提高贸易效率。数字贸易还能有效促使企业和消费者直接进行沟通，达成交易，从而弱化了加价销售中间商在贸易中所起的贸易中介作用，缩减了相应的中间环节。在未来，数字贸易的中间环节会大幅减少。

第二，生态系统智能互联的趋势日益凸显。随着数字贸易的广泛应用，数字贸易平台将成为协调和配置资源的基本经济组织，是价值创造和价值汇聚的核心。在数字贸易平台上，价值创造不再强调竞争，而是充分利用互联网技术，通过整合供应链环节，促成相关贸易参与主体的交易协作和适度竞争。未来，将会逐渐形成以数字贸易平台为核心、各贸易环节智能联动、各贸易参与主体互利共赢的数字贸易有机生态系统。

第三，个性偏好充分体现的趋势日益凸显。随着网络信息技术的迅猛发展，消费者对产品和服务的个性化需求被进一步激发。数字贸易在消费和生产流通环节之间搭建起了一条高效的交流渠道，使消费者的个性化需求能够得到满足。在数字贸易中，分散的贸易流量和消费者偏好等信息通过平台汇集成一个整体，这为数字贸易中的产品差异化生产和个性化服务定制提供了更多可能性，消费者的个性偏好和需求将因此得到充分体现。

第二节　数字贸易的概念与内涵

一、数字贸易的提出与演进

通过梳理相关研究文献，根据交易标的的不同，将数字贸易概念的演进历程划分为以下三个主要阶段：

第一阶段（2010—2013 年）：将其视为数字产品与服务贸易的阶段。在这一阶段，数字贸易的标的仅包括数字产品与服务。数字贸易被认为是指通过互联网等电子化手段传输有价值产品或服务的商业活动，数字产品或服务的内容是数字贸易的核心。

第二阶段（2014—2017 年）：将其视为实体货物、数字产品与服务贸易的阶段。在这一阶段，实体货物被纳入数字贸易的交易标的中，强调数字贸易是由数字技术实现的贸易。数字贸易被认为是互联网和互联网技术在订购、生产以及递送产品和服务中发挥关键作用的国内商务或国际贸易活动。

第三阶段（2017—2019 年）：有关数字贸易的解读出现争议。美国国际贸易委员会在其 2017 年 8 月发布的《全球数字贸易Ⅰ：市场机会和主要外国贸易限制》报告中，将数字贸易界定为“通过固定或无线数字网络交付的产品与服务”，核心强调“数字交付”这一特征。经济合作和发展组织、世界贸易组织和国际货币基金组织 2019 年联合发布的《数字贸易测度手册（第一版）》，该手册对数字贸易的定义并非局限于“数字化方式订购实体产品”，而是更全面地提出“所有以数字方式订购或以数字方式交付的国际交易”，具体包括数字订购和数字交付两大维度。数字订购是指通过计算机网络完成订单收发的货物或服务贸易；数字交付是指通过计算机网络远程传输的电子格式商品。这一框架首次将“数字交付”与“数字订购”并列，突破了传统贸易标的的限制，既包含实体货物的数字化交易，也涵盖纯数字服务的跨境流动。

二、数字贸易的含义

随着跨境电子商务在我国的蓬勃发展，业界对数字贸易形成了更具中国实践特色的见解。2017 年 12 月，第四届乌镇世界互联网大会中提出："随着中国从消费互联网向产业互联网迈进，中国互联网企业开创了全新的'数字贸易中国样板'。"中国样板具备三大特点：独创的商业模式、可推广的行业标准以及可复制的创新实践，为更多的国家带来新的发展机会，赋能更多的中小企业通过数字贸易走向全球市场。

在制造业智能化转型的全球背景下，基于我国电子商务特别是跨境电子商务在世界范围内率先实践的有益尝试，从 G20 杭州峰会关于数字经济的权威解读出发，借鉴美版定义的合理内核，提出数字贸易的定义。

数字贸易是以数字化平台为载体，通过人工智能、大数据和云计算等数字技术的有效使用，统筹贸易数字化和数字化贸易进程，实现实体货物、数字产品与服务、数字化知识与信息的精准交换，进而推动消费互联网向产业互联网转型并最终实现制造业智能化的新型贸易活动。它是传统贸易在数字经济时代的拓展、延伸和迭代。

三、数字贸易的特点

（一）虚拟化

数字贸易的虚拟化属性具体表现在三个方面：一是生产过程中使用数字化知识与信息，即要素虚拟化；二是交易在虚拟化的互联网平台上进行，使用虚拟化的电子支付方式，即交易虚拟化；三是数字产品与服务的传输通过虚拟化的方式，即传输虚拟化。

（二）平台化

在数字贸易中，互联网平台成为协调和配置资源的基本经济组织，不仅是汇聚各方数据的中枢，更是实现价值创造的核心。互联网平台通过构建"基础设施—数据中枢—生态协同"的三层架构，重塑了传统贸易的资源配置逻辑。作为基础设施提供者，平台依托云计算、区块链等技术搭建跨区域、跨行业的数字化交易网络。作为数据中枢，平台汇聚消费行为、供应链流转、市场趋势等多维度数据，通过算法模型实现供需精准匹配，通过数据挖掘将分散的碎片化需求转化为规模化贸易机会，淘宝、亚马逊等电子商务平台是其中的典型代表。

（三）集约化

数字贸易能够依托数字技术实现劳动力、资本、技术等生产要素的集约化投入，促进研发设计、材料采购、产品生产、市场营销等各环节的集约化管理。例如，美邦服饰等服装企业纷纷将智能化作为重点发力对象，建立"互联网＋"平台，以准确反映市场需求变化，实现按需生产的集约化生产模式。

（四）普惠化

数字技术的广泛应用大大降低了贸易门槛，中小企业、个体商户和自然人都可以通过互联网平台面向全国乃至全世界的消费者。在传统贸易处于弱势地位的群体，在数字贸易中能够积极地、有效地参与贸易中，并且从中获利。

（五）个性化

随着个人消费者越来越多地参与到数字贸易中，个性化的需求也越来越受到重视。商家很难再靠标准化的产品和服务获利，根据消费者的个性化需求提供定制化产品和服务成为提升竞争力的关键。亚马逊海外购的分析报告发现，消费者的选择非常多样化，长尾选品（原来不受重视的销量小但种类多的产品或服务）的销量增长明显。

（六）生态化

数字贸易背景下，平台、商家、支付、物流、政府部门等有关各方遵循共同的契约精神，平等协商、沟通合作，共享数据资源，共同实现价值的创造，形成了一个互利共赢的生态体系。中国（杭州）跨境电子商务综合试验区注重创建整合货物流、信息流、资金流的综合性信息化管理服务平台，为各类商品提供一站式信息资源和服务，探索形成以“单一窗口”为核心的“六体系两平台”顶层设计，使贸易活动融入电子商务数据服务合作新生态。

第三节　数字贸易的作用

一、优化贸易结构的关键力量

数字贸易可以使质量较好的数字产品和服务进入本国市场，从而使得消费者有更多的选择，并提高其效用水平。由于数字技术发展程度的限制，各国对数字产品和服务的生产能力有所差异，在某些方面无法满足消费者日益增长的需求，通过数字贸易可以促进数字产品和服务的流通，让其流向存在超额需求的市场，满足世界消费者需求的同时，也促进了各国企业间的技术交流，令世界市场走向帕累托最优状态，最终实现互利共赢。数字贸易通过降低交易成本、拓展贸易范围、培育新业态等方式，成为全球经济增长的重要动力。

2024 年，我国跨境电商进出口达 2.63 万亿元，同比增长 10.8%；全球数字服务出口 2023 年达 4.25 万亿美元，同比增长 9%，增速远超传统货物贸易。数字贸易的快速增长不仅为我国贸易规模持续扩大提供支撑，更成为全球经济复苏的关键抓手。

二、推动全球价值链转型升级

传统全球价值链因协调成本过高而增长放缓，数字贸易通过降低组织协调成本、催生新型贸易产品，为全球价值链注入新动力。例如，数字技术的应用使生产端与消费端信息更对称，促进生产要素全球高效配置；同时，数字贸易催生的数字消费服务、数据服务等新产品，形成新型全球价值链，推动传统价值链向高附加值环节延伸。同时，数字贸易通过集约化、平台化发展，显著降低贸易壁垒。一方面，数字平台使中小企业能直接对接全球市场，打破传统贸易中大企业的垄断优势；另一方面，数字技术优化生产、物流、支付等全流程，提升贸易效率。截至2024年年末，我国“丝路电商”已与33个国家合作，通过共建数字丝绸之路节点，拓展贸易新空间。

三、推动国际规则与制度型开放

构建完善的数字贸易发展的规则体系是国际贸易领域十分重要的新兴议题。构建完善的数字贸易发展规则体系又是全球数字经济时代的核心命题，其重要性不仅体现在推动贸易自由化与便利化上，更涉及全球治理格局重塑、国家主权维护及产业安全保障等多维度战略价值。数字贸易规则体系是数字经济发展的制度基石，直接影响贸易效率与创新活力。规则体系通过规范数据流动、技术标准互认、跨境支付等核心议题，减少企业合规成本，促进中小微企业参与全球贸易。例如，WTO框架下电子签名、无纸贸易等规则的共识，直接推动跨境电商交易效率提升。规则体系为数字技术与传统产业融合提供制度保障，推动全球价值链向高附加值环节升级。完善的知识产权保护规则能激励企业加大研发投入，避免技术外溢风险，推动数字技术创新与应用。

我国积极参与全球数字贸易规则制定，如RCEP、CPTPP、DEPA谈判，并通过自贸试验区试点数据跨境流动等制度创新，构建适应数字贸易的开放新体系，助力缩小全球数字鸿沟，促进贸易均衡发展。党的二十届三中全会提出“完善高水平对外开放体制机制”，《中共中央办公厅国务院办公厅关于数字贸易改革创新发展的意见》进一步明确目标：到2029年，数字领域对外开放水平大幅提高，与国际高标准经贸规则对接全面加强；到2035年，制度型开放水平全面提高。我国以数字贸易为突破口，通过政策引领、规则对接、试点创新，正从“被动适应”转向“主动塑造”国际规则，推动制度型开放向更深层次、更广领域拓展。未来，随着跨境数据流动、市场准入等核心议题的突破，数字贸易将成为我国参与全球治理、提升国际话语权的重要支撑。

第四节　数字贸易与传统贸易的异同

纵观人类文明史，每一次科技革命都颠覆了原有的生产生活方式。信息技术的突飞猛进和全面应用，使得数字经济高速增长、快速创新，并逐渐发展成为世界经济增长的新引擎。贸易作为经济活动中配置资源的关键环节，受第三、第四次科技革命的影响，正经历数字化的深刻变革。以跨境电子商务为代表，数字贸易已经开始展现其蓬勃的生命力。

一、数字贸易与传统商品贸易的异同

数字贸易与传统商品贸易的相同之处体现在如下几方面：

第一，贸易的行为本质相同。贸易最初始于史前社会，除了自给自足的生活方式之外，史前人类也通过彼此之间货物和服务的自愿交换，满足各自的需求。现代社会的今天，贸易的本质仍然没有发生变化，无论是传统贸易，还是数字贸易，本质上都是商品、服务、生产要素在不同主体之间的转移。虽然实现方式有所变化，但这并没有改变贸易作为交换活动的本质。

第二，贸易的内在动因相同。无论是国内区域间贸易还是国际贸易，贸易活动的内容在动因方面都是一致的。以绝对优势理论、比较优势理论为代表的古典国际贸易理论是研究贸易动因的经典理论，国内区域间贸易的研究同样使用了这一分析逻辑。国家间技术水平的绝对(相对)差异产生了绝对(相对)成本的差异，一国应当生产自己具有绝对(相对)优势的产品，而用其中一部分交换其具有绝对(相对)劣势的产品，这样贸易双方都将获得更高的福利水平。专业化生产和劳动分工以及由此产生的规模经济，是传统贸易和数字贸易的内在动因。

第三，贸易的经济意义相同。数字贸易和传统贸易一样，具有克服各类资源在各主体间流动的障碍，调整各个区域内资源的供求关系和价格；密切各主体之间的经济联系，弱化信息不对称；促进资源在更合理的结构上得到利用，使得各主体均可发挥其资源、技术的比较优势；激发各主体的创新活力，提高生产效率和经济效益。

数字贸易与传统贸易的不同之处体现在如下几方面：

第一，贸易的时代背景不同。第一、第二、第三次科技革命带来了生产生活方式的巨大变革：火车等运输工具的出现，使得长距离运输成为可能；内燃机的广泛应用使得机器生产代替手工劳动，贸易商品大幅增加。正是在这样的背景下，传统贸易大发展、大繁荣。而数字贸易则是在第三、第四次科技革命背景下诞生的一种新型贸易活动。数字技术使得原有的通信、传输方式发生重大变革，数据成为关键性的生产资料，传统产业正经历数字化、智能化的升级。

第二，贸易的时空属性不同。传统贸易从交易开始到交易完成的周期长，受商品价格变化、货币汇率波动等因素的影响大。而数字贸易的交易过程中，数字技术大幅提高了交易效率，贸易的时间不确定性大大降低。传统贸易受地理距离的制约较大，而数字贸易中，处于现代信息网络的贸易双方不再具有严格的空间属性，地理距离的限制作用大幅弱化。

第三，贸易的行为主体不同。传统贸易的交易过程存在代理商、批发商、零售商等诸多中间机构，供给方和需求方并不直接进行交易。但在数字贸易中，现代信息网络和信息通信技术使得供求双方之间的直接交易成为可能。此外，电子商务 B2C、C2C 等商业模式的普及使得个人消费者在贸易活动中扮演着越来越重要的角色。在未来的智能制造时代，C2B、C2M 等商业模式将进一步强化消费者的作用。

第四，贸易的交易标的不同。传统贸易的交易标的主要是货物、服务以及生产要素，数字贸易的交易标的相对复杂。数字贸易强调数字技术在订购、生产或递送等环节发挥了关键性的作用，因而，其交易标的包括在电子商务平台上交易的传统实体货物；通过互联网等数字化手段传输的数字产品与服务；作为重要生产要素的数字化知识与信息。

第五，贸易的运作方式不同。传统贸易需要固定的交易场所，以及证明材料、纸质单据等实体文件，而数字贸易往往是在互联网平台上达成，全部交易过程实现电子化。传统贸易中，货物规模大、价值高，主要采取海运、火车等运输方式，而数字贸易则存在诸多的不同：个人在电子商务平台上订购的商品主要通过快递方式寄送，部分跨境电商企业采取海外仓、保税仓模式；数字产品与服务的贸易则采取数字化的递送方式。

第六，贸易的监管体系不同。传统贸易中，各国海关、商务等监管部门是贸易的主要监管机构；各国国内的贸易制度、国际贸易协定是约束贸易行为的主要法律规范。而数字贸易的监管体系不仅涉及前述的监管机构和法律规范，还强调对数字贸易中的关键要素数据进行监管。

二、数字贸易与传统跨境电商的异同

第一，作为有机组成部分，跨境电子商务会助推数字贸易时代的早日到来。电子商务特别是跨境电子商务作为数字贸易的重要组成部分，已经逐渐展现其旺盛的生命力。未来，随着云计算、大数据等数字技术的广泛应用，跨境电子商务的分析、预测、运营能力将得到大幅提升。原来以货物交易活动为主的跨境电子商务，将不断拓展其商务活动半径，整合传统产业链，推动生产、贸易活动的数字化、智能化转型。

第二，作为新型贸易活动，数字贸易是跨境电子商务未来发展的高级形态。现阶段的跨境电子商务仍然处于数字贸易的初级阶段，产业的垂直整合力度不够。而数字贸易并非只是简单的货物交易活动，它突出强调数字技术和传统产业的融合发展，将实现制造业的智能化升级作为最终目标。因而，数字贸易是跨境电子商务未来发展的更高目标。

本章核心概念

数字经济　　数字贸易　　人工智能　　电子商务　　数字支付

复习思考题

1. 数字贸易产生的背景。
2. 数字经济对数字贸易的影响。
3. 数字贸易阶段与电子商务成熟期相比，核心差异体现在哪些方面？
4. 数字贸易的作用。
5. 数字贸易与传统贸易的异同。

贸易实务篇

第十一章

国际贸易术语

本章主要内容

国际贸易术语的内涵;与贸易术语有关的国际贸易惯例;装运港交货的三种常用贸易术语;承运人交货的三种贸易术语;其他五种贸易术语;贸易术语在实际运用中一些应该注意的问题等。

第一节　国际贸易术语及其国际惯例

一、国际贸易术语

贸易术语(Trade Terms)是指用一简短的概念或英文缩写字母来表示商品的价格构成、说明交货地点、确定买卖双方的责任、费用、风险划分等问题的专门用语。

[例 1] USD 1000 Per M/T FOB Shanghai(每公吨 1 000 美元,上海装运港船上交货。)

[例 2] ERU 3.50/pr. CIF New York(每双 3.5 欧元,成本、保险费加运费,运到纽约港。)

贸易术语说明了买卖双方各自承担的特定的责任、费用和风险转移的界限及价格构成情况。可以说,不同的贸易术语会有不同的上述构成因素。所以,贸易术语代表着交货条件。一般来说,卖方承担的责任、费用与风险小,其售价就低;反之,其售价就高。由此可见,贸易术语具有两层含义:一方面表示交货条件;另一方面表示成交价格的构成。我们必须从贸易术语的全部含义来理解它的性质。正是由于贸易术语具有这两方面的性质,所以也被称为"价格—交货条件"(Price—Delivered Terms)。

二、与贸易术语有关的国际贸易惯例

早在 19 世纪初,人们在国际贸易中已开始使用贸易术语,但是,最初对各种贸易术语并无统一的解释。后来,某些国际组织、商业团体、学术机构为了消除分歧,促进国际贸易发展,试图对贸易术语作统一的解释,于是,陆续出现了一些有关贸易术语的解释和规则。这些解释与规则为较多国家的法律界和工商界所熟悉、承认和接受,就成为有关贸易术语的国际贸易惯例。

目前,有关贸易术语的国际贸易惯例主要有以下三种:

1. 国际法协会修订的《1932年华沙—牛津规则》(Warsaw-Oxford Rules 1932)

该“规则”主要对CIF条件下，买卖双方的风险、责任和费用的划分以及货物所有权的转移方式等问题做了比较详细的解释。此规则被沿用至今。

2. 美国9个商业团体修订的《1941年美国对外贸易定义修订本》(Revised American Foreign Trade Definitions 1941)

它最早于1919年在纽约制定，原名为《美国出口报价及其缩写条例》(The U. S. A Export Quotations and Abbreviations)。后来于1941年，由美国商会、美国进口商协会和全国对外贸易协会所组成的联合委员会通过了上述“条例”的修订本。该修订本中所解释的贸易术语共有6种：① EXW(原产地交货)；② FOB(在运输工具上交货)；③ FAS(在运输工具边交货)；④ CFR(成本加运费)；⑤CIF(成本加运费、保险费)；⑥ DEQ(目的港码头交货)。其中，FOB、FAS与国际商会的国际贸易术语解释通则具有明显的差异。这些术语至今仍在北美和南美国家被采用。

3. 国际商会修订的《2010年国际贸易术语解释通则》(INCOTERMS 2010)

国际商会是一个促进国际贸易的国际民间团体，成立于1919年，总部设在法国巴黎。早在1936年，国际商会就制定了一个惯例，作为贸易条件的解释规则，当时定名为《国际贸易术语》(International Commercial Terms，简称INCOTERMS 1936)。

自1936年制定后，为了适应国际贸易的发展，国际商会先后于1953年、1967年、1976年、1980年、1990年、2000年和2010年进行了七次修订和补充，即《INCOTERMS 2010》，自2011年1月1日起生效。见表11－1：

表11－1 《2010年国际贸易术语解释通则》贸易术语分类

组别	贸易术语	中文名称	英文全称
适用任何运输方式	EXW	工厂交货	Ex Works
	FCA	货交承运人	Free Carrier
	CPT	运费付至	Carriage Paid To
	CIP	运费、保险费付至	Carriage and Insurance Paid To
	DAT	运输终端交货	Delivered at Terminal
	DAP	目的地交货	Delivered at Place
	DDP	完税后交货	Delivered Duty Paid
适用水上运输方式	FAS	装运港船边交货	Free Alongside Ship
	FOB	装运港船上交货	Free on Board
	CFR	成本加运费	Cost and Freight
	CIF	成本加保险费、运费	Cost, Insurance, and Freight

第二节　装运港交货的三种常用贸易术语

《2010 年国际贸易术语解释通则》(INCOTERMS 2010)中有 11 个贸易术语,其中使用最多的是装运港交货的三种贸易术语:FOB、CFR 和 CIF。

这三种贸易术语都只适用于海运和内河运输,买卖双方在货物交接中的责任、费用、风险划分中所承担的义务基本一致,只是在运输和保险责任上有所区别。

一、三种贸易术语的基本解释

(一) FOB

FOB:Free On Board(...named port of shipment)装运港船上交货——(……指定装运港)

按照《通则》的解释,卖方必须在合同约定的装运期内,按港口的惯常方式,在指定的装运港将货物装上买方指定的船只,并及时通知买方。卖方必须承担货物在装运港置于船上为止的货物灭失或损坏的一切风险,以及与货物有关的一切费用。

买方要负责租船订舱,支付运费,在合同规定的期间到达装运港接运货物,并将船名及装船的日期给予卖方充分的通知。买方必须承担货物在装运港置于船上时起货物灭失或损坏的一切风险,以及与货物有关的一切费用。

卖方要负责取得出口报关所需的各种证件,并负责办理可能发生的出口手续,买方则负责取得进口报关的所需各种证件,并负责办理可能发生的进口及过境运输的海关手续。

卖方应向买方提供通常的单证,证明已完成交货装船的义务。其中的运输单据则应在买方承担费用和风险的条件下,卖方给予一切协助,取得有关运输合同的运输单据。买方应接受与合同相符的货物和单据,并按合同规定支付货款。

在买卖双方已约定或符合惯例的情况下,赋予电子信息与纸质信息同等效力。在实务中,常见的是用电子数据交换(EDI)信息取代纸质单据。

(二) CFR

CFR:Cost and Freight(...named port of destination)——成本加运费(……指定目的港),是指卖方负责按通常的条件租船订舱,支付运费,在合同规定的装运日期内将货物装上运往指定目的港的船上,负担货物装上船以前发生的一切费用和风险,装船后及时向买方发出已装船通知。

CFR 与 FOB 不同之处在于:CFR 术语是由卖方负责租船订舱并支付运费。按照《通则》的解释,卖方只需按通常条件租船订舱,经习惯航线运送货物。对买方提出关于船舶和航线的要求,如并未在合同中约定,卖方有权拒绝或接受。

CFR 在货物装船、风险转移、办理进出口手续和接单付款方面,买卖双方的义务和 FOB 相同。比如,尽管 CFR 方式是由卖方负责办理运输,但这纯属代办性质,和 FOB 一样,风险转移以货物“置于船上”为界，运输途中风险由买方承担，卖方仍然只管装运，无须保证到货。

(三) CIF

CIF：Cost，Insurance and Freight(…named port of destination)——成本加保险费、运费(……指定目的港)，是指卖方负责按通常的条件租船订舱，支付运费，在合同规定的装运日期内，将符合合同的货物装上船，负担货物装上船以前发生的一切费用和风险，负责办理从装运港到目的港的海运货物保险，支付保险费。

CIF 和 CFR 不同之处在于：以 CIF 方式成交，卖方还承担为货物办理运输保险并支付保险费的义务。在 FOB 和 CFR 中，由于买方是为自己所承担的运输风险而办理保险，因而不构成一种义务。按照《通则》的解释，卖方应在不迟于货物置于船上时，办理货运保险。在合同无明示时，卖方可按保险条款中最低责任的险别投保。

二、在具体业务中应注意的几个问题

(一) 关于费用风险划分的分界点问题

按 CFR 条件成交，风险转移的界限是在装运港船上为分界点，所以属于装运港交货的贸易术语，卖方只保证按时装运，并不保证货物按时抵达目的港，也不承担把货物送到目的港的义务。在费用划分方面，卖方只支付承运人从装运港至目的港的正常运费，途中发生意外事故而产生的额外费用应由买方负担。而 CIF 尽管是卖方负责运费及全程的保险费，但风险转移仍然发生在装运港船上。货物装上船后，卖方不再承担任何责任及除运费和保险费之外的任何额外费用，运输中即使货物受损、灭失，卖方仍可凭单收款。

(二) FOB 方式中船货衔接问题

按照 FOB 术语成交的合同属于装运合同，这类合同中卖方的一项基本义务是按照规定的时间和地点完成装运。然而，由于 FOB 条件下是由买方负责安排运输工具，即租船订舱，所以这就存在一个船货衔接问题，处理不当，自然会影响到合同的顺利执行。根据有关法律和惯例，如果买方未能按时派船，这包括未经对方同意提前将船派到和延迟派到装运港，卖方都有权拒绝交货，而且由此产生的各种损失，如空舱费(Dead Freight)、滞期费(Demurrage)及卖方增加的仓储费等均由买方负担。如果买方指派的船只按时到达装运港，而卖方却未能备妥货物，那么，由此产生的上述费用则由卖方承担。

(三) 装卸费用的负担问题

按照 FOB 船上交货，卖方要负责支付货物装上船之前的一切费用。但由于该术语历史较悠久，各个国家和地区在使用时对于“装船”的概念没有统一明确的解释。在装船作业的过程中涉及的各项具体费用，如将货物运至船边的费用，吊装上船的费用，理舱、平舱的费用等，究竟由谁负担，各国的惯例或习惯做法也不完全一致。为了说明装船费用的划分问题，往往需在 FOB 术语后加列附加条件，这就形成了 FOB 的变形，它们主要有：

(1) FOB Liner Terms——FOB 班轮条件。这一变形是指装船费用按照班轮的做法来办,即卖方不负担装船的有关费用。

(2) FOB Under Tackle——FOB 吊钩下交货。卖方将货物交到买方指定船只的吊钩所及之处,即吊装入舱以及其他各项费用都由买方负担。

(3) FOB Stowed——FOB 船上交货并理舱。卖方负责将货物装入船舱并承担包括理舱费在内的装船费用。理舱费是指货物入舱后进行安置和整理的费用。

(4) FOB Trimmed——FOB 船上交货并平舱。卖方负责将货物装入船舱并承担包括平舱费在内的装船费用。平舱费是指对装入船舱的散装货物进行平整所需要的费用。

(5) FOB Stowed and Trimmed——FOB 船上交货并理舱和平舱。它表明卖方承担包括理舱费和平舱费在内的各项装船费用,常写为 FOBST。

按照 CFR、CIF 条件成交,卖方负责将合同规定的货物运往合同规定的目的港,并支付正常的运费。至于货到目的港后的卸货费用由谁负担也是一个需要考虑并加以明确的问题,对于卸货费用也有不同的规定。CFR 和 CIF 术语变形类似,以 CFR 为例,主要有:

(1) CFR Liner Terms——CFR 班轮条件。这一变形是指卸货费用按照班轮的做法来办。就是说,买方不负担卸货费,而由卖方负担。

(2) CFR Landed——CFR 卸到岸上。由卖方承担货物卸到码头上的各项有关费用,包括驳船费和码头捐税。

(3) CFR EX Tackle——CFR 吊钩下交货。卖方负责将货物从船舱卸到轮船吊钩可及之处(码头上或驳船上)的费用。在轮船不能靠岸的情况下,驳船费及货物从驳船卸到岸上的费用,都由买方负担。

(4) CFR EX Ship's Hold——CFR 舱底交货。在货物运达目的港后,自船舱底起一切卸货费用由买方承担。

贸易术语的变形只是为了说明装卸货费用的负担问题,并不改变术语的交货地点和风险划分的界限。

(四) CFR 术语关于装船通知的问题

按 CFR 术语成交,卖方安排运输,但由买方办理货运保险,如卖方装船后不及时通知买方,买方就无法及时办理保险,甚至有可能出现漏办货运保险的情况。如因卖方疏忽致使买方未能投保,那么卖方不能以风险在装运港船上转移为由免除责任,要承担货物在运输途中的风险。

(五) 象征性交货(Symbolic Delivery)和实际交货(Physical Delivery)

所谓象征性交货是针对实际交货而言的,前者指卖方只要按期在约定地点完成装运,并向买方提交合同规定的、包括物权凭证在内的有关单据,就算完成了交货义务,而无须保证到货。后者则是指卖方要在规定的时间和地点将符合合同规定的货物提交给买方或其指定的人,不能以交单代替交货。

可见,在象征性交货方式下,卖方是凭单交货,买方是凭单付款。只要卖方如期向买方提交了合同规定的全套合格单据,即使货物在运输途中损坏或灭失,买方也必须履行付款义务。反之,如果卖方提交的单据不符合要求,即使货物完好无损地运达目的地,买方仍有权拒付货款。但是,必须提出,卖方履行其交单义务只是得到买方付款的前提条件,除此之外,他还必须履行交货义务。如果卖方提交的货物不符合要求,买方即使已经付款,仍然可以根据合同的规定向卖方提出索赔。

(六)《1941年美国对外贸易定义修订本》中的FOB

(1) 所使用的运输方式不同。《2010通则》中的FOB仅适用水上运输;而《定义修订本》中的FOB适用于任何运输方式。

(2) 出口手续及费用不同。《2010通则》是卖方负责办理出口清关手续;而《定义修订本》则解释为,卖方根据买方的请求,在买方负担费用的情况下,协助买方取得出口所需要的证件,并由买方支付出口税和其他出口税费。

(3) 交货地点不同。《定义修订本》中的FOB是交通工具上交货,有六种情况,仅第五种情况与《2010通则》相同,是船上交货。所以,在与美国及北美进行贸易往来时,若采用船上交货应在FOB和港名之间加"Vessel"(船)字样,如"FOB Vessel New York"证明是在纽约港交货。若只写"FOB New York",可能是纽约城内的某地交货。

第三节 承运人交货的三种贸易术语

一、"货交承运人"的概念

向承运人交货的贸易术语有三种,它们是:

(1) FCA:Free Carrier(...named place)——货交承运人(……指定地点),是指买方必须自费订立从指定地点装运货物的运输合同并及时通知卖方有关承运人的名称和向其交货的时间。卖方必须在买卖双方同意的期限内,在指定地点将货物交给买方指定的承运人,并承担交货前的一切费用和风险。卖方负责办理出口许可证和支付出口捐税费用,买方承担卖方交货后的一切费用和风险。

(2) CPT:Carriage Paid to(...named place of destination)——运费付至(……指定目的地),是指卖方必须自费订立将货物运至指定目的地的运输合同,在规定的时间和地点将货物交给指定的承运人,并提供通常的运输单据,支付运费。买方承担交货后所发生的一切费用和风险。

(3) CIP:Carriage and Insurance Paid to(...named place of destination)——运费、保险费付至(……指定目的地),是指卖方负责订立运输契约并支付将货物运达指定目的地的运费,办理货物运输险并支付保费,卖方在合同规定的装运期内将货物交给承运人或第一承运人的处置之下,即完成交货义务。卖方交货后要及时通知买方,风险也于交货时转移给买方。买方要在合同规定的地点受领货物,支付货款,并且负担除运费、保险费以外的货物自交货地点直到运达定目的地为止的各项费用,以及在目的地的卸货费和进口税捐。在CIP条件下,交货地点、风险划分的界限都与CPT相同,差别在于采用CIP时,卖方增加了保险的责任和费用。所以,卖方提交的单据中增加了保险单据。

这三种贸易术语不仅适用于海运和内河运输，而且适用于航空、铁路和公路运输。它们均属于装运合同的报价方式。

二、与传统贸易术语的比较

(一) 共同点

FCA、CPT、CIP与传统的FOB、CFR、CIF相比较，有以下三个共同点：

(1) 都是象征性交货，相应的买卖合同为装运合同。

(2) 均由出口方负责可能发生的出口报关，进口方负责可能发生的进口和过境报关。

(3) 买卖双方所承担的运输、保险责任互相对应。即FCA和FOB一样，由买方办理运输，CPT和CFR一样，由卖方办理运输，而CIP和CIF一样，由卖方承担办理运输和保险的责任并支付费用。

由此而产生的操作注意事项，也是相类似的。

(二) 不同之处

这两类贸易术语的主要不同在于：

(1) 适合的运输方法不同。FCA、CPT、CIP适合于各种运输方式，而FOB、CFR、CIF只适合于海运和内河运输。

(2) 风险点不同。FCA、CPT、CIP方式中，买卖双方风险和费用的责任划分以“货交承运人”为界，而传统的贸易术语则以“置于船上”为界。

(3) 装卸负担不同。FCA、CPT、CIP均由承运人负责装卸，因为不存在需要适用贸易术语变形问题。如前所述，如果程租船运输，在以传统贸易术语成交的买卖合同中，应使用贸易术语变形的方式对装卸费用的负担做出明确规定。

(4) 运输单据性质不同。海运提单具有物权凭证的性质，可以转让，而海运单、航空运单和铁路运单等，不具有这一性质。CFR和CIF术语强调了所交运输单据应为可转让的海运提单，而CPT和CIP则无此要求(即使在海运方式中)。

所以，除了风险点不同之外，可以把FCA、CPT、CIP看成是FOB、CFR、CIF从海运方式向各种运输方式的延伸。

第四节　其他五种贸易术语

以上阐述的是INCOTERMS 2010对六种主要贸易术语的解释和在实际运用中的一些应该注意的问题。现对该通则的其他五种贸易术语作简要介绍。

一、EXW

EXW：Ex Works(...named place)——工厂交货(……指定地点)是指卖方在其所在处

(工厂、仓库等)将货物交由买方处置,即完成了交货义务。买方则负责自行将货物装运,并承担其间的全部风险、责任和费用,包括货物可能的出入境手续和费用。这个术语是卖方承担义务最少的贸易术语,如买方无法直接或间接办理货物出境手续,则不宜采用这一方式。这是一个较为常用的贸易术语。

二、FAS

FAS:Free Alongside Ship(...named port of shipment)——船边交货(……指定装运港)。卖方负责将货物交至装运港买方指定的船边。若买方所派船只不能靠岸,卖方应负责用驳船把货物运至船边,卖方在船边完成交货义务,风险责任同时转移,由买方负责装船的手续和费用。在清关适用的地方,FAS 术语要求卖方办理货物出口清关。

三、DAT

DAT:Delivered at Terminal(...named terminal of destination)——运输终端交货(……指定目的地终点站)。卖方将货物运至指定的港口或目的地的指定运输终端,并将货物从抵达的运输工具上卸下,交给买方处置时,即为交货。运输终端意味着任何地点,如码头、仓库、堆场或公路、铁路、空运货站等。卖方承担货物卸下后完成交货之前的一切风险。

在清关适用的地方,DAT 术语要求卖方办理货物出口清关,但无义务办理货物进口清关。

四、DAP

DAP:Delivered at Place(...named place of destination)——目的地交货(……指定目的地)。卖方将货物运至指定目的地,将还在运输工具上可供卸载的货物交由买方处置时,即为交货。卖方承担将货物送到指定地点的一切风险。如运输合同中已包含了在目的地卸货费用,该费用仍应由卖方承担。

买方自行负责从运输工具上卸载货物,并承担可能发生的费用和一切风险。

DAP 和 DAT 的不同之处在于卸货责任不同。此外,如果双方希望由卖方承担将货物由运输终端搬运至另一地点的风险和费用,则更适宜使用本术语,而不是 DAT(运输终端)。

在清关适用的地方,DAP 术语要求卖方办理货物出口清关,但无义务办理货物进口清关。

五、DDP

DDP:Delivered Duty Paid(...named place destination)——完税后交货(……指定目的地)。卖方将货物运至进口国的指定地点,将仍处于抵达的运输工具上,但已完成进口清关,且可供卸载的货物交由买方处置,即为交货。卖方应承担交货前的一切风险、责任和费用,其中包括可能的货物进口报关的手续和费用，以及支付进口关税和其他进口环节税。

与EXW相反，DDP是卖方所承担义务最多的贸易术语。

实际上，DDP与DAP相比，卖方多了一个办理可能发生的进口海关手续并支付费用和关税，而在DAP中是由买方承担的。如果双方希望买方承担所有进口清关的风险和费用，则应使用DAP术语。

本章核心概念

贸易术语	国际贸易惯例	风险转移	费用划分
象征性交货	实际性交货	装运通知	

复习思考题

1. 什么叫“贸易术语”？贸易术语在国际贸易中的作用是什么？

2. 有关贸易术语的国际惯例主要有哪几种？分别解释哪些术语？

3. 什么是《INCOTERMS 2010》？试分别指出11种贸易术语的交货点和风险、费用划分点。

4. 简述FOB、CFR和CIF三种术语之间的联系和区别。

5. 试述贸易术语变形的作用，并举例说明之。

6. 简述FCA、CPT、CIP与FOB、CFR、CIF的主要区别。

7. 试比较EXW与DDP的卖方义务有何不同。

8. 什么是“象征性交货”和“实际交货”？它们各自的特点有哪些？

第十二章

交易磋商与签订合同

 **本章主要内容**

交易磋商的内容、一般程序；发盘、接受的法律规则及应用；交易磋商技巧；签订合同及合同有效成立的条件；合同的基本条款。

第一节　交易磋商

一、交易磋商的内容

交易磋商(Business Negotiation)是在充分做好交易前准备工作的基础上进行的。交易磋商在形式上可分为口头和书面两种。

交易磋商的内容，涉及拟签订的贸易合同的各项条款，它们是品名、品质、数量、包装、价格、装运、支付、保险、商检、索赔、不可抗力和法律选择条款等。

二、交易磋商的一般程序

每一笔交易磋商的程序不完全相同，但一笔交易的洽商从开始联系到达成交易，不外乎以下四个环节：询盘、发盘、还盘、接受。

(一) 询盘(Enquirer／ Inquiry)

询盘，又称询价，是指交易的一方当事人欲洽购或推销某种商品而向对方表示的意愿，或就有关交易条件而提出的询问。可只询问价格，也可询问其他一项或几项交易条件直至要求对方发盘。

[例 1]“报 100 公吨东北大豆的最低价。”

[例 2]“可供东北大豆 100 公吨请递盘。”

询盘对于询盘人和被询问人均无法律上的约束力，而且不是每笔交易磋商所必经的步骤，但它往往是交易的起点，受盘方应抓住每一有利的贸易机会积极回复对方的询盘。但同时也应注意比较鉴别，因为询盘往往被一方用作调查研究，摸清市场行情，刺探竞争企业商业秘密的一种手段。

（二）发盘(Offer)

发盘又称发价，在法律上被称为要约，是买方或卖方向对方提出各项交易条件，并愿意按照这些条件达成交易，订立合同的一种肯定的表示。在实际业务中，发盘通常是一方在收到对方的询盘之后提出的，但也可不经过对方询盘而直接向对方发盘。发盘人可以是卖方，也可以是买方。一项发盘在其内容上，要求做到明确、完整和终结。

[例 1]“报盘东北圆粒大米 500 公吨，每净重公吨 200 美元，CIF 伦敦，新单层麻袋包装，每包大约 100 公斤，2 月装运，不可撤销即期信用证。5 日复到我方有效。”

[例 2]“兹发盘 5 000 打运动衫规格按 3 月 15 日样品每打 CIF 纽约价 84.50 美元，标准出口包装 5 至 6 月装运，以不可撤销信用证支付，限 20 日复到。”

发盘在其有效时限内，发盘人不得任意撤销或修改其内容，发盘一经对方在有效时限内表示无条件的接受，发盘人将受其约束，并承担按照发盘条件与对方订立合同的法律责任。

（三）还盘(Counter—offer)

还盘又称还价，是受盘人对发盘内容不完全同意而提出修改或变更的表示。还盘既是受盘人对发盘的拒绝，也是受盘人以发盘人的地位所提出的新发盘。一方的发盘经对方还盘后即失去效力，除非得到原发盘人的同意，受盘人不得在还盘后反悔，再接受原发盘。

还盘只有受盘人才可以作出，其他人作出无效。在实务中，还盘往往建立在原发盘的基础上，即还盘人只需提出原盘中不能接受的内容并加以修改，提出自己的意见；同意的部分则在还盘中可略去不谈。

[例 1]“你 5 日电，还盘 CFR 价 212 英镑，10 日复到有效。”

[例 2]“你 6 日电可接受。但 10 月份装船，电复。”

（四）接受(Acceptance)

Acceptance 一词法律上称“承诺”，在业务上叫“接受”。它是指买方或卖方同意对方在发盘（或还盘）中提出的交易条件，并愿意按这些条件达成交易订立合同的一种肯定的表示。

一方的发盘经另一方接受，交易即告达成，合同即告订立；双方就应分别履行其所承担的合同义务。表示接受一般用“接受”(Accept)、“同意”(Agree)和“确认”(Confirm)等词语。通常情况下，只需简单列明“你方某日电我接受（或确认）”即可，而不必重复列出有关的交易条件。

三、发盘、接受的法律规则及运用

询盘、发盘、还盘、接受是交易磋商的一般程序。发盘和接受是交易磋商不可缺少的两个环节。

(一) 发盘的法律规则及其运用

1. 构成发盘的条件

由于发盘在法律上构成一项要约，并对发盘人具有约束力，因此，作为一项有法律效力的发盘必须具备一定的条件，即构成发盘的条件。一项发盘的构成必须具备以下四个条件：

(1) 向一个或一个以上特定的受盘人提出；

(2) 表明发盘人在发盘得到接受时承受约束的意旨，即发盘应该表明发盘人在得到接受时，将按发盘的条件承担与受盘人订立合同的法律责任；

(3) 内容必须“十分确定”。所谓“十分确定”是指在提出的订约建议中至少应包括三个基本要素：① 表明货物的名称；② 明示或默示地规定货物的数量或规定数量的方法；③ 明示或默示地规定货物的价格或规定确定价格的方法。凡包含这三项基本条件的订约建议，即可构成一项发盘；

(4) 送达受盘人。发盘必须在有效期内送达受盘人，方可生效。

2. 发盘的有效期

发盘的有效期是指可供受盘人对发盘作出接受的期限，规定有效期通常有两种方式：(1) 规定最迟送达发盘人时间，如“限 3 月 10 日复到有效”。(2) 规定一段接受时间，如“发盘 10 天有效”。

3. 发盘的撤回和撤销

(1) 发盘的撤回。发盘于送达受盘人时生效。发盘人于发盘尚未生效时，可将其撤回，即撤回通知应在发盘送达受盘人之前或同时到达。

(2) 发盘的撤销。《公约》第 16 条规定：当受盘人收到的发盘时，如果撤销的通知在受盘人发出接受通知前送达受盘人可以撤销。但在下列情况下不得撤销：① 发盘是以规定有效期或以其他方式表明为不可撤销的；② 受盘人有理由信赖该项发盘是不可撤销的，并已本着对该发盘的信赖采取了行动。

4. 发盘的终止

一项已生效的发盘在发生下列情况后，将失去效力，即解除对发盘人的约束力：

(1) 过了发盘的有效期。即超过发盘规定的有效期，或发盘未规定有效期时，超过了合理时间，发盘人仍未收到受盘人的答复。

(2) 被发盘人撤销，即允许撤销的发盘，被发盘人在受盘人表示接受前终止了其效力。

(3) 被受盘人拒绝或还盘，即受盘人对发盘作出了拒绝或还盘的答复。即使原定有效期限尚未届满，发盘也立即失效。

(4) 发盘还可因出现了某些特定情况，按有关法律的适用而终止。例如，① 发盘人在发盘被接受前丧失了行为能力或正式宣告破产并将有关破产的书面通知送达受盘人；② 特定的或独一无二、不可替代的标的物被毁灭；③ 发盘中的商品被政府宣布禁止出口或进口等。在以上任一情况下，发盘将依法而终止有效。

(二) 接受的法律规则及其应用

1. 构成接受的条件

一项有效的接受条件必须具备以下条件：

(1) 接受必须由特定的受盘人作出，其他人对发盘表示同意，不能构成接受。

(2) 接受必须表示出来。《公约》第 18 条第一款规定："缄默或不行动本身不等于接受。"因此，接受必须由受盘人以一定的方式表示出来。

(3) 接受的内容必须与发盘内容完全一致。接受是受盘人愿意按照发盘的内容与发盘人达成交易的意思表示。因此，接受内容应当与发盘内容完全一致。

(4) 接受必须在发盘的有效期内作出，并送达发盘人。任何发盘都有有效期，因此，受盘人必须在发盘规定的有效期内作出接受表示，并送达发盘人。

2. 逾期接受

超过发盘的有效期才到达的接受为逾期接受，一般情况下无效，被视为一项发盘。但《公约》规定，如果发盘人毫不迟延地用口头或书面通知受盘人，确认该接受有效，则该逾期接受仍有接受的效力。即合同于接受通知书到达时生效，而不是受盘人收到确认通知后才生效。

如因传递途中的故障造成的逾期接受，即按照正常的传递，本应能在发盘有效期内送达发盘人的接受，由于传递途中的不正常情况造成了延误，导致接受在有效期过后才到达发盘人。这种逾期接受不同于因受盘人自己的原因造成的逾期接受，它仍具有接受的效力，除非发盘人及时拒绝。

3. 接受的撤回和修改

《公约》规定，接受于表示接受的通知到达发盘人时生效，因此，受盘人可在接受生效前阻止其生效，即受盘人对其接受采取撤回行为。但受盘人撤回通知必须在其接受通知到达发盘人之前或同时到达发盘人，才能有效地撤回其接受。一旦接受通知先期到达发盘人，接受便生效，合同即告成立。由此，对于一项已生效的接受，受盘人无权予以撤销，否则将构成对合同的撤销，这在法律上是不允许的。

第二节　交易磋商技巧

一、开局技巧

在实际交易磋商中，从双方见面商议开始，到最后签约成交为止，整个过程往往呈现出一定的阶段性特点。开局阶段是指双方见面后，在讨论具体、实质性交易内容之前，相互介绍、寒暄以及就磋商内容以外的话题进行交谈的那段时间。开局是整个磋商的起点，开局的效果在很大程度上决定着交易磋商的走向。因此，一个良好的开局将为交易成功奠定坚实的基础。

在开局阶段，商务人员的主要任务是营造良好的磋商气氛。每一次交易磋商都会因为磋商的内容不同而有其独特的气氛，一种磋商气氛可以在不知不觉中把交易磋商朝某个方向推进。因此，在交易磋商一开始，双方之间建立起一种合作的、诚挚的、轻松的、认真的气氛，对谈判可起到十分积极的作用。

营造良好的交易磋商气氛，既要求有一定的形式，也要求有相应的内容。因此，在开局阶段商务人员要把握好几个环节：(1) 入场；(2) 握手；(3) 介绍；(4) 问候、寒暄。通过这些环节，展现商务人员各自的谈吐、目光、姿态、内在情感等，对交易磋商气氛的形成具有决定作用。

在开局阶段，为了营造一种融洽的谈判气氛，商务人员必须做到：(1) 寒暄要恰到好处；(2) 动作要自然得体；(3) 话题要引人入胜；(4) 要讲究表情语言；(5) 要善于察言观色。

二、报价技巧

报价以及随后的工作是交易磋商的核心，报价技巧主要体现在报价的先后、报价方式和如何对待对方的报价。

(一) 报价的先后

交易磋商中谁先报价在某种程度上对磋商结果会产生实质性影响，商务谈判人员都希望磋商尽可能按己方意图进行，往往选择先报价，但先报价有利也有弊。

1. 先报价的利

一是先报价等于首先为磋商划定了一个框架或基准线，对谈判的影响较大，最终的价格将在这个范围内达成。

二是如果先报价能够出其不意，完全出乎对方的预料之外，往往会打乱对方的计划，动摇对方原来的期望值，失去进一步争取的信心。

2. 先报价的弊

一是显示了你的报价与对方事先掌握的价格之间的距离。如果你的报价比对方掌握的价格低，那么你就失去了本来可以获得的更大利益，对方可以从容调整，轻松受益。

二是如果报价过高，会遭到对方的攻击，使你非常被动。

在分析了先报价的利和弊以后，交易磋商一方在下列情况下应该采取先报价：

(1) 本方实力明显强于对方。

(2) 在高度竞争或高度冲突的情况下，先报价是有利的。

(3) 如果对方不是行家，以先报价为好。

下列情况不宜先报价:本方实力明显弱于对方或者缺乏谈判经验的情况下,一般应采取推托等待、以静制动的策略,让对方先报价。

3. 先报价应该注意的几个问题

(1) 不论谁先报价都应该确定好报价的起点,并留有让步的台阶。
(2) 报价必须合乎情理。
(3) 报价应该坚定、明确、完整,不加解释和说明。

(二) 报价方式

1. 顺向发价

顺向发价是卖方开高价,买方出低价,通过磋商,不断缩小差距,最后在某一点上达成协议。这是一种传统的发价方式。

2. 逆向发价

(1) “放高球策略”。买方首先递出高价,诱使卖方回绝其他买主,然后,买方再从商品的品质、包装等方面寻找突破口,逐步削价,最终在预期的价位上成交。

(2) “放低球策略”。卖方为了吸引买主,故意先发低价,有意回避一些交易条件,然后在磋商中再寻机抬价,最终在预期的价位上成交。

(3) 在使用“放高球”和“放低球”策略时,应注意以下几个问题:一是适可而止。即“球”的高度要适度,过高或过低都难以回到预期的价位。二是避实就虚。即在报价时,尽量回避一些交易条件,而在对方接受报价后,再设法利用其他条件把差价补回来。三是合情合理。补差价的理由要合情合理,处处为他人着想,对方才不至于拒绝。四是“假戏真做”。不能让对方看出破绽。五是见好就收。在补差价时,不要太过分。

(三) 如何对待对方的报价

在一方报价的过程中,另一方要认真听取对方的报价,并尽力完整、准确、清楚地把握住对方报价的内容。在对方报价结束以后,对某些不清楚的地方可以提出,要求对方给予解答。必要时,在对方报价结束后,本方应进行归纳总结,并加以复述,以确认自己的理解准确无误。在一方报价之后,另一方比较策略的做法是:不急于还价,而是要求对方进行价格解释,即对其价格的构成或报价的依据、计算的基础及方式等做出详细的解释。

一方进行价格解释时,必须遵循以下几个原则:

(1) 不问不答。即对方不主动问不答,对方没有问到的问题不答。

(2) 有问必答。即对方提出的问题不要回避,不要欲言又止,吞吞吐吐,这会引起对方怀疑。

(3) 避虚就实。即多讲比较实在的部分,少讲水分多的部分。

(4) 能言不书。多用口头表达,能口头表达的尽量不要用文字写下来,以免今后调整困难。

三、讨价技巧

所谓“讨价”是指买方对卖方的价格解释予以评价以后，提出重新报价或改善报价的要求。在讨价之前，必须弄清两个方面的问题：一是对方为何如此报价；二是对谈判形势做出判断。

弄清对方为何如此报价，我们要做的工作有：(1) 询问对方如此报价的原因或依据；(2) 认真记录下对方的答复。对谈判形势作出判断，主要是两个方面：(1) 判断双方的分歧点；(2) 分析对方的真实意图。在讨价之前，我们必须要对对手认真加以研究，分析对方的真实意图，了解他们的谈判目的、谈判策略等。

1. 讨价的方法

按照讨价的过程分为：全面讨价——有针对性讨价——再全面讨价。全面讨价可以是一次，也可以是两次、三次。有针对性讨价可以是一次，也可以是多次。最后再进行总体讨价。

2. 讨价应持的态度

参加谈判人员应有的基本态度：尊重对方，采用说理的方式。

四、还价技巧

在商务谈判过程中，正确的还价是十分重要的，若还价还得不妥，会引起许多误解；如果还价还得好，表明有成交的诚意。

1. 还价的方式

在交易磋商中，还价的方式分为两大类：一是按比例还价；二是按分析成本还价。具体讲，又可以有三种做法：(1) 逐项还价；(2) 分组还价；(3) 总体还价。

采用什么还价方式，要依据具体情况而定：

(1) 买方手中掌握的材料比较丰富，卖方成交心切，买方可逐项还价。

(2) 买方手中掌握的材料较少，买卖双方都有成交的愿望，时间较紧，则买方可采用分组还价。

(3) 双方相持的时间较长，出现了僵局，但均有成交的愿望，在卖方做了多次调整以后，买方也可作总体还价。

2. 确定还价的起点

如何确定还价的起点，应依据以下几点：

(1) 买方经过价格分析，经过讨价以后，卖方的价格改善程度。

(2) 卖方改善的报价与买方拟定的成交价格之间的差距。

(3) 买方是否准备在还价后再次让步。

3. 确定还价的次数和时间

还价的次数取决于磋商双方手中有多少余地，留有的余地大，则双方讨价还价的次数就多，反之则少。在商务谈判中，买卖双方通常按5%～10%为一个台阶，来保护自己的价格水平。不论交易磋商项目的大小，没有台阶的做法是不科学的。

五、让步技巧

在任何一场交易磋商中，谈判的双方都需要作出让步。让步从某种意义上说，是谈判双方为了达成协议而必须承担的义务。在交易磋商中，让步是难免的，但是，如何让步，怎样让步，何时让步，让步让多大是大有讲究的。有经验的商务人员常常能以一个小的让步，换取对方一个大的让步，甚至自己没有让步，却使对方作出了让步，并且使对方感到心情舒畅，心满意足。

理想的让步方式应该遵循的原则是：一是不轻易让步；二是不作无谓的让步；三是避免某一步让得过大、过快。一方的让步，可能给对方带来的影响和反应有三种：一是对方对让步看得很重，感到心满意足，相应地作出让步来回报；二是对方对让步看得很轻，不以为然，在态度上没有任何改变或松动的表示；三是对方对让步不予理睬，认为含有很多水分，只要努力，我方必然会作出更大的让步。

让步有四要素：让步空间设计、让步幅度把握、让步次数规划、让步时机安排。

理想的让步方式需要设计不同的让步形态，不同的让步形态可以给对方传递不同的信息。谈判方选择采取哪种让步形态取决于以下几个因素：一是己方准备采取什么样的谈判方针和策略；二是谈判对手的谈判经验；三是己方期望让步后对方给予什么样的反应。

第三节　签订合同

合同即法律，依法成立的合同具有法律约束力，合同自成立时生效。《联合国国际销售合同公约》规定，合同成立的时间为接受生效的时间。它们可以是：有效接收通知送达发盘人时；受盘人做出接受的行为时。在实际业务中，双方当事人在洽商时约定，合同成立时间以合同上写明的日期为准。我国合同法规定，书面合同自双方签字盖章后生效。

一、合同有效成立的条件

合同的成立必须符合法律规范，方为有效，即合同必须具备某些法律条件，主要包括：

(1) 合同当事人具有行为能力。进出口双方在法律上必须具有签订合同的资格；

(2) 当事人之间必须达成协议。这种协议按照自愿和真实的原则通过发盘与接受而达成；

(3) 合同必须有对价和合法的约因。对价(Consideration)是英美法系的一种制度，是指合同当事人之间所提供的相互给付(Counterpart)，即双方互为有偿。买卖合同只有具备了对价或约因，才能有效，否则，就不受法律保障；

(4) 合同的标的和内容必须合法。任何合同的订立，必须保证不违法及不违背或危害国家的公共政策，否则无效；

(5) 双方当事人的合意必须真实。合同是双方当事人意思表示一致的结果，如果当事人意思表示的内容有错误或意思表示不一致，或是采取欺诈或者胁迫手段订立的合同无效。

二、书面合同的签订

在国际贸易中，有关货物买卖的书面合同的名称和形式，均无特定的限制，合同(Contract)、确认书(Confirmation)、协议书(Agreement)和备忘录(Memorandum)均有使用。在我国外贸业务中主要使用合同和确认书两种形式。

1. 合同(Contract)

合同的内容比较全面，对双方的权利和义务以及发生争议后如何处理，均有全面的规定。由于这种形式的合同有利于明确双方的责任和权利，因此，大宗商品或成交金额较大的交易多采用此种形式。卖方草拟提出的合同称“销售合同”；买方草拟提出的合同称“购货合同”。使用的文字是第三人称的语气。

2. 确认书(Confirmation)

确认书的内容比较简单，属于一种简式合同。这种形式的合同适用于金额不大、批数较多的土特产品和轻工产品，或者已订有代理、包销等长期协议的交易。卖方出具的确认书称“售货确认书”；买方出具的确认书称“购货确认书”。用的是第一人称的语气。

三、书面合同的内容

书面合同一般有首约、主体、尾约三个部分组成：首约，一般包括合同的名称、合同的开头部分或序言、合同的编号、缔约日期、缔约地点、缔约双方名称和地址等；主体，主要是交易条件；尾约，包括合同的份数以及缔约双方的签字和适用的法律、惯例等。

四、书面合同的签署

在我国外贸实务中，一般均由我方根据双方同意的条件制成一式两份的合同或确认书后，先在上面签字，然后寄给对方。对方经审核无误并签字后，保留一份，将另一份寄还给我方。若对方未按要求将其中一份签字后退回，除磋商时有一方声明以“签订书面合同为准”的以外，并不影响双方达成的协议的效力。如对方在签回的合同或确认书上更改或附加条件，与原达成的协议内容有抵触或不同规定而我方又不能接受时，应及时拒绝。否则，即以经过双方签字的并经对方更改过的书面合同或确认书为准。对于对方签回的书面合同或确认书应及时认真地审核。

合同成立后，即具有法律约束力，当事人应当履行合同约定的义务，任何一方不得擅自变更或解除合同。但经当事人协商同意后，合同可以变更或终止。

销售确认书

SALES CONFIRMATION

号码：
No. ____________
日期：
Date：____________
签约地点：
Signed at：__________

卖方：
Sellers：________________

地址：　　　　　　　　　　　　电传/传真：
Address：________________　　Telex/Fax：____________

买方：
Buyers：________________

地址：　　　　　　　　　　　　电传/传真：
Address：________________　　Telex/Fax：____________

兹买卖双方同意成交下列商品，订立条款如下：

The undersigned Sellers and Buyers have agreed to close the following transactions according to the terms and conditions stipulated below：

1. 唛头 Shipping Marks	2. 货物名称及规格 Name of Commodity and Specifications	3. 数量 Quantity	4. 单价 Unit Price	5. 总值 Total Amount
TOTAL AMOUNT：SAY USD * * * * * * * ONLY				

6. 包装：

   Packing：

7. 装运期：收到可转船及分批装运之信用证后____天内装出。

   Time of Shipment：to be effected by the seller within 30 days after receipt of L/C allowing partial shipment and transshipment.

8. 装运口岸：中国　上海

   Port of Loading：Shanghai China

9. 目的港：加拿大　多伦多

Port of Destination: Toronto Canada

10. 付款条件:100%不可撤销即期信用证应由买方及时开出并在________年________月________日之前到达卖方,该信用证在装运日期15天内在中国议付有效。如信用证迟到,卖方对迟运不承担任何责任,并有权撤销本确认书和/或向买方提出索赔。

Terms of payment: By 100% irrevocable sight letter of credit to be opened by the buyer to the sellers not later than________ and remain valid for negotiation in China until the 15th day after date of shipment. In case of late arrival of the L/C, the seller shall not be liable for any delay in shipment and shall have the right to rescind the Sales Confirmation and/or claim for damages.

11. 保险:由卖方按照中国保险条款按CIF发票金额的110%投保一切险和战争险。

Insurance: To be effected by Sellers for 110% of the CIF invoice value covering all risks and war risks as per CHINA INSURANCE CLAUSES.

12. 索赔:如买方对质量/数量提出异议,须于货物到达目的港后30天内提出,并经卖方同意的检验机构出具的检验报告供卖方审核。在任何情况下,卖方对间接损失不承担赔偿责任,属于保险公司、船公司、运输机构和/或邮局责任范围内的索赔卖方不予受理。

Claim: In case of any discrepancy in Quality/Quantity, claim should be filed by the Buyer within 30 days after the arrival of the goods at port of destination and supported by a survey report issued by a surveyor approved by the seller for the seller's examination. In no event shall the seller be liable for the indirect or consequential damages. Claim in respect of insurance company, shipping company, transportation organization and/or post office will not be entertained by the seller.

13. 不可抗力:如由于自然灾害、战争或其他不可抗力的原因致使卖方对本确认书项下的货物不能装运或延迟装运,卖方对此不负任何责任,但卖方应及时通知买方并于15天内以航空挂号函件寄给买方由中国国际贸易促进委员会出具的发生此类事件的证明。

Force Majeure: The Seller shall not be liable for non-delivery or delay in delivery of the entire lot or a portion of the goods hereunder by reasons of natural disasters, war or other causes of Force Majeure. However, the Seller shall notify the Buyer as soon as possible and furnish the Buyer within 15 days by registered airmail with a certificate issued by the China Council for the Promotion of International Trade attesting such event(s).

14. 仲裁:凡因执行本合约或有关本合约所发生的一切争执,双方应协商解决;如果协商不能解决,应提交中国国际经济贸易促进委员会,根据该会的仲裁规则进行仲裁,仲裁地点在上海,仲裁裁决是终局的,对双方都有约束力。

Arbitration: All disputes arising out of this sales confirmation or the execution thereof shall be settled through negotiation. In case no settlement can be reached, the case shall then be submitted to the China International Economic and Trade Arbitration Commission for arbitration in accordance with its arbitral rules. The arbitration shall take place in Shanghai. The arbitral award is final and binding upon both parties.

15. 开立信用证时请注明成交确认书号码:

When opening LC, Please mention our SIC number.

16. 备注：本合同用中英文两种文字写成，两种文字具有同等效力。本合同共____份，自双方代表签字(盖章)之日起生效。

Remarks: This Contract is executed in two counterparts each in Chinese and English, each of which shall deemed equally authentic. This Contract is in Two copies, effective since being signed/sealed by both parties.

卖方（签字）	买方(签字)
THE SELLER	THE BUYER
(signature)	(signature)

第四节　合同的基本条款

一、商品的品名条款

商品的品名是用来反映该商品的自然属性、用途及特性等的一种称呼。按照国际贸易法规和惯例，对商品的具体描述是有关商品说明的一个主要部分，是货物交收的重要依据之一。从业务角度看，这项规定是交易的物质基础和前提。

品名条款虽然简单，但也要予以足够的重视，否则也会产生贸易纠纷。在确定品名时应注意下列事项：(1) 文字表达应明确、具体；(2) 为了避免误解，尽可能使用国际上通用的名称；(3) 注意选用对我方有利的名称。如果一种商品可以有不同的名称，则在确定名称时，必须注意有关国家的海关关税和进出口限制的有关规定，在不影响国家有关政策的前提下，从中选择有利于减低关税或方便进口的名称作为合同的品名。

二、商品的品质条款

(一) 约定品质条款的意义

品质条款是国际货物买卖合同中重要条款之一。所谓品质，是指货物内在质量与外观形态的综合。货物品质的优劣，不仅关系到货物的使用效能及售价高低、货品销路与厂商声誉，也关系到承运人或其代理人接受货运的可能性、业务行为及其责任风险。

(二) 国际贸易合同中表示品质的方法

合同中的品质约定，是买卖双方交接货物的依据，在贸易中常用来表示商品品质的方法有两大类：

1. 用样品表示品质

凭样品买卖(Sale by Sample)是指买卖双方约定凭样品作为交货的品质依据的交易。衡量交货品质的样品称为标准样品。

凭样品买卖有两项基本要求:一是以样品作为交货品质的唯一依据;二是卖方所交货物必须与样品完全一致。凭样品买卖通常有两种形式:凭卖方样品买卖和凭买方样品买卖。

例如,质量应严格符合卖方2019年10月15日提供的样品。样品号:NT234陶瓷花瓶。

Quality: Quality to be strictly as per Sample Submitted by Seller on 15th October, 2019.Sample Number:NT234

2. 以说明表示商品品质

凭文字说明表示品质是指用文字、图表等方式来说明成交商品的品质。例如,凭规格买卖,规格是指用来反映商品品质的主要指标,如化学成分、含量、纯度、容量、大小、长短、粗细等。

例如,品质:饲料蚕豆,水分最高15%,杂质最高2%。

Quality: Feeding Broadbean, Moisture(max)15%,Admixture (max)2%.

此外还有凭等级买卖、凭标准买卖、凭说明书和图样买卖、凭商标和品牌买卖、凭产地名称买卖等。

三、商品的数量条款

目前,国际上度量衡制度主要有国际单位制、公制、英制、美制等,我国计量法规定采用国际单位制。由于采用不同的度量衡制度,而导致同一计量单位所表示的数量有差异。

(一) 合同中计量的方法

计算重量的方法通常有以下几种:

(1) 毛重(Gross Weight)。毛重是指商品本身的重量加包装的重量,一般适用于低值商品。例如,红小豆,每公吨300美元,以毛作净。

(2) 净重(Net Weight)。净重是指商品本身的重量,即除去包装后的商品的实际重量。按照国际惯例,应以净重计量。

(3) 公量(Conditioned Weight)。公量是指用科学仪器抽去商品中的水分,再加上标准的含水量求得的重量。这种方法适用于经济价值高,而含水量极不稳定的商品,如棉花、羊毛、生丝等。

(4) 理论重量(Theoretical weight)。理论重量是指某些有固定规格和尺寸的商品,如马口铁、钢板等,只要规格一致,尺寸符合,其重量大致相同,根据其件数即可推算它的重量。

(二) 数量机动幅度条款

有些出口商品由于其本身特性,或因自然条件的影响或受包装和运输工具的限制,实际交货量往往不易符合原定的交货数量，为避免争议，可以订立数量机动幅度条款。其数量机动幅度主要有两种："溢短装条款"（More or Less Clause）和"约"量（about，circa，approx）。

例如，1 000MT，卖方可溢短装3%（1 000m/t，with more or less at seller's option），即允许卖方最少交970公吨，最多交1 030公吨。

对于溢短装和约量部分的计价办法最好在合同中明确规定，否则按合同价计算多交或少交部分的货款。但对于价格波动较大的商品，一般按装运时的市场价计算，这样可以有效地防止卖方在市场价上涨或下跌时故意少装或多装而从中获利。

四、商品的包装条款

买卖合同中的包装条款一般包括使用什么包装材料、使用什么包装方式、包装费用由谁负担以及如何确定运输标志等项内容。

(一) 包装的种类

(1) 运输包装（Shipping Packing），又叫"外包装"或"大包装"。运输包装的主要作用是集合商品、保护商品、方便运输和装卸。按其包装方式，可分成单件包装和集合包装。

(2) 销售包装（Sales Packing），又叫"内包装"或"小包装"。销售包装的主要作用是美化和宣传商品，它特别需要美观、新颖，对顾客具有吸引力。

(二) 运输包装的标志

1. 运输标志（Shipping Mark）

运输标志通常称为唛头，是由一个简单的几何图形和字母、数字以及简单文字所组成。运输标志内容主要包括：收货人代号、发货人代号、目的港、批件号和合同号。

例如：收货人名称　　HIGH-TECH
合同号码　　S/C NO.9750
目的港　　JAPAN
总件数及箱号　　C/NO. 1—420

2. 指示性标志

指示性标志是针对一些易碎、易损、易变质货物特点，用醒目的图形或简单文字提示有关人员在装卸、搬运和储存时应注意的标志。

3. 警告性标志

警告性标志又称危险品标志，是指对一些易燃品、爆炸品、有毒品、腐蚀性物品、放射性物品等在其运输包装上清楚而鲜明地刷制的标志，以示警告。

五、商品的价格条款

我国进出口合同绝大部分都是在双方协商一致的基础上，明确地规定具体价格。除非合同另有约定，或经双方当事人一致同意，任何一方都不得擅自更改。固定价格具有明确、具体、肯定和便于核算的特点。

例如：　USD　300　per M/T　CIF New York

然而，由于商品市场行情变化频繁，价格涨落不定，因此，在合同中除了采用固定价格外，也可以约定将来如何确定价格的方法。例如，按提单日期的纽约期货市场开盘价格为该合同的价格。这种方式由于未就作价方式作出规定，容易给合同带来较大的不稳定性，这种方式一般用于有长期贸易关系的老客户。

(一) 计价货币和支付货币

在进出口业务中，计价货币(Money of Account)是买卖双方在合同中规定用来计算价格的货币。支付货币(Money of Payment)是双方当事人约定的用来清偿货款的货币。

计价货币和支付货币往往是同一种货币，但有时也可以是不同的货币。

按国际上的做法，如果订约时，计价货币和支付货币的汇率已经固定，那么，在计价货币是硬币，支付货币是软币的条件下，对买方有利，对卖方不利。反之，如果计价货币是软币，支付货币是硬币，则对卖方有利，对买方不利。

(二) 出口商品的成本核算

出口商品的盈亏率是指该商品按人民币核算的出口盈亏额与出口总成本的比率。出口盈亏额是指出口销售人民币净收入与出口总成本的差额，前者大于后者为盈利，反之为亏损。出口总成本是指出口商品的进货生产成本加上出口前的一切费用和税金。出口销售人民币净收入指出口商品的 FOB 价格按外汇牌价折成人民币。出口商品盈亏率的计算公式为：

$$\text{出口商品盈亏率}=\frac{\text{出口销售人民币净收入}-\text{出口总成本}}{\text{出口总成本}}\times 100\%$$

六、国际货物运输条款

(一) 运输方式

目前，国际贸易货物运输方式主要有海洋运输、铁路运输、公路运输、航空运输、邮政运输及多式联运等。选择运输方式应按照安全、迅速、准确、节省的原则来进行合理的选择。

海洋运输方式是应用最广的国际货物运输方式，它不受道路和轨道的限制，运输能力大，成本低廉，适宜于长途大宗货物的运输；但受天气影响较大，船期难以精确。

海洋运输按船舶经营的方式主要分为两种：班轮运输和租船运输。

1. 班轮运输(Liner Transport)

它是指船舶按固定的航线、港口以及事先公布的船期表航行，以从事客货运输业务并按事先公布的费率收取运费，运费中包括装卸费。

班轮承运货物除了要按基本运费率(Basic Rate)收取外，往往还要加收各种附加费用。附加费一般是船方根据不同情况，为了抵补运输中额外增加的开支或在蒙受一定损失时收取的费用。

2. 租船运输

对于大宗货物的运输通常采用包租整船的方式，主要有定程租船和定期租船两种。

(1) 定程租船(Voyage Charter)，也称程租船或航次租船，根据船舶完成的一定航程来租赁，又可分为单航程、来回航程、连续航程和连续来回航程等多种方式。在定程租船方式下，租船方按照租船合约支付运费，而船方则负责船舶的日常管理和航行过程中的各项费用。

(2) 定期租船(Time Charter)，简称期租船，是指按一定期限租赁船舶。租期以数月到数年不等，租赁期间船舶交租船人管理、调度和使用。在定期租船方式下，船方仅负责对船舶的日常养护和保证船员的工资与给养，至于船舶的调度、货物运输以及在租期内营运管理所产生的其他费用支出一概由租船人负责。

在租船业务中还有一种“光船租船”方式，亦称“净船租船”，虽然它的租金也是按时间计算，但在租船期间其船舶的占有权不属于船东而属于租船人，船上的工作人员均由租船人雇佣。

(二) 运输单据

运输单据是承运人收到货物后签发给托运人的证明文件，它是交接货物、结算货款以及处理索赔和争议等的重要单据。根据运输方式的不同，国际贸易中的运输单据主要分为海运提单、铁路运单、多式联运单据、航空运单以及邮包收据等。

海运提单(Bill of Lading，简称 B/L)是货物的承运人或其代理人在收到货物后签发给托运人的一种证件。海运提单从不同角度加以分类，主要有以下几种：已装船提单、备运提单、清洁提单、不清洁提单、记名提单、指示提单、不记名提单、直达提单、转船提单、联运提单、全式提单、略式提单、倒签提单、过期提单等。

(三) 装运条款

1. 装运时间

装运时间又称装运期，通常是指货物装上运输工具的时间或期限。装运时间的提前和推迟，在法律上都构成违约。关于买卖合同中对装运期的规定，主要有以下两种：

(1) 明确规定具体的装运期。为了避免在装运问题上发生纠纷，合同方可在合同中订明具体的装运日期。

(2) 采用“收到信用证后××天装运”这种方法，对卖方有一定好处，它可以促使买方早日开证，又便于卖方及时备货。

2. 分批装运

分批装运(Partial Shipment)，是指凡一笔成交数量较大的货物可以分若干批次于不同的航次、车次、班次的装运。按《跟单信用证统一惯例》规定，当买卖合同中规定有分批、定期、定量条款时，双方应当严格按合同和信用证的规定办理，否则便为违约。对于分批装运条款中明确规定的分期数量，只要其中任何一期不按时按量装运，信用证对该期和以后各期货物均告失效，除非信用证另有规定。

在信用证业务中规定：“除非信用证另有规定，分批付款及分批装运均被允许。”因此，若不同意分批装运，应在合同中明确订明“不准分批装运”条款。

七、国际货物运输保险条款

(一) 我国海洋货物运输保险的险别

中国人民保险公司的《海洋货物运输保险条款》是我国进出口公司投保海洋货物运输保险的主要依据，其保险险别主要分为基本险和附加险两大类。

1. 基本险

基本险包括平安险、水渍险和一切险三种。

(1) 平安险。平安险(Free from Particular Average，FPA)，其基本内涵是只负责赔偿因海上风险所造成的全部损失和共同海损，对于单独海损则不予赔偿。依据我国海洋运输条款规定，平安险的主要承保范围包括：

① 被保险货物在运输过程中，由于自然灾害造成整批货物的全部损失或推定全损。

② 由于海上意外事故给货物造成的全部损失或部分损失。

③ 被保险货物遭遇海上意外事故后，又受到自然灾害的袭击所致的部分损失。

④ 货物在装、卸或转运时一件或数件落海所造成的全部损失或部分损失。

⑤ 共同海损的牺牲、分摊和救助费用。

⑥ 不超过保险金额的对被保险货物进行施救的费用。

⑦ 船舶遭遇海难以后，在避难港卸货造成的损失和有关费用。

⑧ 运输契约订有“船舶互撞责任”条款，根据该条款规定应由货方偿还船方的损失。

平安险是我国海洋货物运输条款中保险责任最小的一种险别，费率也最低。

(2) 水渍险。水渍险(With Particular Average，WPA)，其责任范围除包括“平安险”的各项责任外，还负责被保险货物由于自然灾害所造成的部分损失。

(3) 一切险。一切险(All Risks)，其责任范围包括：① 平安险和水渍险包括的各项责任；② 被保险货物在运输过程中由于一般外来风险造成的全部损失和部分损失。

三种基本险别的承保责任的起讫，均采用“仓至仓条款”。即指保险责任从被保险货物的保险单所载明的起运港(地)发货人仓库开始,一直至货物到达保险单所载明的目的港(地)收货人的仓库时为止。但是,按惯例当货物从目的港卸离海轮后起算满 60 天,不论保险货物是否进入收货人的仓库,保险责任均告终止。

2. 附加险别

附加险也是保险人的一种赔偿责任,包括一般附加险和特殊附加险两种。

(1) 一般附加险。一般附加险是指保险人对由于一般外来风险引起的被保险货物受损,负赔偿责任。具体包括以下内容:偷窃提货不着险、淡水雨淋险、短量险、混杂、玷污险、渗漏险、碰损、破碎险、串味险、受热、受潮险、钩损险、包装破裂险和锈损险。

(2) 特殊附加险。特殊附加险是指进出口货物途中受到特殊外来原因所引起的风险与损失,保险人负赔偿责任。我国保险业中的特殊附加险包括:海运战争险、拒收险、交货不到险、进口关税险、黄曲霉素险、罢工险、舱面险、货物出口到香港(包括九龙)或澳门存仓火险责任扩展条款。

附加险不能独立投保,它只能在投平安险或水渍险的基础上加保。

(二) 合同中的保险条款

合同中的保险条款,因采用不同的贸易术语而有所区别。在我国出口业务中,如按 FOB、FCA、CFR 或 CPT 条件对外成交,则保险由买方办理。如按 CIF 或 CIP 条件成交,则由卖方负责办理保险。

(1) 保险金额。保险金额也称投保金额。它是保险人所应承担的最高赔偿金,也是核算保险费的基础。保险金额一般应由买卖双方经过协商确定,按照国际保险市场习惯,通常按 CIF 或 CIP 总值加一成(10%)计算。

保险金额=CIF(CIP)价×(1 十投保加成率)

(2) 保险费。出口合同采用 CIF 或 CIP 条件时,保险由卖方办理。出口企业办理投保手续时,应根据出口合同或信用证规定,在备妥货物并确定装运日期和运输工具后,按规定格式逐笔填制保险单送交保险公司投保,并交付保险费。

保险费=保险金额×保险费率

(3) 投保险别。在投保险别这项条款中,要说明基本险别和附加险别的名称。凡我国出口以 CIF 或 CIP 条件成交的,一般按照中国人民保险公司现行的货物运输的险别,并根据商品的特点及海上风险的程度由双方协商确定投保险别。

在中国人民保险公司投保,一切办理手续和方法均依照《中国保险条款》。但有时国外客户要求按照英国伦敦保险业协会货物保险条款为准,我方一般也可以通融接受。

八、货款的支付条款

汇付、托收和信用证支付方式是目前国际贸易结算中的三种基本方式。

(一) 汇付(Remittance)

汇付,又称汇款,是付款人通过银行或其他途径将货款汇交收款人的一种结算方式,属于商业信用。

在办理汇付业务时,要由汇款人向汇出行填交汇款申请书,汇出行一经接受申请,就有义务按汇款申请书的指示向汇入行发出付款委托书;汇入行按照和汇出行之间事先订立的代理合同的规定,有义务向收款人解付款项。其流程如图 12-1 所示:

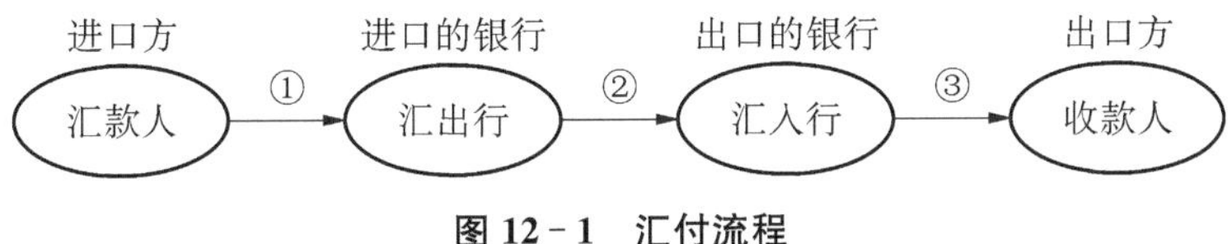

图 12-1 汇付流程

说明:① 汇款人向汇出行申请汇款并交款付费;
② 汇出行向汇入行发出付款委托书;
③ 汇入行向收款人支付货款。

汇付的优点在于手续简便、费用低廉。汇付的缺点是风险大,资金负担不平衡。这是因为,以汇付方式结算,可以货到付款,也可以预付货款。如果是货到付款,卖方向买方提供信用并融通资金。如果是预付货款,则买方向卖方提供信用并融通资金。无论哪一种方式,风险和资金负担都集中在一方。

在我国外贸实践中,汇付一般用来支付小额贸易价款、订金、货款尾数和佣金等项费用的结算方式。在发达国家之间,由于大量的贸易是跨国公司的内部交易,而且外贸企业在国外有可靠的贸易伙伴和销售网络,因此,汇付是主要的结算方式。

(二) 托收(Collection)

托收是指债权人出具汇票委托银行向债务人收取货款的一种支付方式。托收属于商业信用,托收类型有两种:跟单托收、光票托收。

托收方式的当事人主要有委托人、托收行、代收行和付款人。债权人(出口商)出具附有金融单据(跟单托收)或不附有金融单据(光票托收)的商业单据,交单给合作银行,合作银行通过代收行向债务人(进口商)代为收款。其流程如图 12-2 所示。

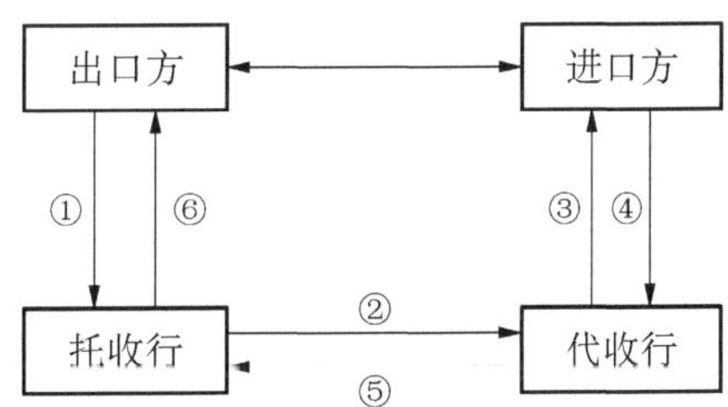

图 12-2 托收流程

说明:① 出口方发运货物后,填写托收申请书,开立汇票,连同商业单据,交托收行收款;② 托收行接受托收后,将汇票、单据和托收申请书寄交进口地的代收行;③ 代收行按照托收指示向付款人提示汇票和单据;④ 进口方付清货款,获取货运单据;⑤ 代收行电告托收行,款已收妥办理转账;⑥ 托收行将货款交给出口商。

在跟单托收业务中,银行仅提供服务,只作为出口人的托收人代理,其并不提供任何信用和担保。它在传递单据收取款项的过程中,既不保证付款人一定付款,也不保证货物到达目的地后,遇到进口人以种种理由拒不付款赎单导致无人提货时负责照管货物。若进口商到期拒不付款赎单,由于货物已运出,出口商在进口地办理提货、缴纳进口关税、存仓、保险、转售以致低价拍卖或运回国内,都需付较大代价,所以对出口商来说，使用托收方式结算风险大。但跟单托收对进口商却很有利，减少了其费用支出，从而有利于资金的周转。

托收和汇付都属于商业信用，但在国际贸易结算中，使用跟单托收要比汇付方式多。汇付方式资金负担不平衡，会对某一方产生较大风险，因此，双方都会争取对自己有利的条件，双方利益难以统一。而托收方式使双方的风险差异得到一些弥补，要比预付货款方式优越，特别是对进口商更有利。

（三）信用证支付方式

信用证(Letter of Credit，L/C)是银行应进口人的请求，开给出口人(受益人)的一种银行保证付款的有条件的书面付款凭证。这里的“条件”就是受益人必须按时提交符合信用证规定的各种单据。

信用证方式结算国际贸易货款属银行信用，较好地解决了买卖双方互不信任的问题，对出口方、进口方、银行都有利。信用证作为一种银行信用，具有以下特点：① 信用证是一种银行信用；② 信用证是一项自足文件；③ 信用证是一种单据的买卖，银行只根据表面上符合信用证条款的单据付款，承兑或议付，但这种符合的要求就十分严格，在表面上决不能有丝毫差异，要求“单、证一致”“单、单一致”。

在国际贸易结算中使用的跟单信用证有不同的类型，其业务程序也各有特点，但都要经过申请开证、开证、通知、交单、付款、赎单这几个环节。现以最常见的即期信用证为例说明其业务程序，如图 12－3 所示：

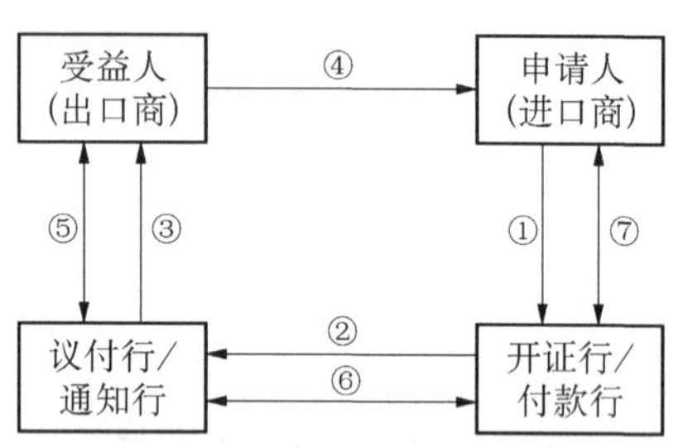

图 12－3 信用证支付流程

说明：① 开证申请人即为合同的进口方，应按合同规定的期限向所在地银行申请开证。② 开证行接受申请人的开证申请后，其所开立的信用证经邮寄或电传或通过 SWIFT 电信网络送交出口地的联行或代理行，请它们代为通知或转交受益人。③ 通知行收到信用证后，经核对签字印签或密押无误，立即将信用证通知受益人。④ 受益人对信用证的内容审核无误后，根据信用证的规定发运货物。⑤ 受益人缮制信用证规定的全部单据，开立汇票，连同信用证正本，在信用证规定的有效期和交单期内，递交通知行办理交单议付。⑥ 寄单索赔，议付行议付后，取得了信用证规定的全套单据，即可凭单据向开证行或其指定银行请求偿付货款。收到单据的开证行或付款行在审单无误后，则应将款项偿付给议付行。⑦ 申请人付款赎单，开证行在向议付行偿付后，即通知申请人付款赎单。申请人付款后，可从开证行取得全套单据。此时申请人与开证银行之间因开立信用证而构成的契约关系即告结束。

为了能在使用以银行信用为基础的信用证支付方式时顺利收汇，出口方应注意：开证行资信及其付款保证文件；信用证金额；受益人名称的填写；议付时提交单据的种类及规定；付款时间和地点；信用证到期日、交单期、装运期等。

选择和运用各种不同的支付方式，应在贯彻我国外贸方针政策和适应外贸发展需要的前提下，综合考虑风险的大小、货物的安全、资金的周转和费用的承担等因素。

九、商品的检验条款

商品检验指由商品检验机关对进出口商品的品质、数量、重量、包装、标记、产地、残损等进行查验分析与公证鉴定，并出具检验证明。

检验机构主要有官方检验机构、产品的生产或使用部门设立的检验机构、由私人或同业协会开设的公证、鉴定行法。检验权与复验权的归属，以及检验与复验的时间、地点，在国际货物买卖中，通常由当事人在合同中约定。

在国际贸易实践中，通常采用以下方法：按买卖双方商定的标准方法；按生产国的标准和方法；按进口国的标准和方法；按国际标准或国际习惯的方法。

检验证书是检验机构出具的证明商品品质、数量等是否符合合同要求的书面文件，是买卖双方交接货物，议付货款并据以进行索赔的重要法律文件。应按照合同的具体约定出具符合合同要求或某些国家特殊法律规定的检验证书。

十、不可抗力条款

不可抗力条款是指合同订立以后发生的当事人订立合同时不能预见的、不能避免的、人力不可控制的意外事故，导致合同不能履行或不能按期履行，遭受不可抗力一方可由此免除责任，而对方无权要求赔偿。

一般来说，不可抗力来自两个方面：自然条件和社会条件。前者如水灾、旱灾、地震、海啸、泥石流等；后者如战争、暴动、罢工、政府禁令等法。

不可抗力是一个有确切含义的法律概念，并不是所有的意外事故都可构成不可抗力。有时，当事人在合同中改变了不可抗力概念通常的含义，因此需要在合同中注明双方公认的不可抗力事故。

十一、索赔条款

索赔条款是指在进出口业务中因一方违反合同规定而直接或间接地给另一方造成损失，受损方向违约方提出的赔偿要求。理赔是指违反合同的一方受理受损方提出的赔偿要求。索赔和理赔是一个问题的两个方面。在国际贸易中，常因违约或某种其他原因造成一方损失而引起索赔、理赔问题，而索赔又因对象不同分为三种：向保险公司索赔；向货物承运人索赔；向买卖合同的当事人索赔。

十二、仲裁条款

仲裁条款是双方当事人自愿将其争议提交第三者进行裁决的意思表示。仲裁条款的主要内容有仲裁机构、适用的仲裁程序规则、仲裁地点及裁决效力。

在国际贸易实践中，仲裁机构、仲裁地点都由双方约定产生，仲裁程序规则一般由选择的仲裁机构决定。仲裁裁决的效力一般是一次性的、终局的，对双方都有约束力，凡订有仲裁协议的双方不得向法院提起诉讼。

十三、法律适用条款

国际货物买卖合同是在营业地分处不同国家的当事人之间订立的，由于各国政治、经济、法律制度不同，就产生了法律冲突和法律适用问题。当事人应当在合同中明确宣布合同适用哪国的法律。

详细规定国际贸易合同的条款，可以有效避免合同履行过程中会出现的纠纷。在纠纷出现的情况下，合同条款中对于纠纷的解决方式一般都会有规定，所以，无论是对履行过程中的纠纷预防还是对出现纠纷后的解决措施都有非常重要的作用。

本章核心概念

发盘	接受	撤回	撤销	凭样品买卖
公量	溢短装条款	唛头	出口盈亏率	海运提单
基本险	附加险	汇付	托收	信用证
检验	不可抗力	索赔	仲裁	

复习思考题

1. 品质的表示方法有哪些？
2. 凭卖方样品买卖时应注意哪些问题？
3. 什么是溢短装条款？它包括哪些内容？
4. 运输包装标志有哪几种？其中运输标志包括哪些内容？
5. 班轮运输有哪些特点？解释提单的性质和作用。
6. 在我国出口贸易中加强成本核算的意义何在？如何计算出口商品盈亏率？
7. 进出口货物为什么要投保运输险？
8. 信用证的性质、特点和作用如何？为什么它在国际贸易中被广泛使用？
9. 为什么仲裁是解决国际贸易争议的重要方式？
10. 交易磋商一般经过哪些程序？其中哪些程序是必不可少的？
11. 什么是发盘的撤回与撤销？《联合国国际货物销售公约》对发盘的撤销是如何规定的？
12. 对接受的生效，有关法律是如何规定的？

第十三章

进出口合同的履行

本章主要内容

出口合同的履行；出口交易程序包括备货、报验、催证、审证、改证、租船、订舱、报关、保险、装运和制单结汇等；进口合同的履行；进口业务程序包括交易前准备、交易磋商和合同订立、合同履行以及业务善后等。

第一节　出口合同的履行

目前，我国出口合同大多数为 CIF 合同或 CFR 合同，并且一般都采用信用证付款方式，故在履行这类合同时，必须切实做好货（备货、报验）、证（催证、审证、改证）、运（托运、报关、保险）、款（制单结汇）四个基本环节工作，同时还应密切注意买方的履约情况，以保证合同最终得以圆满履行（如图 13－1 所示）。

在出口贸易中，交易对象都是国外商人，而国际市场情况又是错综复杂和变化多端的，因此，在开展出口业务时，一定要充分做好各项前期准备工作。这些准备工作主要包括：对国际市场的调查研究和出口营销；寻找客户和建立业务关系；落实货源、制定出口商品的生产（收购）计划；制定出口商品经营方案；开展出口促销活动等。

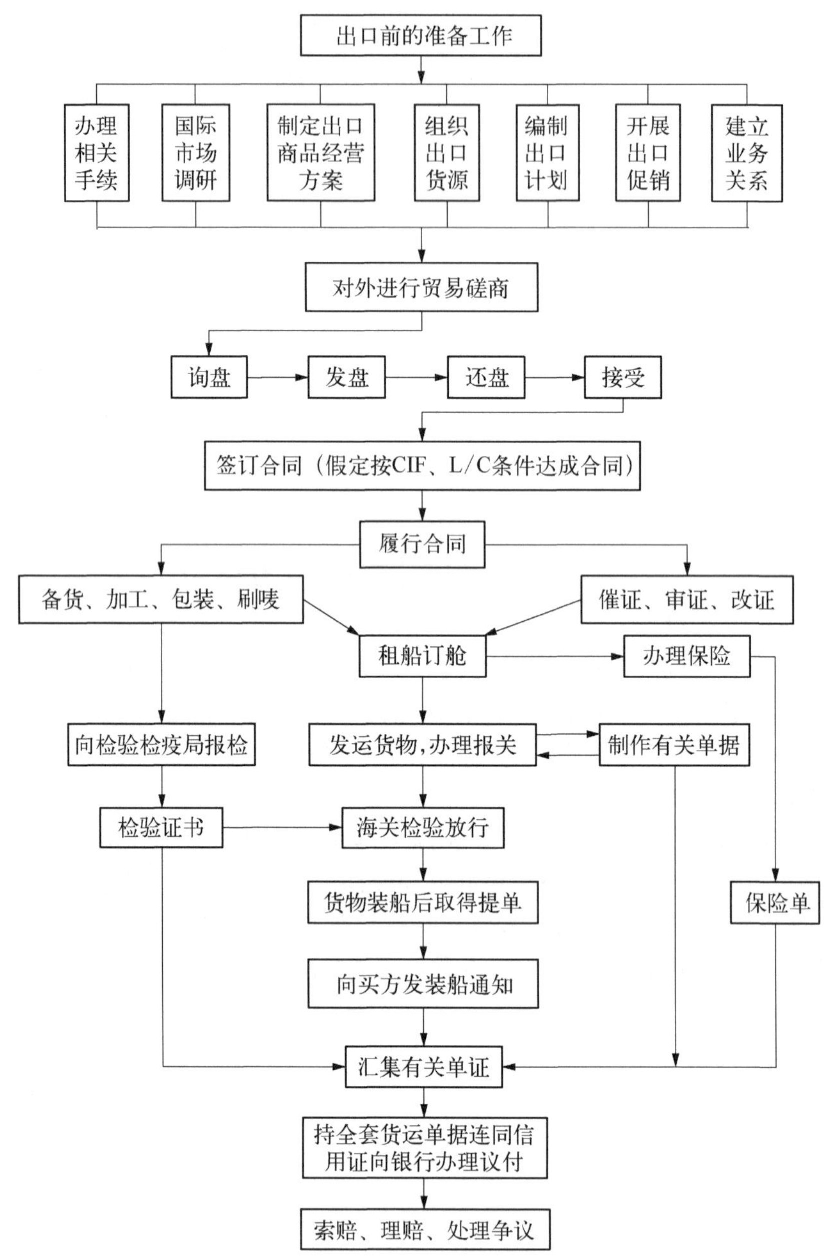

图 13－1　出口交易程序

一、备货

货物是出口合同履行的物质基础。备货就是指卖方按出口合同的规定，按时、按质、按包装、按量准备好应交的货物。为了认真做好备货，必须做好以下几点工作。

(一) 货物的品质、规格和包装

当我们按计划或按进货合同，与生产厂家或供货部门安排生产或催交货物时，要按合同逐一核实货物的品质、规格和包装，必须与出口合同上规定的完全一致；必要时，还应进行加工整理，即使已经验收入仓。还需注意，出口备货必须符合合同的要求。低于其品质、规格显然属违约行为，而高于其品质、规格也有违约之虞，应做到既不要偏高，也不要偏低。

(二) 货物的数量

货物的数量显然是备货的基本要素之一。在保证满足合同或信用证对数量的要求之外，还应考虑到自然损耗、搬运损耗、可能的调换和船容的适应等因素，备货的数量应适当略多一些，以留有余地。

就合同规定的数量而言，《联合国国际货物销售合同公约》规定：卖方交货不足(包括不交)，构成了根本违约，买方有权宣告合同无效；或要求卖方对未交部分继续履约；或要求对因此而引起的损失赔偿。

(三) 备货的时间

出口备货的时间应根据合同、信用证的规定，结合船期安排，做好船货衔接，防止船货的脱节。一般是适当提前，留有余地，以免发生延误装运期限而违约。在实际业务中，常见的有以下三种情况：① 合同上规定了具体日期；② 合同规定了一段时期；③ 合同未规定时间则卖方有义务将货物在“合理时间”内备好、交接。

二、报验

凡属国家规定，或合同规定必须经中国进出口商品检验局检验、出证的商品，在货物备好后，应向当地商品检验局申请检验(若出口商品属于我国出口许可证管理商品目录中的商品，还应先办理出口许可证)。商检局根据厂家、公司的货源、生产环境、生产设施和加工技术等作出免检、抽检、全检的决定。只有取得商检局所发的检验合格证书，海关才予放行，当然，检验不合格的产品一律不得出口。申报检验应填写“出口商品检验申请单”，办理申请报验手续，缴纳各项费用。

三、催证、审证、改证

(一) 催证

在以信用证方式收取货款时，当买方未按合同的规定时间开来信用证时，或者我方的货源、运输情况允许提前装运时，可以通过信函、电报和电传或其他方式催促对方迅速及时开出信用证，以促使我方早日发货，这就是催证。

催证时应该注意：① 必须根据合同的条款催证；② 必须根据我方出口商品的备货情况

催证；③ 必须根据出口商品能否及时出运的可能性，并结合国际货物联合运输的情况考虑；④ 注意催证的语言使用，特别是在我方意欲提前发运时。

（二）审证

一般来说，对方开来的信用证内容理应与合同内容完全一致。但由于种种因素造成信用证的条款与合同规定不符，会给我方造成履约不顺，收汇风险，甚至造成政治、经济上的更大损失。所以，要对信用证的内容进行认真、仔细的审核，查看是否与双方签订的合同一致，审查开证银行的偿付能力等，这就是审证。

在实际业务中，审证的工作是由银行和作为卖方的进出口公司共同承担的。具体说来，主要有以下几个方面的内容：

（1）对开证银行的审查；

（2）对信用证的性质及开证行付款责任的审查；

（3）对信用证金额、货币和受益人的审查；

（4）对单据的审查，货物单据主要有：① 提单；② 保险单（CIF 合同时）；③ 商业发票；④ 原产地证明书；⑤品质检验证书；⑥ 装箱单；⑦ 重量或数量明细单；⑧ 合同规定需要提供的单据和证件；

（5）对信用证有效期和装运期的审查，装运期必须与合同规定的时间相一致。如因来证太晚或发生意外情况而不能按时装运，应及时电请买方展延装运期限；

（6）对商品的品质、规格、数量、包装等条款的审查。

（三）改证

在对买方开来的信用证进行了全面、细致的审核之后如发现问题，按其性质、范畴分别同银行、保险、运输、商检等有关部门研究，做出恰当处理。凡属非改不可的，应及时要求外商改证，并坚持收到银行修改了信用证的通知书后才发运货物。改证提出额外的非分要求，也应予以警惕。按照信用证业务的国际惯例，一份信用证的修改通知中如果包括两项或两项以上的内容时，信用证的受益人对此通知要么全部接受，要么全部拒绝，不能接受一部分而拒绝其余部分。

改证时还须注意：（1）改证必须尽早办理，装运之前一切均应办妥；（2）在改证的电函中，必须注明原信用证的证号、合同号、货物名称，避免混淆；（3）如不接受应尽早退回，说明情况，否则等于默认。

四、租船、订舱、报关、保险和装运

凡是以 CIF 或 CFR 价格条件成交的出口商品，租船、订舱是卖方的责任。报关是在货物装船前，报关时须填写“出口货物报关单”，连同其他必要的单证和装货单、合同副本、发票等向海关申报，货物经海关查验货、证、单相符无误并在装货单上加盖校对章后，即可办理报关的手续。保险是指按照 CIF 价格条件成交的出口合同，在装船之前由卖方向保险公司办理货物运输保险的手续。装运指将货装上预定船只的环节。

1. 租船、订舱

如出口货物数量较大，需要整船载运的，则要租船；如出口货物数量不大，不足以用整只船装运的，则要订舱。具体手续如下：

(1) 卖方(如各进出口公司)填写托运单(Booking Note，B/N)，作为订舱依据。"托运单"又称"订舱委托书"，是托运人(发货人)依据贸易合同、信用证条款所填写的向承运人(轮船公司，一般为装运港的船方代理人)办理货物托运的单证。

(2) 轮船公司或其代理人如接受托运后，即给托运人发出装货单(Shipping Order，S/O)。外运机构在收到托运单后，即会同外轮代理公司安排船只和舱位，然后由外轮代理公司签发装货单，作为通知船方收货、装运的凭证；船只到达后，由出口公司或由外运机构代替各出口公司往仓库提取货物送到码头，经海关检验、放行后，凭装货单装船。

装货单俗称为下货纸，其作用有三：一是通知托运人，表明货物已配妥某航次，以及装货日期，让托运人完备货物、装船；二是便于托运人向海关办理出口申报手续，海关凭单验放货物；三是作为船长接受该批货物上船的命令。

(3) 货物装船后，即由船长或大副签发收货单，即大副收据(Mate's Receipt)。常见的装货单通常为一式多联：一联为装货单——港务局通知船方收货装运的凭单；一联是收货单，即大副收据——船上收完货后，由船长或大副签发表明收货情况的临时凭单。托运人凭此收货单向外轮代理公司交付运费并换取正式提单。

2. 报关

货物在装船前，必须填写"出口货物报关单"，连同其他必要的单证如装货单、出口许可证、卫生证明书、合同副本、发票，有时还须提供商检证书、重量清单等送海关申报。货物经过海关查验，如果货、证、单相符无误，加盖放行印章后才可装船。应缴纳关税的货物，还需办理纳税手续。

按照我国海关法规定：凡进出国境的货物，必须经由设有海关的港口、车站、国际航空站进出，并由货物所有人向海关申报，经过海关放行后，货物才可提取或者装船出口。

3. 保险

含有卖方保险条款的如CIF价格成交的出口合同，在装船前须及时向保险公司办理保险手续：

(1) 填写投保单，将货物名称、保险金额、运输路线、运输工具、开航日期、投保险别……一一列明。

(2) 保险公司接受投保后，收取保险费并签发保险单作为保险凭证。出口商品的投保手续一般都是逐笔办理的，保险费按保险公司的规定或共同商订之。

4. 装运

完成租船或订舱、报关、保险之后，就是装运工作：

(1) 出口货物交港务局港口理货人员准备装船，出口企业或外运机构应派代表在场协助。

（2）为防止错装或漏装，装船时记录，以便发生纠纷时作为处理争议的依据。

（3）如出口货物使用的是集装箱，可请海关派员至货物存放仓库查验，然后装船铅封，直接发至码头吊入船上。当货物容量不足一整箱时，视情况或先运至集装点，或先装入；待装满后由海关铅封再运至码头。

（4）货物装船后应立即向买方发出已装船通知（Shipping Advice），特别是在CFR或FOB价格条件下成交的货物，及时发出装船通知尤为重要，以便使买方办理投保或加保险别的手续。

从上述出口合同履行的环节可以看出，在履行合同的过程中，货、证、船的衔接是一项极为细致而又繁杂的工作。

五、制单结汇

出口货物装船之后，卖方的进出口公司应立即按照合同、信用证的规定制单，即正确缮制、抄写各种单据，要在信用证规定的交单有效期内，持单向当地有关银行（如中国银行）办理结汇手续。结汇，指出口人采用一定方式通过银行收取货款外汇。

（一）出口单证

出口单证通常是指汇票、发票（如商业发票、海关发票、厂商发票、领事发票等）、提单、保险单、装箱单、重量单、检验证书、产地证明、普惠制产地证等。

在缮制单据时，要注意做到各种单据的种类、内容和份数必须与信用证的要求完全相符，严格做到"单证一致""单单一致""单货一致"；并做到"正确、完整、及时、简明、整洁、处理要当"。

结汇单据缮制时应注意的问题：

1. 汇票（Bill of Exchange，Draft）

（1）付款人。采用信用证支付方式时，汇票的付款人应按信用证规定填写。如果来证没有具体规定付款人名称，可以理解为就是开证银行。托收时，应填写为进口人。

（2）受款人。汇票的受款人应为卖方的出口公司，个别来证另有规定的例外。如为托收，受款人可填写为托收行。

（3）开具汇票的依据。指汇票的出票条款。如系信用证方式，应按来证的规定文句填写；如信用证没有具体的文句规定，可在汇票上注明开证行名称、地点、信用证号码、开证日期；如系托收方式，汇票上可注明有关合同号码或留空。

（4）汇票金额。除非来证允许有一定的增减幅度或有"约"字样外，一般不得超过信用证开列金额，并且应与发票金额一致；只有要扣掉佣金时才不一致。汇票的大小写金额要一致。

（5）汇票的份数。一般为一式两份，均具同等效力；其中一份付讫，另一份自动失效。

（6）汇票日期已定时，发票日期一般不得迟于汇票日期。

（7）汇票一定要加盖公司章。

2. 商业发票(Commercial Invoice)

商业发票又称"发货单",它作为卖方开立的载有发货人和收货人名称、装运工具、合同号码、起讫地点以及品名、数量、单价、金额等内容的清单,是双方交接货物、结算货款的主要单证,也是进出口报关完税必不可少的单证之一。商业发票虽然没有统一的格式,但主要内容基本相同,除了上面提到的内容外,发票编号、开票日期、卖方公章、付款条件等也是必不可少的,应予注意的有:

(1) 收货人。一般是买方,如属信用证方式除少数来证另有规定外,收货人应填开证申请人或来证开证人。

(2) 有关货物的品名、数量、规格、单价、总计金额。如是信用证方式,必须两者完全一致,注意不得更改、遗漏和增项。如超量或不足要查看来证是否允许溢短装或有"大约"字样,否则仍有受国外开证行的挑剔(如认为单、证不符)而拖延甚至不予付款。

(3) 如来证规定或客户要求在发票上列出船名、原产地、生产企业名称,进口许可证号码等,只要符合合同、符合事实,一般照办。

(4) 如来证或合同规定的单价中含有"佣金",发票得照样填写,不能以"折扣""现金折扣"或"贸易折扣"等代替而易产生混淆;反之亦然。同理,如来证或合同规定有"现金折扣"(Cash Discount)的字样,在发票上也得原名照列,不能只写"折扣"(Discount),更不能代之以"贸易折扣"(Trade Discount)等字样。因为这些名词的含义是不同的。

(5) 发票的总金额。如系信用证支付,发票所开的总金额不能超过信用证之最高金额。按银行惯例,开证行可以拒绝超过信用证开列金额的发票。

(6) 如信用证内规定了"选港资"(Optional Charges)、"港口拥挤费"(Port Congestion Changes)或"超额保险费"(Additional Premium)等费用为买方负担,并允许凭本信用证支取的条款,可在发票上将各项有关费用一一开列,加在总值内,一并向开证行收款。如信用证要求作上述说明,即使合同中有此约定,也不能开列、支取,除非客户同意并经开证行加注上述内容;否则,只能按照合同另行制单罗列上述费用,办理托收。

(7) 如要求在发票上加注"证明所列内容真实无误"或称"证实发票"(Certified Invoice)、"货款已收讫"或称"收妥发票"(Receipt Invoice)或有关出口人国籍、原产地证明等文句时,只要可能、不违背我国方针、政策,可酌情处理之。

(8) 出具"证实发票"时,应将发票的下端通常印有的"有错当查"(E&O.C)的字样删去,以免自相矛盾。"有错当查"是一种预先声明,防备万一发生差错时,便于改正。

(9) 发票上的商品数量也要和提单、保险单等其他单据上的数量一致。

(10) 如来证上所使用的货币与合同单价所标的货币不一致时,发票应按原单价计算,最后再将总金额折合成来证上所使用的货币,注意比率要合理。

3. 提单(Bill of Lading)

提单是结汇单据类中的主要单据,制作时要注意以下几点:

(1) 提单的种类很多。比如,海运提单、铁路运单、航空运单、承运收据、邮件提单、多式联运提单、装船提单、备运提单、清洁提单和不清洁提单等多种提单,应按照来证要求的种类提供。

(2) 托运人。来证如无特别规定,应填写受益人名称(货主名称);来证如规定以第三者为发货人时,可填写我方运输单位如对外贸易运输公司。

(3) 收货人(Consignee)。这一栏目的填写关系到提单的权益和转让,关系到转让的手续,所以要仔细审核。

(4) 提单通知栏的填写(Notify)。如来证规定"被通知人",提单的正本可不必填写;但不论来证有无规定,在提单的副本上均应将被通知人买方的名称、详细地址全部填写上。

(5) 提单的货物名称。提单上的货物名称虽然可以用概括性的商品统称,不必列出详细规格,但应注意不能与来证所规定的货物名称、特征相抵触。

(6) 目的港。提单上的目的港,原则上应和运输标志上所列的内容一致。如来证规定在某地转船时,应在提单上加注转船地点,或由轮船公司出具转船地点的证明。如果要打制二程船的提单,由二程船公司包转时,一程船提单的收货人应填二程船公司;但不管怎样,目的港仍要写明货物终点的真正目的港。

(7) 提单的件数。原则上应和运输标志上所列的一致。但是如果在装船时发生漏装少量的件数以致件号不相连续,则可在提单上运输标志件号的前面加"Ex"(缺件)。

(8) 提单的签发份数。按《跟单信用证统一惯例》规定:银行接受全套正本仅有一份的正本提单,也接受一份以上正本的提单。如果提单正本有几份,每份正本提单的效力是相同的,但是如果其中一份凭以提货,其他各份立即失效。所以,合同或信用证中如规定出口人提供"全套提单"(Full Set or Complete Set Bill of lading),就是指承运人在签发的提单上所注明的全部正本份数。

(9) 提单的签署人。如来证规定"港到港"的海运提单,银行会接受由承运人或作为承运人的具体代理所签署的提单。

(10) 其他装运条款。买方有时会因限于本国法令,或为了使货物尽快到达,或其他原因,往往在来证中加列其他装运方面的条款要求出口人照办。如要求提供航线证明、船籍证明、船龄证明,或指定转运港、用集装箱货轮等,可按有关规定,结合运输条件,能满足的应尽量满足;不能办到或要求不合理的,必须向买方提出修改信用证。

4. 保险单(Insurance Policy)

保险单是保险人与被保险人之间订立的一种正式合同。在缮制保险单时应注意:

(1) 被保险人。如果来证无特殊规定,"被保险人名称"这一栏应是信用证的受益人。结汇时,一般只作空白背书,便于保险单办理过户转让。

(2) 保险货物品名、唛头、数量、包装、船名、起运港与目的港等是要与发票、提单上的一致。如提单上注明了转船地点时,保险单上也要注明。开航日期一般填出的是预计开船日期,但与提单上所载的实际开航日期不能相距太长。

(3) 保险险别与保险金额。它们一般应与信用证相符、一致,须做到:① 保险单所表明的货币,应与信用证所规定的货币相符;② 保险金额按发票金额加成后只取整数;③ 发票金额如扣除佣金时保险金额则按未扣佣金的金额投保;④ 发票金额如扣除折扣或回扣时,通常则按净值投保。

(4) 保险单的签发日期。它应早于或者等同于提单日期，不得迟于提单日期。除保险单上注有承担自装船日起的风险(或注有保险责任最迟于货物装船或发运，或接受监督之日起生效)外，银行将拒收这种出单日期迟于装船或发运或接受监管的保险单。

5. 产地证明书(Certificate of Origin)

这是一种用来证明出口货物的原产地或制造地的证件。不用海关发票或领事发票的国家常常要求提供产地证明书，以便区别国别确定应税税率，限制某些国家和地区进口货物入境以及通过产地证明入境货物的来源地。

产地证明书一般由出口地的公行或工商团体签发，也可由贸促会或商品检验局签发。我国多为商检局和贸促会签发。就我国而言，出产地一般只写“中国制造”，其他内容应与发票、提单一致。

6. 普惠制单据(Generalized System of Preference Documents)

这是指给惠国要求受惠国必须提供的单据，以使受惠国得到普惠制待遇。普惠制简称GSP，是给惠国给予受惠国减免进口关税的一种待遇。目前，欧盟、日本、加拿大、挪威、波兰、瑞士、澳大利亚、新西兰、俄罗斯等国(和地区)给予我国普惠制待遇。

普惠制单据作为一种书面证书，一般由出口人按结惠国规定填写；内容主要就是按“原产地标准”填写，然后由受惠国的签证机构审核签发(目前我国由各地商检局签发)。

7. 装箱单和重量单(Packing Specification list&Weight Memo/Note)

这两种单据是用来弥补商业发票内容的不足，便于外国买方在货物到达目的港时，供海关检查或收货人提货时核对货物。装箱单又称花色码单，列明每批货物的逐件花色搭配情况，各类货物的要求不一致。其主要内容有件号、箱号、品名、规格、数量、毛重、净重、尺码、唛头等。重量单只列明每件货物的重量(毛重、净重、皮重)。

8. 检验证书(Certificate of Examination)

各种检验证书由于检验的项目不同，名称也不相同，但主要是用于证明货物的品质、数量、重量、卫生等。在实际业务中，这类证书多由商品检验机构出具；但如来证并无规定，也可由进出口公司或生产企业出具。当然，无论是谁出具，检验的内容、项目、结果，乃至检验证书的具体名称，都须与合同、信用证一致。

上面介绍的是几种常用的单据，需要说明的是，按照《跟单信用证统一惯例》有以下规定：

(1) 当信用证要求除运输单据、保险单据和商业发票以外的单据时，信用证应该规定该单据的出单人及其内容。

(2) 当信用证无此规定，如提交的单据的内容能说明单据中述及的货物或(和)服务与提交的商业发票上所述及的有关联，或者当信用证不要求商业发票与信用证中所述及的货物或(和)服务有关联时，则银行将予接受。这就是为什么强调各种单据必须与信用证完全一致的原因。

最后，制单工作结束后，为了避免差错，各种单据在送银行之前，应有富有经验、资深细致的把关人员对单据进行最后的审查。

(1) 查看信用证上有无议付行(如中国银行)加盖的通知图章;如无,则看是否有电开证或简电,或转让委托书。

(2) 查看信用证所附的有关附件,如修改书、授权书、信函及其他。凡是修改的内容涉及单据的内容时,应查看两者是否一致。

(3) 查看信用证的抬头,一般应为卖方,但也有填成银行的。

(4) 受益人的名称要与发票上的名称一致。

(5) 查看信用证上的内容是否逐条对应在有关单据上,务使单证相符。

(6) 最后,以发票为主,核对其他单据,做到单、单一致。这样,单证审查的工作才算完成。

(二) 结汇方式

目前,我国出口结汇的方式主要有买单结汇、收妥结汇和定期结汇等三种。

1. 买单结汇(出口押汇)

是指议付银行在审单无误的情况下,按信用证的条款买入受益人(出口企业)的汇票和单据,但从票面金额中扣除议付回到估计收到票款之日的利息,将货款净额按议付日外汇牌价折成人民币,记入受益人的账户。

议付银行向受益人垫付资金买入跟单汇票后,即成为汇票持有人,再向付款银行索取票款。银行做出口押汇,可以给出口方融通资金,有利于外贸企业在交单议付时即可取得货款,加速资金周转,扩大出口业务。

如果汇票遭到拒付,议付银行有权处理单据或向受益人追索票款。

2. 收妥结汇(收妥付款)

收妥结汇又称"先收后结",是指出口地议付银行在收到外贸公司的出口单据,经审查无误后,将该单据寄交国外付款银行,索取货款;收到付款行将货款拨入议付银行账户的贷记通知书(Credit Note)时,即按当日外汇牌价,将货款折成人民币,记入受益人的账户。付款银行可以是开证行,也可以是开证行指定的付款银行。

3. 定期结汇

定期结汇是指出口地的议付银行按照向国外付款银行索汇函电往返邮程所需的时间,加上银行处理工作的必要时间,预先确定一个固定的结汇期限,到期后无论是否收到货款都主动将票款金额折成人民币,记入受益人的账户。显然,不同地区的邮电往返回程不同,所定的期限也随之略有差异。

最后,出口合同的履行还牵涉理赔。一是卖方向买方索赔,如买方未履行合同义务;二是买方向卖方索赔,如交货不符合同规定等(这类情况居多),即使已经支付,买方如享有复验权时仍有权向卖方提出索赔。卖方在处理索赔时,要注意:

(1) 认真审核买方提交的单证和出证机构的合法性,以及核对其检验标准、检验方法,防止弄虚作假。

（2）要会同有关部门实事求是地查找原因，以分清责任。

（3）合理确定损失程度、金额和赔付方法。如确属卖方责任，应予以合理的赔偿，对于国外客户提出的不合理要求，必须依据事实，以理拒绝。

第二节　进口贸易流程

进口贸易的业务程序也分为：交易前准备、交易磋商和合同订立、合同履行以及业务善后四个阶段。其具体工作内容有不少与出口贸易相同，如市场调研、物色客户、建立业务关系、交易磋商、签订合同等。但是由于所处地位各异，各阶段的某些业务内容有所不同，本节侧重介绍不同之处。进口贸易的基本业务程序如图 13－2 所示。

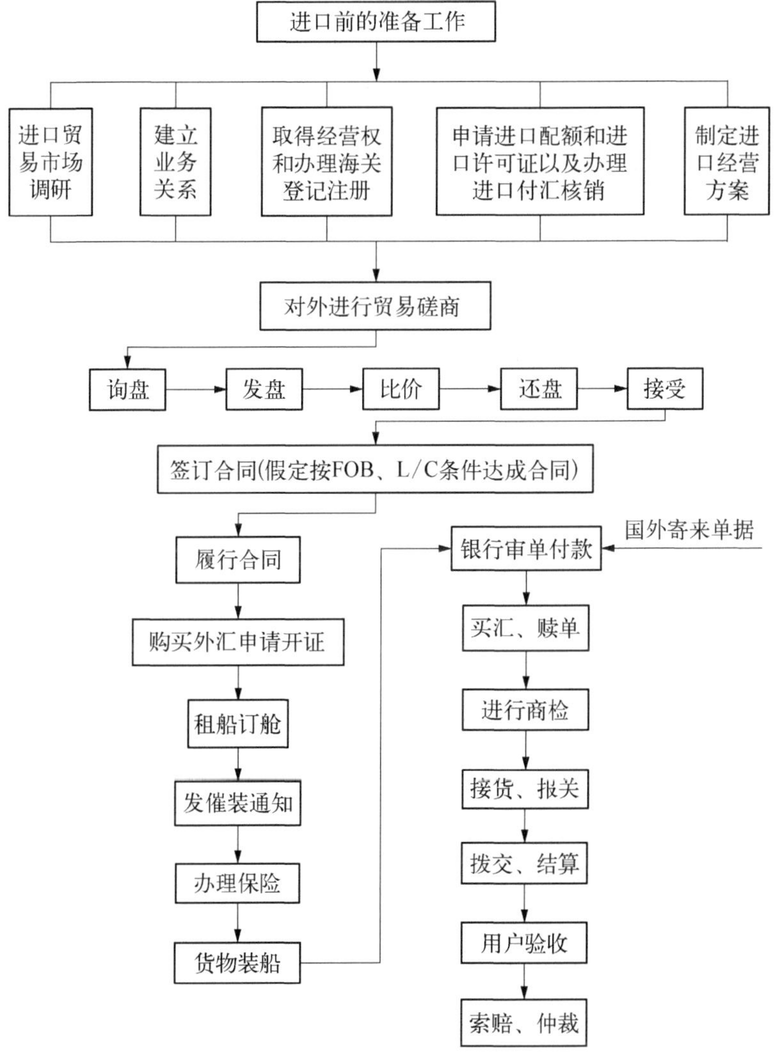

图 13－2　进口交易程序

进口交易前的准备工作包括两个方面：一方面，必须进行市场调研，如对所欲订购的商品的调研、对产品的国际市场价格的调研、对国际市场供应情况的调研、对客户资信情况的调研，并在调研的基础上选择客户并与之建立业务关系；另一方面，进口商品有许多必要的基础手续需要办理，如取得进出口经营权、办理海关登记注册、申请进口配额、申请进口许可证、领取进口付汇核销单、制定进口经营方案，等等。

一、开证、派船和投保

1. 开立信用证

进口合同签订后，买方要按规定开立信用证。开证时，应注意以下几点：(1) 开证力求审慎，切忌草率；(2) 开证时间切忌过早或过迟；(3) 信用证的内容要完全符合合同；(4) 信用证的金额；(5) 信用证的修改。

在实际进口业务中，开证的具体做法有两种。一种是企业根据合同条款，缮制信用证一式六联，送交开证银行。银行审查使用外汇的合理性和开证额度(当然买方账户上有这一笔外汇为银行所掌握)，并依据合同副本审核信用证内容，认可后即在信用证正本及第一副本上盖章或签字，对外寄发。同时，退回其中一联副本给进口企业存查。另一种是企业将进口合同副本或复印件送交开证银行，并附上要求银行按合同条款对外开证的信函；银行缮制信用证后，退回两联副本给企业；如企业认可，即在其中一联上盖章、签字后退回银行，作为开证申请。最后，银行与正本、第一副本核对无异，即可签名加章对外寄发。

2. 派船接运

履行 FOB 进口合同，其租船订舱工作由我方负责，我方一般则委托外贸运输公司办理。具体程序是：(1) 卖方在交货前一定时期内，将预计装运日期、地点通知我方；(2) 我方接到通知后，应及时向外运公司办理租船订舱手续，办妥后将船期、船名及对通知国外卖方；(3) 国外卖方装船后，会及时通知我方并发出装船通知，以便我方及时办理保险和接货。

3. 办理保险

以 FOB 或 CFR 条件签订的进口合同，保险由我方办理。目前，我国进口货物的保险基本上都由中国人民保险公司按预约保险合同办理。所谓预约保险合同，是指各进出口公司与中国人民保险公司事前签订的关于保险条款的合同。合同中对各种货物的投保险别、保险费率、适用条款、保险费支付、赔款支付等都做了明确的规定，因此，投保手续比较简便。按照预约保险合同的规定，所有以 FOB、CFR 条件进口货物的保险都由中国人民保险公司“自动承保”。进口公司在收到国外的装船通知后，只需将货物的名称、船名、日期、金额、装运港、目的港、提单号、装运期等项内容通知保险公司，即视为已经办妥投保手续。一旦发生承保范围内的损失，保险公司将负责赔偿。

二、审单付汇

审单付汇指的是开证银行收到国外议付银行寄来的汇票、货运单据后，会同进口企业，对照信用证的规定，核对单据的份数和内容，如内容无误，即由银行付款。同时，进出口公司用人民币按照国家规定的有关折算的牌价向银行买汇赎单。

1. 审单付汇的程序

(1) 国外卖方在货物装运后，将汇票和货运单据一整套交出口地银行办理议付；(2) 出口地议付银行再将汇票连同货运单据一整套寄我方开证行；(3) 开证银行对照信用证条款进行审核，如单据金额、份数等；(4) 开证行审核无误后，再转交买方进口公司审核；(5) 审核发现单证相符即由开证行向国外议付银行付款；(6) 当地议付行经审核，将款项登记到卖方的账户上。

2. 审单时发现单、证不符，应做适当处理

如果审单时，发现单证不符，应根据不同情况分别处理。严重不符时可做以下处理：(1) 停止对外付款；(2) 相符部分付款，不相符部分拒付；(3) 货到检验合格后再付款；(4) 凭卖方或议付行出具担保付款；(5) 要求国外改证；(6) 在付款的同时，提出保留索赔权等。究竟采用什么办法，有规定的按规定，没有规定的，按实际情况处理。

由于一旦开证行付款以后，按惯例不能行使对外追索权。因此，审查单据的工作必须认真细致，不能草率。

三、报关、验收和提交货物

进口企业审单赎单付汇后，就应着手准备接货。货物抵达目的港之后，就要报关、验收和提交货物。

1. 报关

报关，就是指进口或出口货物必须按照海关法令、规定的手续向海关申报验放的过程。报关时，进口企业要根据单据如发票、保险单、提单等填具"进口货物报关单"，向海关申报进口。海关凭进口许可证或进口货物报关单进行查验；海关查验进口货物时，收货人应当到场，开包查验时，主要看：(1) 是否符合法令；(2) 有无残损；(3) 包装妥否；(4) 数量或重量；(5) 其他内容。一经查验后按规定签印放行，有时加封放行(准其出入国境)。

需要指出的是，报关、接货、报验等工作一般多由进口企业委托外贸运输机构代办，这主要是工作上便捷的关系。放行后的货物即可提交。

2. 验收

进口货物运抵港口卸货时，由港务局验收。港务局在进行卸货核对时，如果发现货物短

少，即需缮制"短卸报告"，交给船方确认、签认，并根据短缺情况向船方提出保留索赔权的书面声明。如发现货物残损，应将货物存放在海关指定的仓库内由保险公司会同商检局检验，然后视残损情况做出相应处理。

为了便于对外索赔，凡属于：(1) 法定检验范围的(前已述及)；(2) 合同订明在卸货港检验的；(3) 合同规定货到之后检验付款的；(4) 合同规定的索赔期限较短的(即将期满)；(5) 卸离海轮已发现残损、有异状或提货不着等情况的进口货物，均须在卸货港口向商品检验局报验，进行就地检验。

如不属于上述情况，而用货部门又不在港口所在地的，可将货物转运至用货单位所在地，由用货单位验收或请就近的当地商品检验局或其指定单位检验。按结果决定是否索赔或补供、修理、退货等。虽然索赔期较长，亦宜早为之，以免索赔过期。商检局对进出口商品实施检验后，即发放检验证书。这种证书具有鉴定和公证的双重作用。

3. 提交货物

在办完报关、验收手续后，如订货或用货单位就在卸货港所在地，则就近转交货物，进口公司派车接转就行了；如订货或用货单位不在甚至还远离卸货港所在地，进口公司则可委托发运代理商将货物转运至内地并转交给订货或用货单位签收。这就是提交或拨交货物。

关于进口关税和内地运输费用，可由货运公司代理缴纳，然后向进口公司结算，进口公司再向订货或用货部门结算。

无论是代理进口还是外贸自营进口，均需办理货物拨交手续。这两种进口的结算程序基本相似，所不同的在于作价原则：外贸自营进口是买卖关系，代理进口则是委托代理关系；前者的一切费用概出自自己，后者的一切费用则出自委托人，并向委托人收取一定百分率的代理手续费(如按 CIF 总金额)。对于无外贸经营权的企业而言，这无疑又是一道壁垒。

四、进口索赔

索赔(Claim)，指在进出口贸易中，因一方违反合同直接或间接给另一方造成损失，受损方向违约方提出赔偿请求，以弥补其所受损失的行为。进口货物常因品质、数量、包装不符合合同的规定，而需要向有关方面提出索赔。索赔时，首先应进行检查分析，找出原因，然后才能提出索赔。

(一) 索赔的对象

知道了索赔的原因还不够，还得分清造成损失的责任范围，这样才能认准索赔对象，与之交涉索赔。进口索赔的对象主要有以下三方。

1. 向卖方索赔

向卖方索赔的责任范围主要有：(1) 原装数量不足；(2) 来货的品质、规格与合同规定不符；(3) 包装不良、不当致使货物受损；(4) 不交货或不按时交货；(5) 其他因卖方原因而给买方造成的损失等。

2. 向轮船公司索赔

向轮船公司索赔的责任范围主要有:(1) 货物数量(或重量或件数)少于提单所载数量;(2) 提单为清洁提单,可货物有残缺情况、残损情况(且由于船方过失);(3) 货物所造成的损失,根据租船合约有关条款应由承运人负责时。

3. 向保险公司索赔

向保险公司索赔的范围主要有:(1) 自然灾害、意外事故或运输过程中发生的非承运人负责的其他事故所招致的损失而且属于承保险别范围内者;(2) 凡轮船公司不予赔偿或赔偿金额不足以抵补损失的部分而又属于保险范围内者;(3) 其他外来原因造成,且亦属于承保险别范围内的损失。

(二) 索赔注意事项

1. 索赔事实和证据

造成损失,首先要查明事实,分清责任,具备足以证明责任在对方的证明文件、证据,否则,对方有权拒赔。根据口岸验收记录,或用货部门的验收,或使用中发现问题的现场情况等,确定损害事实的存在和查明确属某方的责任(如卖方、承运方、保险方);然后备好力证上述事实的证据,如索赔清单、商检局签发的检验证书、发票、装箱单、提单副本、保险单、磅码单正本或副本、船长签发的短缺残损证明。

2. 索赔金额和期限

正确而合理地确定索赔项目、金额,是公平、合理地处理索赔的基础,也是据理与外商斗争的条件之一。既不能脱离实际损失的限度,又不能使己方蒙受损失。具体的做法是:(1) 如合同预先规定有约定的损失赔偿金额的,应按约定的金额赔偿;(2) 如未约定有损失赔偿金额的,则应根据实际损失情况,按照赔偿金额与因违约而造成的损失相等的原则,确定适当的金额。如卖方拒绝交货,赔偿的金额一般是按合同价格与违约行为发生时的市场价格之间的差价计算,还应包括合理的利润。如卖方所交货物的品质、规格与合同不符时,买方可以要求减价或重换(减价是指退还品质差价;重换是退货,应赔偿如退货的运费、仓储费、装卸费、保险费、重新包装费、商品检验费、银行手续费、利息等)。如卖方委托我方修整时,要合理计算加工费、材料使用费等费用,至于工时、工资、材料如何计算,应根据具体情况而定。

索赔期限是一个涉及卖方、承运方、保险方的时间限制概念,都必须在相应合同规定的时间限期以内,过期无效。来不及提供证据或商品规格繁杂、项目又多时,一是要求相应方延长索赔期限;二是声明保留索赔权利。

3. 索赔方案和函件

在查明事实、分清责任、备妥单证,确定索赔项目和金额的基础上,要结合客户与我方公司往来的实际情况,制定好索赔方案,并要注意策略。一般重大的索赔方案,要由上级主管部门审核;一般索赔方案,也要由公司业务领导审核。索赔方案应列明事情经过、案情症结、必要证据、索赔的策略和处理方式,如部分退货、换货、补货、整修、延期付款、延期交货等。

索赔函件主要的内容应写明:(1) 货物残损与合同规定不符的详细情况,除附证件外,还应附上必要的照片;(2) 索赔项目、金额、处理办法;(3) 列出附寄索赔证件的名称、份数,检查证件结论与索赔结论是否完全一致。

本章核心概念

开具信用证　备货　报关　结算单据
议付　结汇

复习思考题

1. 为什么要催证、审证和改证?
2. 审证的依据和内容是什么?
3. 有关信用证的修改,受益人应注意哪些问题?
4. 出口业务中的单据主要有哪些?在制作单据中应注意哪些问题?
5. 凭信用证向银行办理出口货款结算时,银行的结汇办法有几种?
6. 进口合同的履行程序与出口合同有何不同?
7. 进口人在申请开立信用证时应注意什么问题?在进口业务中,对于信用证的修改又应注意什么问题?
8. 如何做好进口商品的检验工作?
9. 在进口索赔工作中应注意哪些问题?

第十四章

贸易方式

本章主要内容

国际贸易方式的内涵;在国际贸易实践中通常采用的贸易方式,如对销、代理、招标、拍卖、寄售、期货交易、加工贸易、租赁贸易与转口贸易等;各种贸易方式的特点;各种贸易方式在贸易实践中的基本做法和注意事项等。

第一节　对销贸易

对销贸易(Counter Trade),又称对等贸易或反向贸易。它是以进出口紧密结合,以出口抵补进口为基本特征的一种贸易方式。对销贸易的形式很多,主要包括易货贸易、补偿贸易、回购、互购、协定记账贸易和国际贸易证书贸易等。

一、易货贸易

易货贸易,即物物交换,是指用实物的进口或出口去换取另一国实物的出口或进口,而不用货币作为支付的一种传统的贸易方式。它一般不涉及第三者,多用于边境贸易。

(一) 易货贸易的形式

易货贸易在国际贸易实践中主要表现为下列两种形式:

1. 直接易货,又称为一般易货

从严格的法律意义上讲,易货就是指以货换货。即交易双方根据各自的可能和需要,交换价值相等或相近的商品,具体做法为:双方相互约定交换的时间和地点,规定交货的品种、规格和数量,在货物发运后,将提货单据寄往对方,经对方验收无误,交易即告完成。

2. 综合易货,又称"一揽子"易货

它是指交易双方交换的货物通过外汇结算货款,双方都承担购买对方等值商品的义务,且进口商品和出口商品的交换作为一笔交易体现在一个合同中。采用这种交易方式时,可以用一种出口商品交换对方的另一种进口商品,货款逐笔平衡;也可以由双方订立易货协议或合同，规定在一定期限内用几种出口商品交换另外几种进口商品，按软硬搭配原则构成一笔交易，进出口可同时进行，也可以有先有后，但间隔的时间不能过长。这是目前国际贸易中较常见的一种对销贸易。

（二）易货贸易的作用和缺陷

1. 易货贸易的作用

首先，具有调剂余缺和经济互补的功能，有助于对外支付手段匮乏的国家或企业间开展贸易，从而能促进国际贸易的发展；其次，有利于以进带出，扩大出口商品的销售，易于实现进出口贸易的平衡。

2. 易货贸易的缺陷

由于易货贸易方式本身的局限，因而也有诸多不足：

（1）适用范围窄，谈判费时费力，不易成交，不如“逐笔售定”方式灵活。

（2）易货的进行极易受双方国家经济互补性状况的制约。即两国的经济发展水平、产业结构差异越大，其互补性也就越强，可供交换的产品选择余地越大；反之则反是。

（3）在易货贸易方式下，有时存在着较大的风险。易货中最大的风险就是已交付货物的一方可能收不到另一方应交付的货物，因而，交易双方都强调交换等值且同时进行。这在实际业务中难以做到。

（三）开展易货贸易应注意的问题

1. 应尽量避免冲击正常的出口创汇贸易

对于能通过单边形式出口，且销路较好的商品，一般不宜采用易货贸易方式。否则，将减少我方外汇收入，算总账可能不划算。

2. 应加强对易货贸易的组织管理

由于易货贸易具有较强的政策性和应用上的局限性，进行统一指导必不可少。

二、补偿贸易

补偿贸易（Compensation Trade）是 20 世纪 60 年代末发展起来的一种国际贸易方式。其基本含义是：交易中的一方（设备出口方）提供机器设备、生产技术、原材料或劳务，在约定的期限内，由另一方（进口方）用出口方提供的设备、原材料所生产出来的产品，或以双方商定的其他商品分期偿付出口方提供的设备、技术等的价款和利息。它是一种以商品信贷为基础的贸易方式，也是一种不使用外汇而以商品抵偿商品的利用外资的方式。

(一) 补偿贸易的形式

按照用来偿付的标的不同，大体上可分为四类：

1. 直接补偿

双方在协议中规定，允许进口方用其引进的技术设备所生产出来的产品，直接偿付进口之价款，这种办法也称为产品返销（Product Buyback）或产品回购。这是补偿贸易最基本的做法，也是我国采用的主要形式。在国外，这种做法被称为对销贸易中的回购。

2. 间接补偿

它是指当所交易的设备本身不生产物质产品，或生产的直接产品非对方所需要或在国际市场上难以销售时，进口方偿还设备的价款可由双方商定的其他产品或劳务进行补偿。这种形式也叫抵偿贸易，或称为互购、反向购买。

3. 劳务补偿

这种做法常见于来料加工或来件装配相结合的中小型补偿贸易中，一般由对方为我方代购技术和设备，货款先由对方垫付，我方按对方要求加工生产后，从应收的工缴费中分期扣还所欠款项。

4. 综合补偿

它是上述三种补偿方法的综合运用，即对引进技术设备的价款，部分用产品，部分用劳务或货币偿还。这种偿付货款的办法更为灵活和方便，是补偿贸易的变通形式。但必须指出，如全部用劳务补偿，则不属于易货范畴。

(二) 补偿贸易的特点和作用

1. 补偿贸易的特点

(1) 补偿贸易的进行以信贷为必不可少的前提条件。在实际业务中，信贷可以表现为各种形式，但大量出现的是商品信贷，即设备的赊销。这是补偿贸易与传统易货贸易的区别之一。

(2) 设备供应方必须同时承担回购设备进口方的产品或劳务的义务。这是构成补偿贸易的一个先决条件。

(3) 贸易与生产相联系。由于补偿贸易可用产品偿还进口设备价款，因而设备的进口和产品的出口密切相连，进出口贸易与生产相关联。

(4) 补偿贸易双方既有买卖关系，又有合作关系。开展补偿贸易的双方只有在贸易、技术转让与服务、生产各方面都密切配合，才能达到双方的交易目的。从这个意义上说，它又是一种新型的国际经济合作形式。

2. 补偿贸易的作用

(1) 对设备进口方的作用。主要有:① 补偿贸易是一种较好的利用外资的形式,一些外汇短缺的发展中国家可以利用补偿贸易引进国外的设备和技术,促进经济的发展;② 有利于吸收外国先进的技术和管理经验,设备出口方往往有责任负责设备的安装、调试及培训进口方的人员,因而进口方可借机学习国外的技术和先进的管理经验;③ 可借助对方的销售渠道,开拓市场,扩大出口。

(2) 对设备供应方的作用。主要有:① 扩大设备、技术出口。借助补偿贸易的形式,向外汇短缺的国家出口设备、提供技术,扩大销售渠道;② 有利于获得稳定、价廉的回头产品或原材料。出口方一方面通过承诺回购商品义务加强自己的竞争地位、争取贸易伙伴,同时还可在回购中取得较稳定的原材料来源,且价格比国际市场的同类产品要低;③ 风险小、利润大。因为以回购产品的方式取得货款,一般较有保障,同时,还可能利用高价出口设备、低价回购商品获取较大的利润。

当然,补偿贸易方式也有不足。例如,对进口方来说,引进的设备往往不够先进,且价格也未必便宜;对出口方来说,若承诺回购的商品与其经销的同类产品有冲突,就会影响其整体利益。

(三) 补偿贸易的程序及应注意的问题

为了成功地开展补偿贸易,在实践中要注意做好以下工作:

1. 慎重地选择好项目

项目选择是补偿贸易的起点,决定一个项目既要从国内必需和现有条件出发,又要有利于扩大出口。

2. 切实做好可行性研究

可行性研究是补偿贸易能否成功的关键,因此要对项目进行全面系统的可行性研究,即一方面要对国内的实际生产水平、原材料来源、生产管理、市场需求等情况全面了解;另一方面,要对外商提供的设备价格、性能及其生产的产品的价格、市场容量,以及运输条件、销售环节等情况进行较为细致的调查研究。

3. 选准合作对象

在补偿贸易中,同贸易部门合作的对象有两个:外商和国内的生产厂家。这两个方面都必须合作,贸易才能成功。这就要求国外客户资信可靠、技术力量雄厚,国内厂家经营管理水平较高和技术上内行。

4. 要以出口为导向

要求通过补偿贸易引进的项目,不仅有助于我国产业结构的调整、产品档次和质量的提高,而且更要注意项目的外向性。即引进项目所生产的产品要在国际市场上具有较强的竞争性,能从总体上提高我国出口创汇的能力。

三、互购贸易和转手贸易

(一) 互购贸易(Counter Purchase)

1. 互购贸易的含义及做法

互购贸易又称“平行贸易”(Parallel Trade)或互惠贸易(Reciprocal Trade)。所谓互购，就是交易双方互相购买对方的产品，是一种“以进带出”或“以出带进”的进出口相结合的贸易方式。互购贸易的具体做法是，一般由贸易双方根据一份议定书签订两个既独立又相互联系的合同。一个合同负责出口商品的销售，并要求先进口方全部用现汇支付货款，条件是先出口方承诺在一定时期内购买回头货；另一个合同具体规定先出口方的购买义务条款，通常规定先出口方在什么时期内购买先进口方的一定金额商品，但一般不具体规定商品的品质和价格。两个合同可一起洽谈，但分别执行。

2. 互购贸易的特点及利弊

互购贸易的特点在于，两笔交易虽有联系，却是分别进行，均用现汇支付。一般通过信用证即期付款或付款交单来进行，有时也可采用远期信用证付款方式。因此，先出口一方除非接受远期信用证方式，否则不存在垫付资金问题；相反，还可在收到出口货款到支付回购货款的这段时间内，利用对方资金，而且在后续的回购产品谈判中处于有利的地位。对先进口方来说，利用互购贸易则有利于带动本国商品的出口，即享有“以进带出”的好处，但先付一笔资金，且还面临着先出口方回购商品的承诺得不到很好履行的风险。

(二) 转手贸易(switch)

转手贸易，又称三角贸易或转账贸易。这种贸易方式涉及三个以上的当事人，内容复杂，是战后以来原经互会国家和许多国家签订双边贸易协定和支付(清算)协定的产物。

在国际贸易中，转手贸易主要有以下两种方式：

1. 简单的转手贸易

它是指拥有顺差的一方根据记账贸易将回购的货物运到国际市场，为便于销售，往往会低于市场的价格转售货物，从而换取硬通货。这实际上是一种简单的转手贸易。

2. 复杂的转手贸易

在记账贸易下，拥有顺差的一方把顺差当作权益，以高于市场的价格从第三者手中购进本来需用自由外汇才能换得他所需的设备或其他产品。同时，由该第三者利用已换取的顺差权益从记账贸易下的逆差国家购买约定的货物并在其他市场转售，从而取得硬通货。

在实际业务中，由于转手贸易的程序复杂、环节多、难度较大，而且对第三世界国家多有不利，因此，得不到多数发展中国家的欢迎。也正因为如此，转手贸易的开展一般只能由专门从事转手贸易的转手商进行。

第二节　商品的期货交易

所谓期货交易(Futures Trading)是指在期货交易所内,按一定规章制度进行的期货合同的买卖。所谓期货合同,是指在合同上记载有货物的实际质量、交货日期、交货地点和重量、品质增减价办法和仲裁办法等条件,通过简单背书即可以转让的格式化合同。

一、期货交易的原理及期货市场功能

期货市场具有两个基本原理:一是期货价格波动趋势与现货价格波动趋势基本平衡;二是在接近期货交割期时,期货价格与现货价格趋于一致。

进行期货交易的也有两种人:一种人是真正的实物交易者,他们是为了避免价格波动造成损失而进行期货交易;另一种人是投机者,他们希望价格朝着有利于他们的方向波动,并主要以贱买贵卖来获利,并不想经手实际货物。前者进行的是套期保值交易,后者则是为了利用价格波动来进行买空卖空和套利交易。

从经济学原理可知,经济风险可以回避或者转移,但不能被消除。实物交易者来期货交易所进行交易是为了将风险转移出去,而承担风险的人主要是投机者。而投机者愿意承担这种风险的原因是因为他们坚信自己的预测是准确的,并且坚信冒险也许能给他们带来巨大的利润。从理论上看,投机者的人数越多,市场的经营成本越低,每一个投机者分担的风险就越少。投机者在每次交易中都有着以小本而获大利的潜在机会,它促使投机者积极地参加交易,正是由于有两种不同交易目的和不同交易方式的存在,使得期货市场才有了风险转移的功能。

转移风险是期货市场的必要功能,期货市场的另一功能是价格发现。因为它能集中众多的供求者,在那里通过竞价,最终准确地找到供求价格的平衡点,为这种商品的现货交易提供较准确的参考价格。实际上,期货价格已成为一些商品交易的晴雨表。

二、期货交易的特点及可进行期货交易的方式

(一) 期货交易的特点

(1) 从交易对象看,在期货市场上买卖的是标准化的期货合同,这种标准的合同在市场上很容易转让,因而可使交易者免于实物交割的麻烦和不便。

(2) 从交易方式看,期货交易采用集中交易,所有交易都在交易所中进行。

(3) 从投入资金来看,进行期货交易只需要交纳少量的保证金,为合约价值的5%—10%不等。即只要投入少量资金,就可以操纵大量的期货合约。

(4) 从交易的结算方式看,期货交易最终均由专门的结算所负责结算、组织实物的交割。

(二)期货交易方式

期货交易方式按其交易的目的划分，可分为套期保值和套利投机两种方式。

1. 套期保值

套期保值，又称海琴(Hedging)，是期货市场交易者将期货交易与现货交易结合起来进行的一种市场行为。通常的做法是在期货市场上采取和现货市场上相反的交易行为，承担相反的义务以避免或减少各种价格风险。

根据套期保值者在期货市场上的不同做法又可分为卖期保值和买期保值两种。

卖期保值(Selling Hedge)，是指套期保值者根据现货交易情况先在期货市场上卖出期货合同，然后再以多头进行平仓的做法。

完整的卖出套期保值实际上涉及两笔期货交易。第一笔是卖出期货合约，第二笔是在现货市场卖出现货的同时，在期货市场买进种类相同、份数相同的期货合约，与第一笔交易对冲。

买期保值(Buying Hedge)，是指套期保值者根据现货交易情况，先在期货市场上买入期货合同，然后再以卖出期货合同进行平仓的做法。

完整的买期保值也涉及两笔期货交易。第一笔是买入期货合同，第二笔是卖出种类相同、份数相同的期货合同，与第一笔交易对冲。

2. 投机交易

投机是一种投入资本，甘冒风险以求预期利润的交易行为。投机交易是以预测为基础。预测期货价格上涨时，要买入期货合同，以求在价格上升时卖出获利；预计预期价格下跌时，要卖出期货合同，以求在价格下降时买入获利，一旦预测失误，损失便不可避免。在期货市场上的投机交易是一种纯粹的买空卖空，无论是买入、卖出均无实际商品过手。

期货投机对于期货市场不可缺少。首先，它为期货市场提供了流动性，即市场交易的活跃性；其次，它承担了保值者转移的风险。期货市场上的投机者形形色色，从交易方向的不同，可分为多头投机商和空头投机商。多头投机商买入期货合约，称为做多；空头投机商卖出期货合约，称为做空。

第三节 包销和代理

一、包销

包销(Exclusive Sales)，是出口人通过协议把指定的商品，在一定的时期内将某一特定地区的经营权单独给予某个客户或公司(包销人)的贸易做法。

(一) 包销的性质及特点

包销的性质属于买断经营,包销人与出口人之间的关系为买卖关系,包销人就是进口人,包销人应保证在一定期限内承购一定数量和金额的商品,在特定的地区自行销售,自负盈亏。

出口人在向包销人给予专营权的同时,作为对等条件,一般都要求包销人遵守下列事项:(1) 只能经营出口人供应的商品,不得经营其他来源的同类商品或具有竞争性的商品;(2) 只能在约定地区专营商品,不得任意将包销的商品转售到其他地区;(3) 在一定期限内,应包销约定的数量和金额;(4) 提供售后服务、市场情报和宣传服务以及保护出口人的商标权和专利权等。

(二) 包销方式的利弊

1. 包销方式的优点

(1) 有利于调动国外中间商经营我国出口商品的积极性;
(2) 有利于消除我国出口商品在国外商场互相竞争的局面;
(3) 有利于有计划地安排货源和按需供应出口商品,加强出口商品对外竞争力;
(4) 有利于稳定出口商品价格,巩固国外市场、扩大销路。

2. 包销方式的弊端

(1) 包销的约束力大。如果包销人资信不好,经营能力不强或市场情况发生了不利的变化,就有可能出现"包而不销"的情况,从而影响销售数量;

(2) 包销是一种垄断。包销人往往凭借其独家经营的特殊地位,垄断市场,操纵价格,故意对我出口商品压价,所以一般应在有一定的销售基础且市场竞争比较激烈的地区采用包销方式。

(三) 采用包销方式应注意的问题

(1) 选择包销商时,既要考虑其政治态度,也要注意其资信情况、经营能力及其在该地区的商业地位。

(2) 适当规定包销商品范围、地区及包销的数量或金额。确定商品范围的大小、地区的大小,要同客户的资信能力和我们的经营意图相适应。在一般情况下,包销商品的范围不宜过大。规定包销数量或金额的大小,应根据我国货源情况和市场的容纳量以及我们的经营意图来决定。

(3) 在协议中应规定中止或索赔条款。为了防止包销商垄断市场或经营不力、"包而不销"或"包而少销"现象的出现,应在包销协议中规定中止条款或索赔条款。

二、代理

(一) 代理的性质和特点

所谓代理(Agency),是指代理人(Agent)按照委托人(Principal)的授权,代表委托人同第三者订立合同或办理与交易有关的其他事宜的一种贸易做法。

代理人是作为委托人的国外代表，他和委托人的关系是代理关系，而不是买卖关系。也正因如此，代理商在代理过程中不必垫付资金，不担风险和不负盈亏，他只获取佣金。由此可以看出，代理与包销的性质是不相同的。代理方式同包销方式相比，有以下的特点：

(1) 代理人只能在委托人的授权范围内。代表委托人从事商业活动。

(2) 代理人一般不以自己的名义与第三者签订合同。

(3) 代理人通常运用委托人的资金从事业务活动。

(4) 代理人不管交易中的盈亏，只获取佣金。

(5) 代理人只居间介绍生意，招揽订单，但他并不承担履行合同的责任。

(二) 代理的种类

按委托人授权的大小，代理可分为以下几种：

1. 总代理(General Agency)

总代理是指代理人在指定地区内，不仅有权独家代销指定的商品，还有代表委托人从事商务活动和处理其他事务的权利。由于这种代理权限极大，在我国出口业务中一般不与外商签订总代理协议。

2. 独家代理(Exclusive Agent or Sole Agent)

独家代理是在指定地区内，由其单独代表委托人行为的代理人，委托人在该地区内不得委托其他代理人。采用独家代理方式，委托人给予代理人在特定地区和一定期限内享有代销指定商品的专营权。

3. 普通代理(Agent)

普通代理又称一般代理，是不享有专营权的代理。在同一地区和期限内。委托人可以同时委派几个代理人为其推销商品服务。当然，委托人也可以直接向代理地区销售货物，而无须向代理人支付佣金。一般代理仅是为委托人在当地招揽生意或根据委托人的条件与买主洽谈交易，通常是由委托人签订买卖合同，代理人按协议收取佣金。

究竟选择哪一种代理方式，则视市场情况、商品本身的竞争能力以及代理商的情况而定。

第四节　寄售、拍卖和展卖

一、寄售(Consignment)

寄售是一种委托代售的贸易方式。它是指委托人(货主)先将货物运往寄售地，委托国外的代售人根据寄售协议的条件，代替货主进行销售的一种贸易方式。货物出售之后，所得货款由代售人扣除佣金和其他费用，通过银行汇交给寄售人。

（一）寄售的性质

寄售业务是按寄售人和代售人签订的寄售协议进行的。寄售协议中的双方当事人是委托和受托的关系。寄售协议属于信托合同性质。寄售业务的代售人介于委托人与实际买主之间，代售人有权以自己的名义与当地购货人签订购销合同。如果当地购货人不履行合同，代售人有权以自己的名义起诉。

（二）寄售的特点

在国际贸易中采用寄售方式，与通常的卖断方式相比，具有如下特点：

（1）寄售人先将货物运至目的地市场（寄售），然后经代售人在寄售地向当地买主销售。因此，它是凭实物进行买卖的现货交易。

（2）寄售人与代售人之间是委托代售关系而非买卖关系，代售人只能根据寄售人的指示处置货物。货物的所有权，在寄售地出售之前仍属于寄售人。

（3）寄售货物在售出之前，包括运输途中和到达寄售地后的一切费用和风险，均由寄售人承担。寄售货物装运出口后，在到达寄售地前也可以采用一定的办法先行销售。即当货物尚在运输途中，就可由代售人寻找买主出售。

（三）开展寄售业务应注意的问题

在开展寄售业务时，仅就寄售人而言应注意以下问题：

（1）在调查研究的基础上选好寄售地点，要了解国外销售市场各方面的情况。

（2）审慎选择合适的代售人。为了确保寄售达到预期效果，应选择资信好、有经验、有经营推销能力的客户为代售人。

（3）选择适宜的商品为寄售商品。寄售商品应该是在寄售地有销路而又难以凭样成交的商品，或者是一些名优产品等。

（4）适当掌握寄售商品的数量。寄售数量的多少，应根据销售情况和市场容量大小而定。

（5）要注意收汇安全。为了保证收汇安全，除选择外汇管制较松且外汇较宽裕的国家和地区外，还应要求代售人提供银行保函。

（6）订好寄售协议。寄售协议关系到双方当事人的权利和义务，直接关系到协议的执行，所以寄售协议中各条款要具体、明确。

二、拍卖（Auction）

拍卖是一种较为古老的交易方式，至今仍被广泛采用。拍卖为现场实物交易，是由专营拍卖业务的拍卖行接受货主的委托，在一定的时间和地点，按照一定的规则，以公开叫价竞购的方式，把货物卖给出价最高的买主的一种现货交易方式。

(一) 拍卖的特点

(1) 拍卖是在一定的机构内有组织地进行的。拍卖一般都是在拍卖中心,按规定的时间和规则,由拍卖行统一组织进行。

(2) 拍卖具有自己独特的法律和规章。许多国家的货物买卖法中对拍卖业务都有专门的规定,各个拍卖行一般也有自己的章程和惯例,这些都使得拍卖方式具有自己的特色。

(3) 拍卖的货物须由买主事先看货,一经成交,卖主不负品质和索赔责任。

(4) 拍卖的商品一般都是非标准规格化的商品。

(二) 拍卖的工作程序

(1) 准备阶段。由拍卖人将商品挑选并分类、分级、分批,印成拍卖商品的目录,供买主选择。

(2) 买主验看拍卖品阶段。由于用于拍卖的商品不易标准化,或不能长期保存,如茶叶、烟草、木材、羊毛、皮张、艺术品、古玩等,所以拍卖前要让买主验看拍卖品。

(3) 正式拍卖和成交交货。即把拍卖的货物,按预定的顺序、地点和时间逐批叫价拍卖。一旦成交,拍卖行的工作人员即交给买方一份成交确认书,表明交易正式达成;买方付款后,即可提货。

(三) 拍卖方式

拍卖的具体方式,也称叫价方法,主要有以下三种:

(1) 增价拍卖。即拍卖人先喊出最低价格,然后由买主竞相叫价直至成交。

(2) 减价拍卖,又称荷兰式拍卖。这种拍卖方法,是由拍卖人先叫出最高价,然后在无人购买的情况下再逐渐降低叫价,直到有人购买为止。

(3) 密封递价拍卖,又称投标式拍卖。即买主在规定的时间内,向拍卖机构以密封标单形式递价,由拍卖人选择出价最高的买主表示接受,以达成交易。这种方法已失去公开竞买性质,竞买人能否买到货物,除价格因素外,还取决于其他因素。

三、展卖(Fairs and Sales)

展卖是利用展览会和博览会及其他交易会的形式,对商品实行展销结合,以展促销的一种贸易方式。

(一) 展卖的特点

(1) 有利于宣传出口国家的科技成就和介绍出口商品,以扩大影响,促成交易。

(2) 有利于建立和发展客户关系,广交朋友,以扩大销售地区和范围,实现市场多元化。

(3) 有利于收集市场信息,开展市场调查研究,以便更有效地掌握市场动态。

(4) 有利于听取国外客户意见,并通过货比货发现问题,找出差距,不断提高出口商品质量,增强竞争能力。

(二) 展卖的类型

1. 国际博览会

国际博览会(International Fair)又叫国际集市,是指在一定地点定期举办的由一国或多国联合组办,邀请各国商人参加交易的贸易形式。

国际博览会不仅为买卖双方提供了交易的便利,而且越来越多地作为产品介绍、广告宣传,以及介绍新工艺,进行技术交流的重要方式。

国际博览会有综合性和专业性博览会两种形式。综合性博览会是指各种商品均可以参加展览并洽谈交易的博览会。世界上著名的博览会多为综合型,其中以米兰、莱比锡、巴黎的国际博览会历史较为悠久。专业型国际博览会仅限于某类专业性产品参加展览和洽谈交易,其规模较小,会期也较短。科隆博览会就是世界较著名的专业性国际博览会,每年举行两次,一次展销纺织品,一次展销五金制品。

2. 中国出口商品交易会

(1) 广州商品交易会。它目前是我国规模最大的出口商品交易会,广交会于 1957 年创办,每年春、秋两次举办交易会。目前,广交会展览面积达 14 万平方米,可容纳 4 000 多个标准摊位,馆内已配备了各种现代化设施,每届到会客商来自世界上 140 多个国家和地区,展出的商品多达 10 万余种。

(2) 其他各地的交易会。随着我国对外经济贸易的发展,仅广交会已不能满足需要。在商务部倡导、推动下,自 20 世纪 80 年代末,东北、华北及西北、华东、西南等地区各省(区、市)相继联合创办了本地区出口商品交易会、贸易洽谈会和一些专项出口商品交易会等。

3. 在国外举办展卖会

我国在国外举办展卖会主要有两种形式:一种是自行举办展卖会;另一种是支持外商举办或与外商联合举办展卖会。是否要在国外举办展卖会,要依据展卖条件和意图而定。

(三) 开展展卖应注意的问题

1. 选择适当的展卖商品

适于展卖的商品一般是那些品种规格复杂,用户对造型、设计、花色、图案要求严格,性能多变的产品,如机器设备、电子产品、手工艺品、儿童玩具以及一些日用消费品等。

2. 选择合适的展卖地点

在选择展卖地点时,一般应选择交易较为集中,市场潜力比较大,有发展前途的集散地或交易中心地区。

3. 选择适当的展卖时机

一般来说，选择展卖的时间应与该产品的销售季节相一致。每次展出的时间不宜过长，以免耗费过大，影响效果。

4. 做好宣传组织工作

在展销期间，企业要广泛运用各种宣传媒介，吸引更多的客户，以期取得更好的效果。

5. 选择好合作客户

在与外商联合举办展卖会的情况下，合作客户的选择关系到展卖业务的成败。一般要选择有经营能力，在当地市场有一定影响，并熟悉当地市场情况和有业务联系的中间商作为合作伙伴。

第五节　招标与投标

一、招标与投标的含义

招标与投标是一种有组织的并按一定条件进行交易的方式。它是指不经过磋商程序而只是招标人(通常是购货人或业主)提出交易条件邀请投标人(通常是供货人或承包商)发盘竞争，最后由招标人选择对其最有利的发盘，并与提供该发盘的投标人签约成交的一种方式。招标与投标是一种贸易方式的两个方面，就购货人或业主而言是招标，就供货人或承包商而言就是投标。

二、国际招标及其程序

(一) 招标的含义

招标(Invitation to Tender)是指招标人在规定时间、地点发出招标公告或招标单，提出准备买进商品或准备兴建的工程名称及其有关条件，并欢迎各方卖主或承包人参加投标的行为。招标的一方称为招标人。

(二) 招标程序

国际招标需要经过招标前的准备、资格预审、发出招标公告、开标与评标、签订合同五个基本步骤。

1. 招标前的准备

在开始国际招标前，首先要确定采用哪种国际招标形式及招标的各种职能部门和机构。

公开招标的特点是:招标通知公开,不限制范围,尽可能地让更多的人知道,不限制投标人数,任何对招标有兴趣的企业和个人均可参加;开标以公开的形式进行,当众开标,便于投标人充分了解招标的具体情况,广泛发出中标结果通知。采用公开招标可以最大限度地吸引世界各国卖主参加投标,竞争较为激烈。

邀请投标的特点是:招标通知不通过公开的广告形式,接受邀请的物资供应商或承包商才能投标。招标主办单位必须事先对各有关公司进行充分广泛地审查,以确保邀请投标的企业是最有能力、最有信用的。

2. 招标执行机构的建立

在国际招标这种集中采购的形式下,必须有专门的机构和人员对全部活动过程加以组织和管理,以保证国际招标最终达到其经济性和有效性的目的。国际招标执行机构主要有招标机构、咨询机构、资格审查机构和评标机构等。

3. 发布招标公告

招标公告实际是招标机构向所有潜在的卖方发出的一种广泛的通知。在公告中,不但需要说明即将采购的商品或举办的工程,还需简要说明投标方法。

招标公告的发布可以凭借报纸、广播等形式。按照国际惯例,应至少在招标国普遍发行的报纸上刊登广告。在公告中还要有对投标附带条件的规定,如采购的数量、质量、交货期等供投标人考虑。招标书的另一个重要内容是投标截止日期的规定。

4. 资格预审

所谓资格预审是指在招标开始之前或初期对投标人进行各方面的审查。预审合格者才能参加投标。

资格审查的内容主要有:看投标单位的信誉是否良好;从事国内外同类物资的生产或建设工程的经验是否丰富;质量是否能达到要求;技术力量是否能满足招标要求等。预审的目的是使招标单位对投标人能否有资格参加该项采购的投标作全面审查。

5. 开标与评标

当招标公告规定的截止日期到时以后,招标机构即可将所有投标书集中,开标并评标。

开标是指把所有投标人的报价启封揭晓。开标可分为公开开标和秘密开标两种形式:公开开标是在招标委员会规定的时间、地点,通知所有的投标人都参加的开标形式;秘密开标则不通知投标人参加开标过程,只将开标的结果通知候选人。

评标是有关机构就投标书的合同条件、技术条件及法律条件进行评审、比较,选出最佳投标人的过程。

评标的主要内容有:研究对比投标报价;评审投标是否有任何违反有关规定;审查投标书中的计算是否有严重错误;或对标书内容是否严重误解等。参加评标的人员原则上要保持评标工作的“准确性”“公开性”和“保密性”。评标后进行决标。决标是指经过评标,做出决定,最后选定中标人的行为。

6. 签订合同

评标的结果是选定一个最佳条件的投标人作为中标人，由招标机构与中标人签订合同。

三、国际投标及其程序

(一) 投标的含义

所谓投标(Submission of Tender)，是指卖方或承包人在规定的日期内按照招标通告的要求和条件，填写标单，报出具有竞争性的价格和其他条件，以争取中标的行为。投标实质上是竞卖。参加投标的一方称投标人。

(二) 投标程序

1. 投标前的准备

在开始国际投标之前，投标企业应注意搜集有关信息和资料，研究招标所在国的法律规定，做好资格审查以及有关资料的报送工作，以顺利地通过投标资格评审。

2. 制作国际投标书

(1) 研究招标书。研究招标书是一项相当紧张而复杂的工作，做好这项工作是争取中标的重要一环。研究标书的工作主要包括检查标书、通读标书和讨论标书三个阶段。

(2) 编制投标文件。投标文件一般包括投标资格预审文件和合同文件两大类。

投标资格预审文件，按照国际惯例并结合我国的具体情况，应准备以下文件(或资料)：营业证书、公司章程、公司简介、董事会名单、资产负债表、银行资信证明、互惠证书，已建立的类似工程清单，正在承建的工程清单，当地代理委托书，驻外分公司经理委托书，分公司在招标国注册证书(如果已注册)及缴税证明等。

合同文件是指正式投标时随标书一起投送的，在中标后签订的承包合同范围内的所有文件。它主要包括招标原件、报价单、施工机械清单、有关工程和技术设备的说明书、投标附函、工作计划书和代表授权书等。

3. 国际投标报价策略及竞标技巧

报价是投标的核心，报价的高低、正确与否，对投标人关系重大。在物资采购中的投标报价与工程建设的投标报价差别较大。以物资出口为主要目标的国际投标中，投标人首先对货物的成本进行核算，再参考国际市场价格做出投标报价。以承包工程为主要目的的投标报价，必须在广泛询价的基础上，并对本部门的各项成本逐一核算的情况下才能做出。

当投标报价确定之后，在报价时还要采用一些竞标手段和技巧，以增强中标率。其技巧主要有：深入腹地策略；联合、串通策略；最佳时机策略和公共关系策略等。

(三) 投标贸易方式的特点

(1) 投标完全是按招标人提出的条件、无协商余地,完全按买方条件进行的一种交易方式。

(2) 投标是一次性报价,交易能否成功,取决于投标人的报价是否有竞争力以及政治经济关系等。

(3) 招标是公开进行的,是一家买主,多家卖主构成竞争,因此,竞争比较激烈。

第六节　租赁贸易和转口贸易

一、租赁贸易

(一) 租赁贸易的含义

租赁是指根据出租人与承租人订立的租赁契约,以收取一定数量的租金为代价,把物品交付给承租人在一定期限内专用的一种贸易方式。所谓国际租赁,即指承租人与出租人不在同一国家所从事的租赁业务。

(二) 国际租赁贸易方式的各种形式

1. 按出租的目的划分,可分为融资租赁和经营租赁

(1) 融资租赁(Financial Lease)。融资租赁又称"完全支付租赁"(Full Payout Lease),或资金、资本型租赁(Capital lease)。它属于长期租赁,是租赁业务中最基本的形式。

融资租赁的基本做法是:先由承租人自行到供货人处选择所需的设备,并谈妥规格、品质及交货条件、设备技术等商务问题,然后由出租人按已谈妥的条件和定价向供货人购买设备,再与承租人签订租赁合同,将设备提供给承租人使用。由于出租人支付了全部设备货款,实质上等于给承租人提供了100%的信贷。

(2) 经营租赁(Operating Lease)。经营租赁又称服务性租赁,属于中短期租赁。出租人不仅提供融资,更主要的是还要提供设备维修、保养、保险以及各种专门的技术服务。在这种租赁方式下,出租人要负责选择生产设备的厂商和设备制成后的保险以及设备质量、适用性等问题,还要承担设备过时和落后的风险。

2. 按交易程序分,可分为直接租赁、杠杆租赁、回租租赁与转租租赁

直接租赁是指由出租人独自承担购买出租设备全部资金的租赁交易。普通的直接租赁一般由两个合同构成:出租人与承租人签订的租赁合同和出租人与供货商签订的买卖合同。

杠杆租赁又称"借贷式租赁""平衡租赁",它是目前国际租赁贸易中最流行的一种租赁

方式。具体做法是：出租人自筹20%—40%资金，其余资金向金融机构借款，然后购买设备出租给承租人。

回租租赁是指承租人为筹集资金，先把自己拥有的设备出租给租赁公司，然后，再向租赁公司租回该项设备的租赁方式。这种租赁方式使承租人既可以把出售设备的现金用来改善财务资金状况，扩大营业，进行再投资，又可在租赁期内继续使用设备，不至于影响生产。

转租租赁是租进再租出的一种租赁方式。即先由出租人从一家租赁公司或从制造厂商租赁一项设备后，再转租给用户。

3. 按征税情况分，可分为正式租赁和租购式租赁

正式租赁亦称为节税租赁，是指一项符合国家税法，能真正享受租赁税收优惠待遇的租赁交易。出租人可以享有加速折旧、投资减税等税收优惠。承租人支付的租金可作为费用，从应纳税的利润中扣除，而且还能分享出租人获得的一部分减税好处，所以租金较低廉。合同期满后，承租人可以交还所租设备，也可以当时的市场价格将其买下，或续租。

租购式租赁又称“有条件销售”“有条件租赁”。它是指租赁期满后，承租人以名义价格留购设备并获得其所有权的租赁方式。这种租赁通常被视为一项分期付款交易。

4. 租赁如与其他贸易方式相结合，则称为综合租赁贸易方式

综合租赁有三种结合形式：(1) 租赁与补偿贸易相结合，以产品偿付租金；(2) 租赁与加工装配业务相结合，以工缴费顶替租金；(3) 租赁与包销相结合，从包销价款中扣除租金。

二、转口贸易

(一) 转口贸易方式的含义

所谓转口贸易，是指一个国家的商品经过第三国(或地区)再销往另一个国家(或地区)的一种贸易方式，对于第三国而言开展的就是转口贸易。

在转口贸易中，转口国(或地区)实际上起着中间商的作用，把生产国与消费国联系起来。

转口贸易的产生与发展是多种因素影响的结果。这些因素有政治、经济、地理位置、关税政策、贸易管制、价格政策、运输条件等。

(二) 适宜开展转口贸易的国家(或地区)

适宜开展转口贸易的国家(或地区)，一般必须是实行自由贸易的国家(或地区)，并设有自由贸易港、保税区、保税仓库。如荷兰的鹿特丹自由港，我国的香港(自由港)都很适宜开展转口贸易。如此看来，一个地区要发展转口贸易必须具备以下三个条件：

(1) 拥有良好的港口条件和海港设备；

(2) 占有优越的地理位置；

(3) 靠近主要的转口货物产地和转口市场。

(三) 开展转口贸易应注意的问题

(1) 掌握市场信息,适当选择转口贸易商品。开展转口贸易首先要掌握转口市场的信息,较完备地掌握有关国家(或地区)的政策、贸易规定、市场需求、客户情况,进而及时调整和制定销售策略。

(2) 运用多种结算方式,减少资金占用。以尽量少的资金做生意这是经营者的愿望,而转口贸易可以做到这一点。只要适当运用"背对背"信用证和远期信用证的结算方式:在出口时请需方开出"即期不可撤销信用证",保税仓库以此信用证作抵押,请银行向供货方开出进口货物"远期信用证",这样就不需要银行占用自有资金。

(3) 周密地组织运输并尽量缩短转口周期,以提高周转效率,获取较大的利润。

第七节　对外加工装配贸易

对外加工装配是国际上普遍采用的一种贸易方式,更是发展中国家利用外资和扩大对外贸易的一种行之有效的途径之一。对外加工装配贸易在我国也早已使用,但广泛开展是在党的十一届三中全会以后。

一、对外加工装配贸易的含义、特点及作用

(一) 对外加工装配贸易的含义

对外加工装配是来料加工和来件装配的总称。来料加工(Processing with Customer's Materials)贸易,是指外商提供原材料、辅料和包装物料等,由国内的承接方按外商的要求加工成成品提交给对方,并按双方约定的标准收取工缴费(加工费)的一种贸易方式。来件装配(Assembling with Customer's Parts)贸易是指由外商提供零部件、包装物料等,由国内的承接方按其工艺设计需求装配为成品提交给对方,并按双方约定的标准收取工缴费(加工费)的一种贸易方式。

(二) 对外加工装配贸易的特点

对外加工装配业务是一种委托加工的交易方式,既直接同产品的加工装配相结合,又同利用外资相联系。它与其他进出口贸易方式相比,具有如下特点:

1. 对外加工装配业务不同于通常的商品进出口贸易

通常的商品进口或出口业务,进口和出口体现出两笔交易,而加工装配贸易是一项有进有出,进口和出口紧密结合的交易。即承接方将进口的料、件,按需求经过加工装配,使之成为合格成品而出口,加工装配的过程就是使用技术和投入劳务的过程。因此,加工装配业务实质上是劳务出口的一种形式,加工费可看作是劳务出口的货币表现。

同时，加工装配业务中所需的料件是由国外委托方提供的，承接方对所加工或装配的料件等均只有使用权，而没有所有权。所以，不存在所有权的转移问题，当然也就无需担负因市场价格涨落所带来的经营风险。

2. 对外加工装配贸易不同于补偿贸易

补偿贸易形式虽然也不需要筹集大笔资金，机器设备或技术由外商提供，不需现汇支付，仅是加工生产的产品或其他商品以返销或回购的方式作为抵偿，但事实上已发生了买卖关系，机器设备的所有权在成交之初已经转移，后期作价抵偿仍受国际市场价格波动的影响，设备进口方要担负生产经营的风险。而对外加工装配贸易只承接外商来料、来件，不构成商品买卖行为，不承担产成品的销售风险，只按规定收取一笔工缴费。

3. 对外加工装配贸易不同于国际租赁贸易

国际租赁贸易虽然商品所有权不曾转移，也不属商品买卖关系，承租之初也不承诺回购商品的义务，但租赁者并不承担商品经营的责任，也不承诺回购商品的义务，只限于收取一定的租赁费。相反，承租者必须自主经营、自负盈亏，自担商品经营的风险。而对外加工装配贸易的承租方并不承担商品经营的风险，只要加工装配合格，按期交货，即可按事先约定的标准收取工缴费。

(三) 对外加工装配贸易的作用

开展对外加工装配业务，无论是对国内承接方还是对外商，都有积极作用。对承接方来说，可以克服国内生产能力有余而原材料不足的矛盾；可以充分利用国内劳动力资源，增加就业机会；有利于扩大出口，增加外汇收入。对外商即委托方来说，可降低其产品的成本，从而增强其产品在国际市场上的竞争力；有利于外商所在国的产业结构调整，这主要是指一些工业发达国家，通过委托加工方式，将一些劳动密集型产品的生产转移到发展中国家。当然，对外加工装配贸易也并非完美无缺，也存在着不少缺陷，诸如业务范围较窄、规模效益有限以及承接方往往处于被动地位等。

二、对外加工装配贸易的基本做法

(一) 对外加工装配贸易的业务程序

对外加工装配贸易的业务程序，与一般进出口贸易的基本程序有相同的一面，如确定商品、选择客户、洽谈条件、合同签订及其履行等。例如，对来料、件的验收、加工中的损耗定额、费用核算、交货期限、工缴费的确定以及支付方式等，都不是一次性行为，而必须按交货的次数连续多次才能完成。

对外加工装配业务的具体做法比较灵活多样。就承接业务的机构而言，主要有三种形式：一是外贸(工贸)企业直接对外承接业务，然后交由本企业加工装配生产；二是外贸企业对外承接来料来件加工装配业务，对内提供料、件委托工厂加工装配；三是接受加工装配业务的工厂参加对外谈判，对外交流技术，同外贸公司一起对外签订合同，工厂在生产和交货方面直接承担交货责任，外贸公司只收取一定的手续费。

不管采取哪种形式，加工装配贸易一般都要经过加工装配项目的确定、交易磋商、合同的签订、报批及履行几个基本步骤，其中交易磋商和合同的签订是关键。

（二）订立对外加工装配合同要注意的问题

加工装配贸易合同是业务能否顺利开展的关键一环，各项条款必须十分具体、明确和完整，以规定双方当事人的权益。在订立合同时，尤其应注意下列条款的规定。

1. 来料、来件要求和到货时间条款

料、件是开展加工装配业务的物质基础，料、件能否及时均衡供应，关系到加工装配生产业务能否顺利进行。因此，在合同中必须就料、件的质量要求、具体数量和到达时间作出明确规定，为防止不必要的争端，一般应同时规定来料、来件的验收办法和来料、来件不符合要求而造成承接方停工、生产中断的补救措施。

2. 成品交付要求和时间条款

按规定要求保质、保量地交付加工装配成品是承接方的义务，它关系到委托方的销售经营。因此，对成品的质量规格要求及交付时间、交付数量必须在合同中做出明确规定。

3. 工缴费条款

工缴费是合同的核心问题，直接涉及合同双方当事人的利益。所以，工缴费的核定既要合理，又要有竞争性。

4. 工缴费支付方法条款

工缴费支付方法有两种：一是对来料、来件和成品均不计价，由委托方按装配进度或成品交付进度支付；二是对来料、来件和成品分别计价，两者之间的差额即属工缴费。对于后者，必须坚持先收后付的原则，用成品的货款来偿付来料、来件的款项，以避免我方垫付外汇。

5. 运费、保险费条款

加工装配的工缴费是净收入，因此，来料、来件及成品的运费应由委托方负责。如果委托方委托承接方代办运输事宜，一切有关费用应在工缴费以外另行计算。委托人若提供设备，设备的运输由哪一方负担可经协商后在合同中订明。

至于保险，目前我国的做法是：来料、来件及设备的进口由委托人在国外保险，成品出口由承接方代为保险，但费用由委托人负担。在工厂内加工装配期间的保险费究竟由哪一方负担，经由双方协商后在合同中订明。

6. 担保和责任条款

对外加工装配贸易是按委托方提供的品质、规格、式样等要求生产的，委托方必须保证其所提供的产品和外观设计没有侵犯第三者的权益。倘若发生侵权事件，则由委托方承担一切法律和经济责任，对此，必须在合同中明确规定。

三、开展加工装配贸易应注意的问题

我国的加工装配贸易起步虽晚，但发展较快，已成为对外经贸合作的一种行之有效的方式，受到日益广泛的重视。根据我国的实践，为更好地开展这项业务，需注意以下问题：

1. 要有全局观念，防止影响正常出口

对外加工装配贸易虽是我国增收外汇的一种途径，但在出口贸易中，它毕竟是次要的。因此，开展这项业务时，必须要有全局观念，使之服从产业结构调整和生产力布局的需要，符合国家的规定要求。

2. 要注意搞好经济核算，提高经济效益

对我方来说，工缴费的多少直接体现了经济效益的大小。由于我国国内加工成本远低于国外，因此，在决定工缴费时，不仅要考虑本单位是否合算，还要考虑国际市场条件、加工水准进行核算，防止各加工单位自相竞争，任意降低收费标准，使外商得利。因此，应建立必要的制度，定期交流信息，统一对外，谨防肥水外流。

3. 注意发挥企业现有的生产条件，逐步扩大采用国产料件的比重

我国主要负责国际加工贸易的生产装配环节，但生产过程中所需的原材料却很少采用国产料件。以进口原材料为主，一方面，使国产料件销量减少，不利于带动上游企业的发展，使产业链无法延伸；另一方面，大量进口原材料的引入对国产原材料形成冲击，当进口原材料内销时，会抢占国内市场，与国内的相关企业形成竞争。因此，提升国产料件的利用率，是关系到我国加工贸易产业升级的重中之重。

4. 对外加工装配合同期限不宜订得过长

合同期限一般以3—5年为宜，以免造成被动。一旦签订出口合同，就尽快安排生产，保证及时交货，避免造成库存积压，影响企业的经济效益。

5. 加强监督管理

严格审批制度，加强海关对料、件和成品的出口入境监督，严禁以开展加工装配业务之名，行走私、偷漏税和套汇之实。

本章核心概念

对销贸易　　寄售　　补偿贸易　　招标　　互购贸易

投标　　转手贸易　　代理　　卖期保值　　总代理
买期保值　　包销　　独家代理

复习思考题

1. 什么是经销与代理？它们有哪些特点？
2. 独家经销方式与独家代理方式有哪些本质的区别？
3. 什么是寄售与拍卖？它们各有哪些特点？
4. 拍卖的叫价方式有哪些？
5. 什么是招标与投标？其基本做法如何？
6. 期货交易的特点是什么？
7. 何谓补偿贸易？它有哪些基本形式？其基本特征是什么？
8. 试述对外加工装配业务的概念与特点。
9. 何谓进料加工贸易？它与对外加工装配业务有哪些不同？
10. 开展对外加工装配业务应注意什么问题？

参考文献

[1] 张二震，马野青.国际贸易学[M].南京：南京大学出版社，2003年.

[2] [美]多米尼克.萨尔瓦多.国际经济学[M].张二震，仇向洋译.南京：江苏人民出版社，1992年.

[3] [美]保罗.克鲁格曼等.国际经济学(第四版)[M].海闻等译.北京：中国人民大学出版社，1998年.

[4] [日]小岛清.对外贸易论[M].周宝廉译.天津：南开大学出版社，1987年.

[5] [英]亚当·斯密.国民财富的性质和原因的研究[M].北京：商务印书馆，1979年.

[6] [英]大卫·李嘉图.政治经济学及赋税原理[M].北京：商务印书馆，1979年.

[7] [英]托马斯·孟.英国得自对外贸易的财富[M].北京：商务印书馆，1965年.

[8] [美]保罗·克鲁格曼.战略性贸易政策与新国际经济学[M].海闻等译.北京：北京大学出版社，2000年.

[9] [瑞典]伯尔蒂尔·俄林.地区间贸易和国际贸易[M].王继祖译校.北京：北京大学出版社，1986年.

[10] [美]迈克尔·波特.竞争优势[M].陈小悦译.北京：华夏出版社，1997年.

[11] 洪银兴.发展经济学与中国的经济发展[M].北京：高等教育出版社，2001年.

[12] 刘厚俊.中西方贸易[M].南京：南京大学出版社，1994年.

[13] 张为付.国际贸易学[M].南京：南京大学出版社，2012年.

[14] 张幼文.外贸政策与经济发展[M].上海：立信会计出版社，1997年.

[15] 汤敏，茅于轼.现代经济学前沿专题(第一集)[M].北京：商务印书馆，1989年.

[16] 夏秀瑞，孙玉琴.中国对外贸易史(第一册)[M].北京：对外经济贸易大学出版社，2001.

[17] 黎孝先.国际贸易实务[M].北京：对外经济贸易大学出版社，2007年.

[18] 陈宪，应诚敏，韦金鸾.国际贸易理论与实务[M].北京：高等教育出版社，2012年.

[19] 田运银.国际贸易实务精讲[M].北京：中国海关出版社，2008年.

[20] 吴百福，徐小薇.进出口贸易实务教程[M].上海：上海人民出版社，2010年.

[21] 陈同仇，薛荣久.国际贸易[M].北京：对外经济贸易大学出版社，1997年.

[22] 范家骧.国际贸易理论[M].北京：人民出版社，1985年.

[23] 唐海燕.现代国际贸易的理论与政策[M].汕头：汕头大学出版社，1994年.

[24] 陈飞翔.开放中的经济发展[M].北京：中国对外经济贸易出版社，1994年.

[25] 海闻.国际贸易理论、政策、实践[M].上海：上海人民出版社，1993年.

[26] 陈宪等.国际贸易——原理、政策、实务[M].上海：立信会计出版社，2002年.

[27] 赵伟.国际贸易：理论政策与现实问题[M].大连：东北财经大学出版社，2004年.

[28] 安民.国际经济贸易理论与实务[M].北京：对外经济贸易大学出版社，2001年.

[29] 徐进亮.国际备用信用证与银行保函[M].北京:对外经济贸易大学出版社,2004 年.
[30] 吴百福.国际货运风险与保险[M].北京:对外经济贸易大学出版社,2003 年.
[31] 石玉川.国际贸易方式[M].北京:对外经济贸易大学出版社,2002 年.
[32] 杨长春.国际货物运输方式的选择与应用[M].北京:对外经济贸易大学出版社,2002 年.
[33] 程德钧.国际贸易争议与仲裁[M].北京:对外经济贸易大学出版社,2002 年.
[34] 刘耀威.进出口商品的检验与检疫[M].北京:对外经济贸易大学出版社,2006 年.
[35] 国际商会中国国家委员汇编:《2010 年国际贸易术语解释通则》,2010 年.
[36] 杜奇华,冷柏军.国际技术贸易[M].北京: 高等教育出版社,2016 年.
[37] 李军.国际技术与服务贸易[M].北京:中国人民大学出版社,2018 年.
[38] 孙玉涛.国际技术贸易[M].北京:清华大学出版社,2018 年.
[39] 林珏.国际技术贸易[M].北京:北京大学出版社,2016 年.
[40] 陈宪.国际服务贸易[M].北京:机械工业出版社,2016 年.
[41] 饶友玲,张伯伟.国际服务贸易[M].北京:首都经济贸易大学出版社,2019 年.
[42] 周曙东.电子商务概论[M].南京:东南大学出版社,2019.
[43] 高功步.电子商务概论(第二版)[M].北京:机械工业出版社,2018.
[44] 吴喜龄,袁持平.跨境电子商务实务[M].北京:清华大学出版社,2018.
[45] 邓志新. 跨境电商理论操作与实务[M].北京:电子工业出版社,2018.
[46] 许嘉扬.跨境电子商务综合试验区建设在杭州的实践研究[J].现代商业,2017(29):66－68.
[47] 李栅淳. 中国跨境电子商务发展现状、问题及对策研究[D].吉林大学,2017.
[48] 刘丽华.我国跨境电子商务物流配送问题探究[J].现代商业,2016(27):16－17.
[49] 王欢. 中国跨境电子商务商业模式研究[D].华东理工大学,2016.
[50] 李杨,陈寰琦,周念利.数字贸易规则“美式模板”对中国的挑战及应对[J].国际贸易,2016,(10):24－27＋37.
[51] 马述忠,郭继文.数字经济时代的全球经济治理:影响解构、特征刻画与取向选择[J].改革,2020,(11):69－83.
[52] 马述忠,濮方清,潘钢健,郭继文,柴宇曦.数字贸易学[M].北京:高等教育出版社,2022.
[53] 裴长洪.全球经济治理、公共品与中国扩大开放[J].经济研究,2014,49(03):4－19.
[54] 沈玉良,彭羽,高疆,等.数字贸易发展新动力:RTA 数字贸易规则方兴未艾——全球数字贸易促进指数分析报告(2020)[J].世界经济研究,2021,(01):3－16＋134.
[55] 谢谦,姚博,刘洪愧.数字贸易政策国际比较、发展趋势及启示[J].技术经济,2020,39(07):10－17.
[56] 赵晓斐.数字贸易壁垒与全球价值链分工[D].北京:对外经济贸易大学,2020.
[57] 周念利,陈寰琦.基于《美墨加协定》分析数字贸易规则“美式模板”的深化及扩展[J].国际贸易问题,2019,(09):1－11.
[58] International Stand by Practice(ISP 98),ICC Publication NO.590.
[59] Clive M. Schnutthoff. Export Trade, The Law and Practice of International Trade.

London: Sweet&Maxw, 2000.

[60] United Nations Convention on Independent Guarantee and Stand-by Letter of Credit. New York, 1995, UNCITRAL.

[61] Krugman, P.R.Scale Economics, Product Differentiation, and the Pattern of Trade[J]: *American Economic Review*, 1980, 70(5).

[62] Buckley R P, Arner D W, Zetzsche D A, et al. Sovereign digital currencies: reshaping the design of money and payments systems[J]. *Journal of Payments Strategy & Systems*, 2021, 15(1): 7 - 22.

[63] Hoeren T. Electronic Data Interchange: the perspectives of private international law and data protection[J]. *Information and Communications Technology Law*, 1992, 1(3): 329 - 344.

[64] Song Z, Wang C, Bergmann L. China's prefectural digital divide: Spatial analysis and multivariate determinants of ICT diffusion[J]. *International journal of information management*, 2020, 52: 102072.

[65] Spulber D F. Market microstructure and intermediation[J]. *Journal of Economic perspectives*, 1996, 10(3): 135 - 152.

[66] WRIGHT P K, BOURNE D A. *Manufacturing intelligence*[M]. Boston: Addison Wesley, 1988: 100 - 102.

[67] Zhou J. Digitalization and intelligentization of manufacturing industry[J]. *Advances in Manufacturing*, 2013, 1(1): 1 - 7.